华方 H-FANG 分条整经机系列	HF928B 高速自动分条整经机
HF988C 智能型分条整经机	HF928H 高速智能分条整经机
HF988D 智能型分条整经机	HF928R 高速自动分条整经机

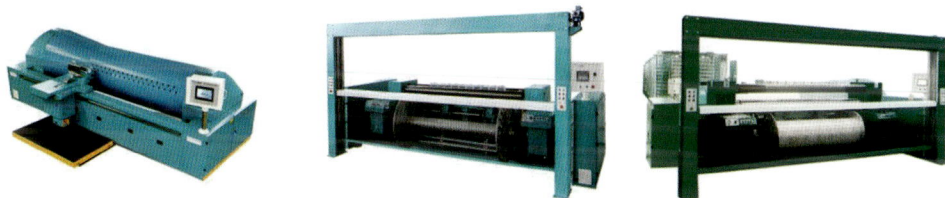

高速智能型自动分条整经机系列

加工车间　　　　　　　　　装配车间

客户现场

江阴市华方新技术科研有限公司
JIANGYIN HUAFANG NEW TECHNOLOGY & SCIENTIFIC RESEARCH CO.,LTD.

江苏省江阴市周庄镇长寿西张路11号
11# Xizhang Road, Changshou, Zhouzhuang Town, Jiangyin City, Jiangsu Province

137 0616 1133　　0510-86366213　　0510-86366212　　zzj@h-fang.com　　www.h-fang.com

2019/2020 中国长丝织造产业发展研究

2019/2020 China Filament Weaving Industry Development Research

中国长丝织造协会　编著

中国纺织出版社有限公司

内 容 提 要

本书全面系统地介绍了 2019 年以来中国化纤长丝织造产业的技术创新、绿色生产、产品开发、标准建设、集群发展、行业运行、产业政策等内容，具有观点鲜明、内容丰富、数据翔实、指导性强的特点，对了解和指导行业发展具有重要作用。

本书适合纺织行业的管理人员，长丝织造及上下游企业相关工程技术及管理人员参考阅读。

图书在版编目（CIP）数据

2019/2020 中国长丝织造产业发展研究/中国长丝织造协会编著 . --北京：中国纺织出版社有限公司，2020. 6
ISBN 978-7-5180-7482-2

Ⅰ. ①2… Ⅱ. ①中… Ⅲ. ①长丝织物—纺织工业—产业发展—研究—中国—2019-2020 Ⅳ. ①F426. 81

中国版本图书馆 CIP 数据核字（2020）第 092715 号

责任编辑：范雨昕　责任校对：王花妮　责任印制：何 建

中国纺织出版社有限公司出版发行
地址：北京市朝阳区百子湾东里 A407 号楼　邮政编码：100124
销售电话：010—67004422　传真：010—87155801
http：//www.c-textilep.com
中国纺织出版社天猫旗舰店
官方微博 http：//weibo.com/2119887771
天津千鹤文化传播有限公司印刷　各地新华书店经销
2020 年 6 月第 1 版第 1 次印刷
开本：710×1000　1/16　印张：15.5
字数：242 千字　定价：88.00 元
京朝工商　广字第 8172 号

《2019/2020 中国长丝织造产业发展研究》
编委会

前　言

　　近年来，随着经济社会发展和科技进步，传统纺织服装产业的内涵不断变化，诞生了一批技术含量和创新水平高的新兴产业，化纤长丝织造产业正是其中之一。

　　为助力中国长丝织造行业实现"绿色、科技、时尚"的转型升级，更好地解决行业高质量发展中的热点、难点问题，在广泛调查、深入研究的基础上，中国长丝织造协会组织行业专家完成了《2019/2020中国长丝织造产业发展研究》一书的编写工作。

　　该书全面系统地介绍了中国长丝织造产业的技术创新、绿色生产、产品开发、标准建设、产业集群、行业运行、产业政策等内容。

　　自2010年出版发行以来，该书每年更新，具有观点鲜明、内容丰富、数据翔实、指导性强的特点，对了解和指导行业发展具有重要作用，深受行业内人士的欢迎。《2019/2020中国长丝织造产业发展研究》在上一版的基础上，优化了产品分类，完善了行业专用术语和定义，首次按照行业综合篇、专题研究篇、集群发展篇、行业运行篇、学术成果篇、产业政策篇和数据统计篇等篇章进行介绍。根据每年的研究专题，删除了纺织机械章节，增加了技术创新、产品开发、仿棉和仿麻技术、学术论文等章节，更有利于引导行业向科技、时尚、绿色方向发展。

　　该书对纺织行业管理人员、长丝织造及上下游企业相关工程技术及管理人员，具有参考、使用和研究价值。

　　本报告得到了各地方政府、产业集群、协会、高校和会员企业的大力支持，在此一并表示感谢。

2020 年 4 月 30 日

目 录

行业综合篇

第一章　长丝织造产业概述　/3

　　一、长丝织造与我们生活息息相关　/3

　　二、长丝织造的发展历史及现状　/3

　　三、长丝织造产业的特点　/8

　　四、长丝织造产业的发展前景　/9

专题研究篇

第二章　技术创新　/13

　　一、技术创新硕果累累　/13

　　二、自动化智能化助推行业技术进步　/13

　　三、新装备、新技术日新月异　/17

第三章　绿色生产　/25

　　一、节能情况　/25

　　二、节水情况　/27

　　三、绿色生产新技术及新设备　/30

第四章　产品开发　/36

　　一、化纤长丝织物概述　/36

　　二、化纤长丝织物的应用　/40

　　三、化纤长丝织物的产品开发　/50

　　四、特色产品重点生产企业　/55

第五章　化纤仿麻仿棉织物 / 60

一、化纤仿麻织物 / 60

二、化纤仿棉织物 / 74

第六章　标准建设 / 82

一、标准的概念及分类 / 82

二、长丝织造行业标准体系 / 83

三、制定标准的流程 / 84

集群发展篇

第七章　产业集群 / 107

一、长丝织造产业集群概况 / 107

二、传统产业集群升级创新 / 109

三、新兴产业集群科学发展 / 126

四、尚处萌发期的产业集群 / 133

行业运行篇

第八章　中国长丝织造行业经济运行分析 / 139

一、2019 年中国长丝织造行业经济运行分析 / 139

二、2020 年中国长丝织造行业发展面临的机遇和风险 / 148

三、2020 年中国长丝织造行业发展趋势与重点方向 / 149

学术成果篇

第九章　学术论文 / 153

基于生物基材料的锦涤 T400 织物染整加工　/ 153

陶瓷纤维含量和组织对织物远红外性能的影响研究　/ 161

负离子型涤纶面料的研制　/ 169

PHA 长丝织物的性能与风格　/ 174

SAFIR S30 与 HDS 6800 型自动穿经机使用对比分析　/ 186

基于液体分散染料的涤纶织物免水洗印花技术的研究　/ 196

产业政策篇

第十章　产业政策 / 205

一、国家调整的重大技术装备进口税收政策有关目录　/ 205

二、鼓励外商投资产业目录（2019 年）（节选）　/ 208

三、产业发展与转移指导目录（2018 版）（纺织部分）　/ 210

四、国家鼓励的工业节水工艺、技术和装备目录（2019 年）　/ 216

五、产业结构调整指导目录（2019 年本）　/ 218

六、促进制造业产品和服务质量提升的实施意见　/ 221

七、2019 年度国家新型工业化产业示范基地　/ 223

八、2019 年国家技术创新示范企业　/ 224

九、促进大中小企业融通发展三年行动计划　/ 225

十、推进金融支持县域工业绿色发展工作　/ 225

十一、专精特新"小巨人"企业培育工作　/ 226

数据统计篇

附录 / 231

参考文献 / 238

行业综合篇

第一章　长丝织造产业概述

一、长丝织造与我们生活息息相关

2020 年初，新型冠状病毒性肺炎疫情席卷全球，口罩、防护镜和防护服等大量医疗物资需求倍增，这些医用防护品在打赢肺炎疫情的战役中发挥了重要作用。值得一提的是，医护人员防护服中相当比例是采用化纤长丝织物制成的。相比非织造布制成的防护服，长丝织物防护服具有防护和透气性能好、可重复利用等突出特点，不仅防护作用优良，而且减少了资源浪费，在医疗物资紧缺的情况下，实现了医疗物资的有效利用。

近年来，随着经济社会发展和科技进步，传统纺织服装产业的内涵不断变化，诞生了一批技术含量和创新水平高的新兴产业，化纤长丝织造产业正是其中之一。

长丝织造是指将纤维长丝织造成纺织品的过程，可分为机织和针织两类。本书提到的长丝织物是指经向为化纤长丝的机织物。按照纤维原料的不同，可分为涤纶长丝织物、锦纶长丝织物和黏胶长丝织物等。

随着人们生活水平的大幅提升，长丝织物也以丰富的产品融入生活的方方面面。化纤长丝织物以其独特的手感，抗皱、挺括、抗起毛起球等特性，广泛应用于绚丽多彩的时装，漂亮时尚的裙装，防寒透气的运动装，防紫外线的户外装，防火阻燃的防护装等服装领域；此外，化纤长丝织物还以其耐磨、抗紫外、色彩鲜艳等特性广泛应用于箱包、窗帘、沙发、床品等家纺领域；在医疗与卫生、过滤与分离、安全与防护、文体与旅游、隔离与绝缘、结构增强、航空航天、土工、建筑、农业、包装等产业用领域，化纤长丝织物正以其高强、高性能、多功能等特性逐步为人们所依赖。

二、长丝织造的发展历史及现状

(一) 发展历史

1939 年和 1941 年，美国杜邦公司分别实现了锦纶 66 和锦纶 6 的工业化生产。1950~1956 年，聚酯纤维开始实现工业化生产。随着石油化学工业的迅速发展，全球化学纤维的产量连年增加。1960 年全球化纤产量为 335.8 万吨，

1980 年达到 1418.2 万吨，2000 年约 3310.1 万吨，2010 年约 4709.2 万吨，2018 年达到 7225 万吨。历年来，化学纤维的具体生产情况见图 1-1。

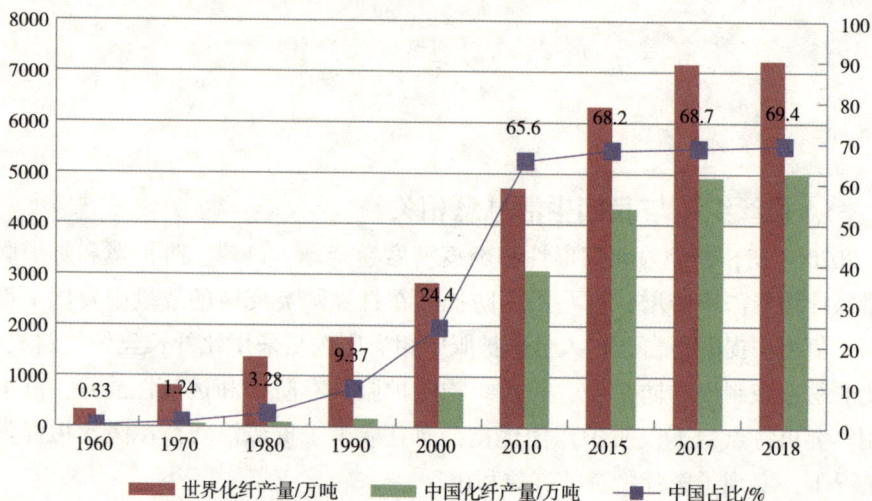

数据来源：国家统计局、日本化纤协会、日本化纤手册

图 1-1　化学纤维生产情况

1957 年中国化纤产量仅为 0.02 万吨，改革开放后迅猛发展。1970 年产量为 10.09 万吨，1980 年突破 50 万吨，1986 年突破 100 万吨，1998 年突破 500 万吨，2018 年突破 5000 万吨，占世界化学纤维产量的 69.4%，实现后来居上。2019 年年，我国化纤产量达到 5952 万吨，具体见表 1-1。

表 1-1　2019 年我国化学纤维产量

品种	单位	产量	同比/%
化学纤维	万吨	5952	12.5
人造纤维	万吨	509	6.2
黏胶纤维长丝	万吨	21	2.7
合成纤维	万吨	5433	13.2
涤纶	万吨	4751	8.3
涤纶长丝	万吨	3731	7.9
锦纶	万吨	393	14.2
腈纶	万吨	67	3.95

续表

品种	单位	产量	同比/%
维纶	万吨	9.2	-5.4
丙纶	万吨	39	7.2
氨纶	万吨	82	3.5

数据来源：国家统计局、中国化学纤维工业协会

化纤制造业的发展壮大，为我国长丝织造产业的萌芽发展打下了坚实的基础。

20世纪80年代，中国长丝织造产业悄然从仿真丝起步。顾名思义，仿真丝仿的就是真正的丝绸，也就是蚕丝绸。人们喜爱丝绸织物的柔软、光滑、亲肤和美丽的珍珠光泽等特性，但却苦恼于养蚕缫丝等一系列工作的高昂成本以及丝绸织物的娇贵，穿着养护较为复杂。面对市场对丝绸织物的热烈追捧与其高价低产的突出矛盾，化纤长丝仿真丝织物应运而生。

化纤仿真丝技术经历了纤维仿真丝、外观仿真丝和手感仿真丝三个发展阶段。最初模仿真丝的三角形截面和真丝的线密度来制造涤纶丝，再进行织造得到仿真丝面料；为了解决传统涤纶丝织成的面料具有极光而不像真丝绸光那般柔和的缺点，纺丝过程中加入了消光剂并采用碱减量的后处理工艺，使涤纶仿真丝织物在外观上具有了真丝绸的效果；为了使涤纶织物手感和真丝绸一致，在面料处理过程中逐步采用与亲水单体共聚或混聚、等离子和激光等技术。至此，涤纶仿真丝面料的工艺已逐步完善。化学接枝共聚方法的采用，提高了涤纶的吸湿性能，使仿真丝织物的水平再次提升，外观、手感几乎和真丝绸一样。仿真丝面料的舒适性、易打理和染色鲜艳度渐渐超越了真丝绸面料。

在仿真丝织物趋于完善的同时，各种天然纤维的仿真织造也逐渐发展，陆续出现了仿麻、仿毛、仿棉等织物以及高仿棉、高仿毛等织物。化纤长丝仿真织物在时尚女装、休闲装、羽绒服、冲锋衣、家居窗帘、产业用篷盖布等方面广泛推广，逐渐占领了市场，赢得了消费者的认可和喜爱。

近年来，化纤长丝织物在替代天然纤维织物的同时，渐渐成为市场潮流的风向标。化纤长丝织物的花色品种日新月异，新产品层出不穷。在衣着类方面不仅有仿真丝、仿毛、仿麻、仿棉等仿真类织物，也有自身特色产品、功能性产品（如里子布、遮光布、记忆布、麂皮绒、桃皮绒、防羽绒布等），除服用外，还可大量应用在家纺、车内装饰、军品和其他产业用等，如用于制作篷盖

布、防弹衣、降落伞及军服等装备用面料。长丝织物多变的特性，满足了人们不同的需求，在纺织业中发挥着越来越重要的作用。

依托于世界科技水平的稳步提升、中国经济的快速发展与全球纤维需求量的稳步增长，我国化纤长丝织造产业取得了较快发展。2000 年，化纤长丝织物产量只有 41.8 亿米，到 2010 年化纤长丝织物年产量达 327 亿米，2015 年 433 亿米，2019 年达 550 亿米。

化纤长丝织造产业已成为中国纺织工业中发展最快的支柱产业之一，并逐步成为最具市场活力和技术活力的产业之一。

（二）发展现状

1. 纺织工业发展现状

纺织工业是我国传统支柱产业、重要的民生产业和创造国际化新优势的产业，是科技和时尚融合、衣着消费与产业用并举的产业，其在繁荣市场、吸纳就业、增加居民收入、加快城镇化进程以及促进社会和谐发展等方面发挥了重要作用。

随着经济社会发展和科技进步加快，传统纺织服装产业的内涵不断变化和更加丰富。进入了"以高品质高性能纤维、产业用纺织品、高端智能制造为代表的科技产业，以服装品牌、家纺品牌为代表的时尚产业，贯穿全产业链加工的绿色制造产业"发展新阶段。

"科技、时尚、绿色"，即创新驱动的科技产业、责任导向的绿色产业、文化引领的时尚产业，正成为行业的新标签、产业的新定位。

自 2009 年以来，我国纤维加工总量和化学纤维产量在世界占比均超过 50%。2019 年我国化学纤维产量达 5827 万吨，约占世界总量的 70%；纺织品服装出口总额约占全球总量的 30%，稳居世界第一纺织服装生产大国和出口大国地位。

根据国家统计局数据，2019 年，我国规模以上纺织企业实现营业收入 49436.4 亿元，利润总额 2251.4 亿元，销售利润率为 4.6%。规模以上纺织企业利润总额占全国规模以上工业企业利润的 3.63%。根据海关统计数据，2019 年，我国对全球纺织品服装进出口总额达 3061.79 亿美元，占全国进出口贸易总额的 6.69%。其中，纺织品服装出口额 2807.05 亿美元，占全国外贸出口额的 11.24%；纺织品服装进口额 254.74 亿美元，占全国外贸进口额的 1.23%。2019 年，我国纺织品服装进出口贸易实现贸易顺差 2552.31 亿美元。

据国家统计局统计，2019 年，全国限额以上服装鞋帽、针纺织品类商品零售额为 13517 亿元，同比增长 2.9%；全国网上穿着类商品零售额同比增长 15.4%。

2. 化纤长丝织造产业发展现状

据中国长丝织造协会统计，在经历了近 20 年的高速发展后，截至 2019 年底，我国长丝织造行业织机规模达到 70 万台，其中喷水织机 64 万台。2019 年全年我国化纤长丝织物总产量达到 550 亿米。2012~2019 年中国化纤长丝织物的产量如图 1-2 所示。

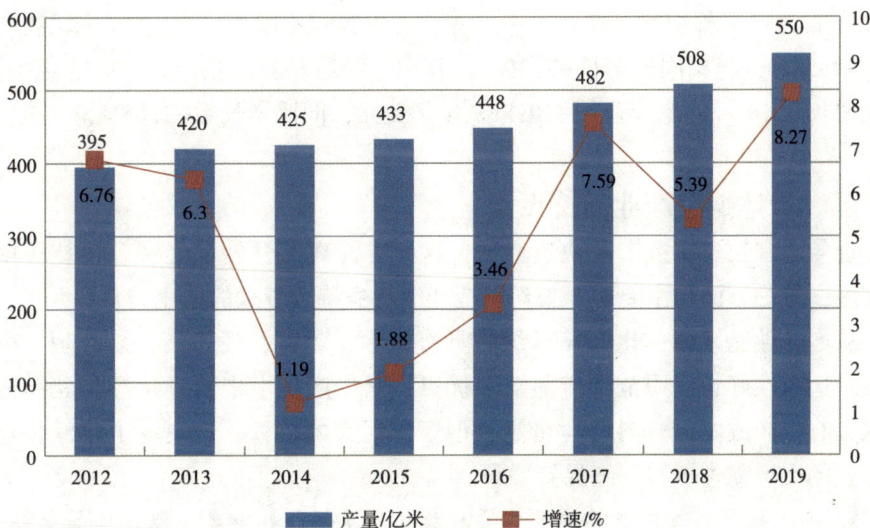

资料来源：中国长丝织造协会

图 1-2　2012~2019 年中国化纤长丝织物产量

据中国海关、中国长丝织造协会统计，中国喷水织机规模约占全世界总量的 78%，这让中国成为当之无愧的长丝织造产业生产大国。

中国长丝织造产业正是从"衣被天下"丝绸之都——盛泽起步，并带动周边地区形成了一个又一个产业集聚区。近年来，中部地区的长丝织造产业也开始蓬勃发展，截至 2019 年底，苏南、浙江、福建等原有产业集群喷水织造规模约为 45.3 万台，约占全国总规模的 70.8%；苏北、安徽、河南、湖北、江西等新兴产业集群喷水织机规模约 18.7 万台，约占全国总规模的 29.2%。"以沿海发达地区为产品研发和销售基地，以中西部地区为产品生产加工基地的产业分工格局"正在形成。

在 2019 年我国化学纤维总产量中化纤长丝占 70%，达到 4189 万吨，其中用于化纤长丝织造产业的纤维加工量超过 2000 万吨，约占纺织纤维加工总量 36%。

据国家统计局统计，2019 年，我国规模以上化纤织造及印染精加工业主营业务收入同比增加 7.21%。其中，化纤织造同比增长 7.33%，染整同比增长 6.69%；而棉、毛、丝、麻纺织及印染精加工业均呈现负增长，我国长丝织造行业整体依然保持稳步增长的态势。

据海关统计，2019 年我国化纤长丝织物累计出口 153.8 亿美元，同比增长 11.31%，高出全国货物出口增速 10.81 个百分点，高出全国纺织品出口增速 9.91 个百分点（棉织物同比增长-8.3%，毛织物同比增长-7.82%，麻织物同比增长-1.52%，丝绸同比增长-7.3%）。其中，涤纶长丝织物出口 130.5 亿美元，同比增长 7.1%；锦纶长丝织物出口 7.4 亿美元，同比增长数-1.88%。

三、长丝织造产业的特点

近年来，长丝织造产业快速增长。这一方面离不开外部经济、科技环境的大发展，另一方面则主要源于长丝织造产业自身特点带来的内生力量。

从产品性能来看，化纤长丝织物具有疏水、耐磨、强力高、易打理、可塑性强、适应性好、应用范围广等众多优点；从生产技术来看，化纤长丝织造产业则具有生产成本低、科技含量高、创新空间大的特长。这决定了化纤长丝织造产业的市场需求仍将继续保持增长。

1. 化纤长丝织造产业具有生产流程短、成本低、效率高、能耗低等优势

与传统的棉、毛、麻等纺织行业相比，化纤长丝织造行业在原料、用工和用电等成本方面优势明显，是纺织的新兴产业，也是竞争力强劲的产业。

（1）生产流程短。化纤长丝不需经过棉、麻、毛等短纤维的纺纱工序，减少了物料损耗，提高了生产效率。

（2）原料成本低。化纤长丝原料来自于石油化工，可大规模生产且成本低廉。当前棉花价格在 12000 元/吨，纺成纱约 21000 元/吨，麻、羊毛、丝绸的价格更贵，而涤纶长丝价格却只有 7000 元/吨左右，价格优势明显。

（3）生产效率高，能耗低。化纤长丝强力高，断头少，织造效率普遍达到 95%以上，远远高于天然纤维的织造效率。另外，化纤长丝织造行业以喷水织机为主，其用电功率约为 3kW，远低于需配备空压机的喷气织机（用电功率约 9kW），能耗较低。

2. 化纤长丝产品变化多，创新优势明显

化纤长丝是通过化学与物理的方法制造而成，改变这些方法就可以制造出不同性能、不同形状、不同规格的化纤原料。

化纤长丝经过织造之前的倍捻、假捻、包覆、包缠等原料深加工工艺处理可以赋予其织物更加丰富而卓越的性能。

经过纯织、交织、混织的不同组合和组织结构的变化，可以赋予织物不同的效果，满足不同的应用需求。

通过印染后整理不同工艺的加工，可以获得不同功能、不同特色、风格各异的化纤长丝纺织品，赋予化纤长丝产品不竭的生命力。

3. 化纤长丝织造产业发展潜力大

一方面，化纤织物的原料主要来自于石油，产量不受耕地、气候等的限制，供应丰富；另一方面，化纤长丝织物性能优良，在服装、家纺和产业用领域，特别是农业、医用、国防、航空航天和汽车等领域广泛应用，正发挥着不可替代的作用。

根据联合国预测，2050 年全球纺织纤维消费量将达到 2.53 亿吨，其中化纤长丝织物年均增长 3%，而天然纤维织物年均增长只有 1%左右，化纤织造产业市场潜力巨大。

四、长丝织造产业的发展前景

党的十九大报告提出，中国特色社会主义进入新时代，我国社会主要矛盾已经由人民日益增长的物质文化需要同落后的社会生产之间的矛盾，转化为人民日益增长的美好生活需要和不平衡不充分的发展之间的矛盾。

"十三五"以来，化纤长丝织造产业在推动纺丝技术、纤维仿真技术、织造技术、化纤印染技术、面料后整理技术的发展，引导开发高性能多功能纺织品的过程中发挥着越来越重要的作用，在连接从化学纤维到服装面料、家用纺织品以及产业用纺织品的环节上起到了承上启下的关键作用。

随着人工智能、电子、医学、建筑、航空航天等科技的发展，化纤长丝面料也与时俱进，不断地适应社会的新需求、新发展，应用也越来越广泛，在智能穿戴、医疗、农业、国防、航空航天和汽车等领域，正发挥着不可替代的作用。

在 2019 年 6 月 30 日召开的全国化纤长丝织物产品开发年会上，中国纺织工业联合会党委书记对中国长丝织造产业的发展给予了高度评价与肯定，他认为，当前天然纤维的规模增长十分有限，以化纤长丝为主导的化学纤维将大有可为，中国长丝织造产业将在中国纺织工业中发挥更加重要的作用，并在全球纺织领域取得更多成果。

作为快速发展的新兴产业、富含高新科技的产业、产品应用范围迅速扩展的产业，化纤长丝在替代丝绸、棉、毛、麻等天然纤维，在繁荣市场、吸纳就业、增加居民收入、加快城镇化进程以及促进社会和谐发展，满足人民日益增长的对美好生活的需要等方面都发挥着重要的支撑作用。

专题研究篇

第二章 技术创新

一、技术创新硕果累累

技术创新是实现产业高质量发展的根本保证。中国长丝织造行业按照长丝织造产业"十三五"发展指导意见的要求，围绕市场需求，提升产品档次、提高产品质量、增加产品种类；在技术改造和设备更新上，通过淘汰落后产能、提升技术装备、突破关键技术，取得了一系列丰硕成果，行业的创新能力得到稳步提升。

"十三五"以来，为突破关键技术，解决行业生产中的难点和瓶颈，长丝织造企业纷纷与高校、研究院所合作，建立了院士工作站、技术创新中心、重点实验室等技术创新机构，邀请院士、教授等高级技术专家给企业进行技术指导，拓宽发展思路，解决实际问题，校企、院企合作遍地开花，取得了丰硕的成果。

以福华公司为代表的重点企业与东华大学、苏州大学等联合开展技术攻关，完成了"细旦超薄弹力面料的开发与应用""细旦超柔型面料的开发与应用"等一批行业领先项目。

2019年，由聚杰微纤和浙江理工大学合作的"复合纺新型超细纤维及其纺织品关键技术研发与产业化"项目获得了"纺织之光"中国纺织工业联合会科技进步奖一等奖，由浙江理工大学和浙江和心纺织合作的"基于功能性协同生效机理的多功能复合织物关键技术与产业化"项目获得了"纺织之光"中国纺织工业联合会科技进步奖二等奖；"20D雪纺系列面料的研发""超细高密再生面料研发""光蓄热面料的研发""差别化、功能性聚酯纤维柔性制备关键技术""织造集中管控系统"等行业关键技术取得突破性进展并实现产业化；专利申请量大幅提升，创新力度进一步加强。

技术创新正为行业注入新的动力。

二、自动化智能化助推行业技术进步

(一) 自动化智能化水平不断提升

化纤长丝织造除了少量亲水性的再生纤维素纤维外，大部分都是以涤纶、锦纶等疏水性纤维原料为主，织造技术与天然纤维有较大的区别，包括从超细旦丝到粗旦丝，从窄幅到宽幅，从一般织物到多层织物等各式各样特殊规格织物的织造，都体现出了行业整体的自动化和智能化水平较高。

1. 智能设备广泛应用

（1）喷水织机自动化、智能化水平整体较高。目前，长丝织造行业采用的织造设备几乎全部都是自动化程度较高的喷水织机和喷气织机，其中90%以上都是喷水织机。行业中采用电子送经、电子卷取、电子多臂开口、电子提花开口、共轭凸轮开口、断经自停、自动补纬、永磁伺服电动机、高速电子储纬器等具有国际先进水平织机比重达到30%。喷水织机的自动控制功能和智能化水平得到了进一步提升，有效提高了生产效率和产品质量。

由于织造用的丝线较为纤细，细的可到10旦，而单丝线密度更细，仿真丝产品的单丝线密度大多在1.5旦以下，这一特性为织造加工带来了相应的技术难度，其加工设备都要围绕这一特性来做文章。如天然纤维织布用的断经自停装置在涤纶、锦纶等合成纤维长丝织造时就不适用，因涤纶等纤维强力较高，在织造过程中几乎没有整根丝线被拉断的现象，但单丝因纤度太细又容易被磨断，缠绕到相邻经丝导致开口不清而造成织疵，这就需要专门研制相应的自动化智能化断经自停装置。而涤纶长丝等疏水性纤维的织造设备则主要使用的是自动化程度较高的喷水织机，这几乎是本行业的专用织造设备。

（2）自动穿经机已在企业批量使用。随着自动穿综技术的日趋成熟，针对长丝超细旦特性专门研制的化纤长丝自动穿经机在近几年得到企业认可，逐渐在本行业龙头骨干织造企业中批量使用，全行业已投入使用的自动穿综机达到800台。自动穿经机的穿综速度已提高至20万~30万根/天，可相当于15~20名熟练工人，在提升生产效率、保证产品质量的同时，也为开发生产复杂花色组织的织物提供了技术保障，且有效地降低了对熟练工人的依赖，显著节约了劳动力成本。

（3）整经机的自动化程度较高。化纤长丝织造行业具有自动控制功能的新型浆丝机普及率已达到20%，整经机普遍开始采用多套PLC、多套交流数字伺服变频控制。通过实现恒线速、恒张力、高速度运行，操作响应快，精度高，伺服电机通过滚珠丝杆的传动和多次测量，实现整经位移参数的自动测量。高自动化、高精度控制的整经机在超细纤维织物，特别是锦纶长丝织物中获得了广泛应用，降低了能源消耗、提高了产品的适应性，为生产高端纺织品提供了硬件保障。

2. 数据管理系统日趋成熟

（1）大数据收集系统已初步建立。厦门软通科技有限公司、环思智慧科技股份有限公司等软件公司与有关高校合作针对化纤长丝织造企业开发出了生产信息管理系统，并在整个行业规模企业中大面积使用，在全行业初步建立了大数据收集系统。该信息管理系统通过安装在织机上的采集器，实时收集和统计织机的运行数据，并通过互联网发送到电脑、手机和现场屏幕上，实现远程随时随地地掌握每台织机的运行状况。这些大数据，可以实时反映每台织机、每个员工的生产情况，有助于企业及时发现并解决存在的潜在问题，在企业完善员工考核、改善产品品质、提高生产效率、实现精准追溯、实时防错、生产透明、增强国际竞争力等方面发挥了重要作用。

（2）数字化车间已投入使用。以江苏博雅达纺织有限公司、江苏斯尔克纤集团股份有限公司为代表的化纤长丝织造企业都已建成了数字化化纤长丝织造生产车间。

通过采用全自动穿经机，对络丝机加装自动定长装置，对倍捻机加装单锭信息采集与控制装置和永磁同步电机，对织机电动机加装变频调速，对原有织布机、倍捻机等设备数字化改造，实现设备生产运行数据的自动采集；通过二维码、条形码对产品批号、批次、机台号等进行生产过程追溯等一系列智能改造，实现车间生产设备和大数据云端服务器的互联互通。再通过 ERP、MES 管理软件平台的使用，实现从业务接单、核价、原料采购、物流调配、研发分析、生产下单、生产环节流转、坯布检验、入库、销售出库等无缝对接。

江苏德顺纺织有限公司的"喷水织造智能生产线"，被评为"2019 年纺织行业智能制造试点示范企业"。

3. 智能立体仓储和物流配送系统技术得到广泛使用

长丝织造行业的智能立体仓储已广泛为企业所接受。福建省向兴纺织有限公司、浙江捷凯实业有限公司等一些大企业和新建企业普遍建立了智能织轴存储系统、坯布存储管理系统等智能化立体仓储和物流配送系统。

坯布存储管理系统由自动包装系统、自动识别系统、控制系统、自动传输系统和立体货架等组成，可完成上千批次坯布的随时存放和调取管理，存取效率高、节约土地、操作简单、安全可靠，可大幅提高企业的生产能力。

（二）自动化智能化发展中存在的问题

受行业配套供应商技术水平的限制，行业自动化智能化发展中仍存在一些问题和瓶颈。

1. 全工序智能化技术有待突破

目前，长丝织造行业主要集中在单台设备的智能化和自动化上，有些上下衔接的工序尚未实现互联互通，各工序之间数据资源的快速整合配置还有待进一步完善。

另外，织机的自动上轴、自动落布、自动验布等工序的智能化技术还不成熟，有待进一步研究。

2. 智能化生产软件仍需完善

化纤长丝织造企业生产车间的倍捻机、织机虽加装了数据采集器，实现了数据的实时采集，并自动上传到大数据服务平台，但行业缺少对数据进行分析、整理和处理的技术和软件，很难将数字化系统的优势完全发挥出来，仍需进一步完善。

3. 国产高端织造设备仍需提升

近几年，国产织机在速度、自动化等方面已逐渐赶上进口高端喷水织机，但在张力控制的精准性、电子及机械配件的加工精度和稳定耐用性等方面仍存在差距，国产织机的综合性能有待进一步提升。

（三）自动化智能化发展方向

1. 自主创新，突破关键技术

通过长丝织造企业与高校、设备生产企业的合作，积极推进行业内各生产环节的自动化智能化建设。对国产化全自动穿经、自动上轴装置进行技术攻关，对自动落布装置、自动验布装置做好中试攻关和产业化，对数字化整浆并、数字化喷水织机、成品半成品自动仓储技术、生产线智能运输系统、ERP 管理系统和在线监控与管理系统等关键技术智能化进行完善和升级。

2. 转型升级，实现全流程生产自动化

生产自动化是实现智能化生产的基础，是提高生产效率的重要途径。通过对络丝机、倍捻机、整经机、浆丝机、自动穿综机、喷水织机等设备的改造升级，通过 ERP、MES 管理软件平台，实现原料采购、物流配送、检验、入库、销售等全流程的自动化。

3. 万物互联，提升智能化水平

智能工业发展，是下一步产业发展的主要方向。利用各种现代化的技术对企业进行智能化提升，在网络、大数据、物联网和人工智能等技术的支持下，系统自主分析，并快速准确地做出决策，实时解决生产、流通中遇到的问题，实现企业的办公、管理及生产智能化。

在终端用户下单后，企业会将收到相关信息，并将采集的数据实时汇总到工厂的生产和管理系统里，系统将智能下单，将这些数据处理后推送到各生产车间，自动完成面料的生产并自动解决生产中的问题，再自动送入相应的后续自动化裁剪和缝制等系统。实现原料、生产、销售等多工序、多工种的无缝对接，随意搭配，满足各种个性化定制需求。

三、新装备、新技术日新月异

近年来，随着行业生产技术的不断进步和创新，长丝织造行业科技进步加快，新技术层出不穷，日新月异。先进的整浆并和前准备设备、全自动穿经设备、自动化程度更高且具有数码功能的喷水织机、检测设备、ERP 信息管理系统和中水回用系统等新技术新装备正逐步在行业中投入使用。行业新装备、新技术的提升，正推动着长丝织造行业加速向绿色、科技、时尚方向发展。

（一）假捻机

涤纶长丝的变形加工方法主要有假捻法、喷气变形法及填塞箱卷取法等三种。其中以假捻法应用最为广泛，也最为重要。

假捻机是通过将原丝拉伸和假捻变形加工成假捻变形丝的设备，成品往往有一定的弹性及收缩性。我国的假捻机是从 20 世纪 80 年代与德国巴马格合作逐步发展起来的。假捻机主要分为加弹机和假捻倍捻机。

1. 假捻的原理

（1）假捻。假捻的原理示意图如图 2-1 所示，将丝的两端 a、b 均固定，握持住中间部分转动，以握持点 c 为界，上、下两部分将分别得到捻数相同、捻向相反的捻。

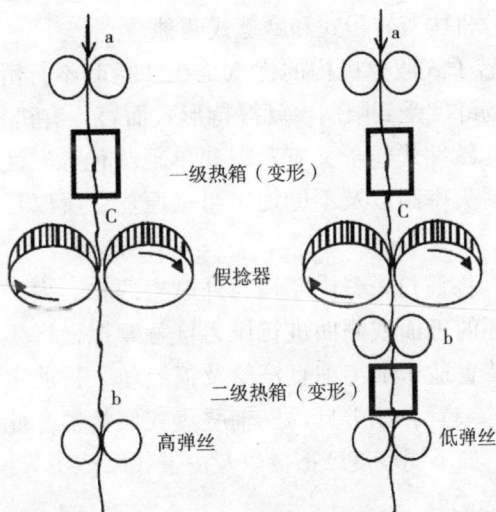

图 2-1　假捻原理示意图

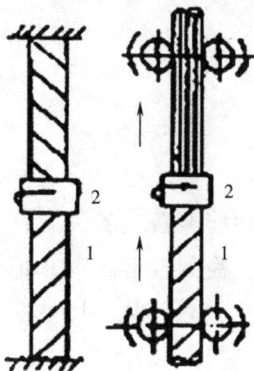

图 2-2　假捻过程示意图

若丝以运动的方式通过两端固定点并旋转握持点，在握持点以前，ac 段丝被加上了捻（假设是 Z 捻）；经过握持点后，则加上与 Z 捻个数相等的 S 捻。由于握持点上、下的捻向相反，实际上将握持点以前加的 Z 捻全部解开。这种先加捻、后解捻的过程称为假捻。假捻过程示意图见图 2-2。

（2）加热和冷却。加热和冷却是利用合成纤维的热塑性获得假捻效果的必要条件。在假捻过程中的加捻阶段进行加热，其目的是利用分子的热运动消除因加捻而产生的内应力，使加捻变形固定。另外，丝条受热后塑性增强，刚性减弱，可以降低加捻张力，便于加捻。

冷却的目的是使加捻变形得到的塑性变形固定下来。冷却到二次转变温度（玻璃化温度，81℃）以下时，加捻后的形变已固化，虽经解捻，但每根单丝仍保留原来的卷曲形状，变得蓬松有弹性。

综上所述，假捻变形是利用丝的热塑性，加捻之后加热定型，接着进行冷却，冷却之后把所加之捻全部解开，但丝仍然保持弯曲形状。

2. 假捻机构

假捻机构是变形丝机的最重要的部件，它对假捻加工速度起着决定性的影响。目前使用的假捻机构有转子式和摩擦式两种。

（1）转子式。转子式假捻机构的优点是在加捻时不打滑，假捻度均匀，其缺点是速度及原丝的纤度受到限制。就握持形式而言，有机械式和磁性式之分。机械式早已被淘汰，磁性式转子又有双辊和单辊两种。磁性转子由于不能提高变形丝加工速度，断头率高以及不能加工粗旦原丝，所以目前正逐步改用摩擦式假捻机。

（2）摩擦式。摩擦假捻头分内摩擦与外摩擦两种。内摩擦假捻是丝与旋转的圆轮、圆筒或圆环的里面或侧面进行压力接触摩擦而产生捻转，以形成假捻加工。内摩擦假捻装置适于加工细旦涤纶及锦纶丝。目前主流的高速变形丝机大多采用外摩擦假捻装置，如常见的三轴叠盘式假捻器。此外，还有少数特殊类型的摩擦假捻头，如不同厚度摩擦盘以及皮带式摩擦头等，但使用得不多。

3. 加弹机的工艺流程

图 2-3 为加弹机的结构原理图，加弹机的喂入辊与中间辊之间是假捻变形

区。丝在第一热箱（变形热箱）中被加捻和加热，经冷却区后，穿过假捻装置的小转子中心孔和横销后被解捻。

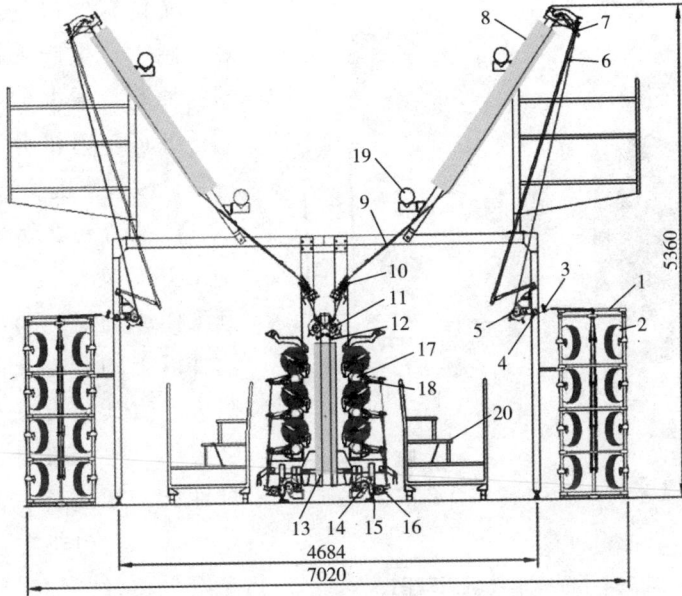

图2-3　加弹机原理图

1—原丝架　2—原丝饼　3—预网　4—切丝器　5—W1罗拉　6—推丝杆　7—止捻器
8—上热箱　9—冷却板　10—假捻器　11—W2罗拉　12—中网　13—下热箱　14—W3罗拉
15—探丝器　16—上油轮　17—摩擦辊　18—槽筒箱　19—吸烟管　20—小车

丝离开中间辊后即进入定型区。经过解捻后的丝从第二热箱（定型热箱）中穿过，完成定型。出丝辊与辅助辊之间为定型丝稳定和卷绕张力调节区，丝通过断丝探测器后，卷绕在筒管上。

4. 假捻倍捻机的工艺流程

图2-4为假捻倍捻机的工作原理图，丝通过倍捻区加捻后，经超喂罗拉、止捻轮进入加热箱，经假捻器加捻并叠加倍捻区所加捻度的丝在加热箱中产生热塑变形，经冷却区定型，过假捻器后破掉假捻，仍保留倍捻区所加捻度，最后通过超喂罗拉，卷绕成丝筒。

（二）包覆机

包覆（丝）机是用于将外包丝螺旋缠绕在芯线上（双色或单色），从而生产出包覆丝的设备。外包丝多为涤纶等化纤长丝，芯线多为氨纶，包覆丝成品既有氨纶的弹性，又具有外包丝的外观及良好手感，是生产弹性机织物理想的原料。根据包覆原理的不同，可将包覆机分为空气包覆机和机械包覆机。

1. 空气包覆机

空气包覆机简称空包机，其工作原理是通过空气喷嘴将两种以上的纤维长丝吹结成网络节，使其结合在一起。它能够实现单一纤维难以兼备的多种性能，如高弹、高强、高服用性等。空包机主要用于生产涤氨包覆丝，即涤纶丝包覆氨纶丝。近年来，化纤长丝面料

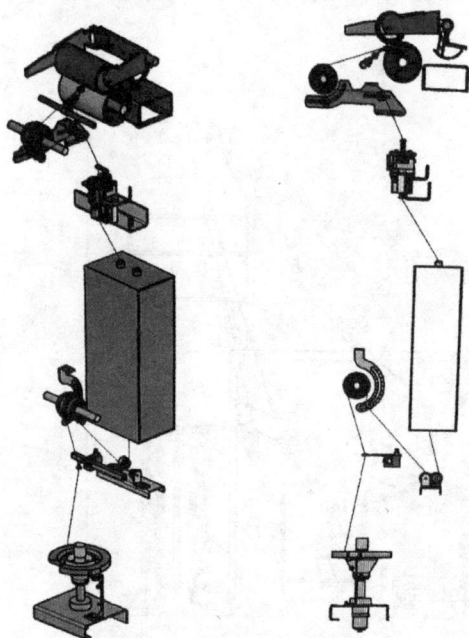

图2-4 假捻倍捻机原理图

开发与创新日趋活跃，对优质的超细、高弹的空气变形丝、竹节丝、空包丝的需求量日益增加，例如2.22~5.56tex（20~50旦）的高弹包覆丝的市场供不应求。

空包机又可分为单锭式和长车式两种，单锭式应用更多，这是因为单锭式可以做到分锭设置，一台车上可以同时生产几个品种，实现多品种小批量生产；通过对加弹机进行改造，实现加弹包覆一体化，不需要单上空包长车。

在生产过程中需要注意张力、网络结密度、罗拉转速、芯丝预伸长等工艺参数的设置，保证芯丝张力要大于外包丝，氨纶丝预伸长率一般为300%~400%。

2. 机械包覆机

机械包覆机的工作原理是卷绕在丝筒上的纤维A，以锭子为圆心边旋转边退绕，缠绕到从锭子中心穿过的纤维B上，形成A、B两种纤维鞘与芯的分布，故名包芯丝或包芯纱。

机械包覆机多用来生产涤纶丝包氨纶丝（涤氨包芯丝）、锦氨包芯丝，涤纶丝包棉纱（涤棉包芯纱）、锦棉包芯纱等。包氨纶可以赋予化纤长丝高弹性；包

棉可以增加棉纱强力，同时改善化纤丝吸湿排汗性能。

机械包覆机在工作过程中会产生一定的捻度，需注意捻度、张力、罗拉转速、芯丝预伸长等工艺参数的设置。

3. 空气包覆机与机械包覆机的对比

空气包覆机和机械包覆机都能够改善单一纤维性能，实现高弹、高强、高服用性等，拓展了面料开发空间。表 2-1 对比了空气包覆机和机械包覆机在使用原料及产品等方面的不同。

表 2-1 空气包覆机与机械包覆机的对比

设备	原料	捻度	网络点	包覆质量	速度	产品用途	使用厂家
空气包覆机	化纤长丝	无	有	易漏芯	高（为机包的 7~10 倍）	化纤长丝机织物	化纤厂织造厂专业厂
机械包覆机	化纤长丝短纤纱	鞘有芯无	无	不易漏芯	低	化纤长丝机织物，还可用于织袜、制服等	织造厂织袜厂

（三）自动穿综机/穿经机

随着生产效率的不断提高，手工穿综已经不能满足现代纺织企业小批量、多品种、高难度、高效率、交货短的发展趋势，越来越多的织造企业开始引进自动穿综机以保证穿综质量和交货日期，适合现阶段纺织市场变化多端的生产需要，保持在市场竞争中领先地位。

自动穿经机是指可以将经丝自动穿过综丝等的装置，完成各个穿经动作的设备。自动穿经机的速度和穿经质量比原来的手工穿经有了较大的进步，大大降低了人工劳动强度、提高了生产效率。

将经纱从有张力的经纱层上被拉出，一根一根地被送入穿综元件，在相同方向排成一行的综丝从中被分开，并输送到穿综位置，塑料刀片在钢筘上打开一个间隙，钢筘根据穿经顺序逐一移动，一只钩子一步就把经纱穿过综丝和钢筘。然后，已穿有经纱的综丝被推到综架轨上。共有多达 20 个综架轨并列着，当所有的经纱都穿好后，通过卸载把穿经综框放到经轴的车上。

穿经机有两种配置方式，即一种为主机固定而纱架移动，另一种纱架固定而主机移动。无论采用何种配置，都必须包括传动系统、前进机构、分纱机构、分片机构、分综机构、穿引机构、勾纱装置和插筘装置。

自动穿经机适用于棉纱、混纺、毛、丝、竹节花式纱和化纤长丝等所有品种的自动穿经。

从国内织机的应用情况来看，用于化纤长丝织造的国产自动穿经机技术已趋于成熟，普遍得到织造企业的认可。国产自动穿经机的设备主要有深圳市海弘装备技术有限公司和永旭晟机电（常州）有限公司。海弘公司开发的全自动穿经机 HDS5800，采用一次完成经线穿过综丝，钢筘的动作，穿经速度可达 220 根/min，可适用于 3~300tex 的长丝纱线。该自动穿经机采用四级检测系统，保证 100% 穿综穿筘的准确率；织轴尺寸至 3.6m，可支持 16 个综框，穿经程式无限叠加；整个穿经过程的工作状态在屏幕上自动同步显示。

进口设备中，应用最广泛的是由史陶比尔生产的专门用于长丝织造的自动穿经系统 SAFIR 系列穿经机。该设备将经轴的经纱直接穿入钢筘和 O 型钢制综丝或塑料综丝中，综丝被分配到 12 根综丝撑杆上，可满足那些使用最多十二片综框并且无经停片来生产标准纺织品的织造厂的需求。该种设备不仅具有高达 10000 根/h 的穿经速度，精确处理 2.22~66.67tex（20~600 旦）范围的纱线，而且综框可变化，具有很高的生产效率。

（四）直驱永磁电机

直驱永磁同步电机直接驱动布机主轴，省去了织机刹车盘、皮带轮等机件，具备以下几个特点：

（1）节能：降低了传动能耗，节能效率达 15%~30%，1~2 年即可回本。

（2）智能：数字控制，可自由变换车速，省去了皮带轮储备和更换的工作；自由设定织机的停车角与开车角；慢点动、超启动功能，减少停车档，提升织机效率。

（3）防水：采用一体化灌胶工艺，永久防水，有限抗衡高温高湿等恶劣环境。

（4）永不退磁，采用第三代稀土永磁体，欧洲汽车电动机织造技术，结合闭环矢量控制技术，确保电机在生命周期内永不退磁。

（5）物联网：纺织行业信息化，智能记录织机信息。

目前，直驱永磁同步电机技术得到了越来越多的企业重视，配备永磁直驱电机系统已成为喷水织机发展新趋势。国内代表生产商有汇川公司、新辽公司和米格电机公司等。

喷水织机电控系统的升级换代有助于提升织机机电一体化程度，完成精准控制，达到更加节能、智能的目的，提高了织机效率。

(五) 自动验布机

织物疵点的检验是织物评定质量优劣、评定等级的主要依据，通常按疵点的影响程度、大小、对后加工要求评定分数，并进行疵点的清除、修复或开剪，保证后加工产品的正品率，对纺织生产企业具有重要的经济意义。

1. 人工验布存在的问题

传统的人工验布速度不快，产量低、效率差。人工验布对检验工有一定技术要求和视力要求。长期视力集中，容易导致眼疲劳，患职业病，且劳动强度不低。检验工一般每小时只能检测到 200 个疵点左右，超过此范围，容易产生漏验和误判。当今功能性、高性能纤维的织物大量用于航天、航空、军工、航海等领域，对织物要求零疵点，零漏验，人工验布很难实现。人工验布受检验员主观意识、性格、环境、认知等因素的限制，检测结果很难一致，差异较大，重现性、一致性较差。人工检测需配置较多的劳动力。传统验布机幅宽较小，不适合现代织机宽幅要求，如果扩幅改造，势必要降低车速，增加验布工负荷。总之，人工验布对工人而言工作强度大，生产力落后，且存在漏验率高等问题，已无法适应织机生产速度的提高与织物幅宽的不断加大的特点。

2. 自动验布技术的发展现状

自动验布有一定的难度，多年前国外就已有相关的研究，但迄今为止，未见大面积推广使用的报道，相对成熟的设备有 USTER 公司的 VISOTER 自动验布系统、EVS 公司的自动验布系统和 Barco 公司的织机疵点在线检测系统，最快可达 1000m/min。国内关于自动验布技术的研究起步较晚，正抓紧时机，迎头赶上。

3. 自动验布系统的功能

自动验布的功能是在在线或离线的条件下检测织物疵点，确定疵点存在位置，按疵点大小、危害性、影响程度分类及评分，对严重疵点发出警报或实现停机或开剪等措施。目前检测织物包括常用基本组织和变化组织，织物原料包括棉、麻、丝、毛、化纤及混纺纱线织物等，目前主要应用于机织物。自动验布系统设备的生产量应显著高于人工验布的产量，甚至高出数倍以上，自动验布的正检率应大于人工验布，漏检率及误判率应大大低于人工验布。

4. 自动验布技术的发展展望

随着人工智能等新技术飞速发展，模仿人类的逻辑思维，模仿视觉、听觉、触觉感知，模仿人类肢体动作，实现自动验布，技术上、管理上已经成熟。自动验布发展符合我国人工智能的发展方向。使用自动验布机，可减少织物疵点检测有关人员，提高劳动生产率，降低成本，减轻工人劳动强度；同时依靠检测数据指导减少织疵。

自动验布机是纺织产业升级、摆脱劳动密集型的重要措施，是今后发展的必然趋势。研发自动验布机的人员必须努力学习，博采众长，消化吸收国外先进经验，创造更适合我国国情的、性价比更高的自动验布设备。

第三章　绿色生产

党的十九大指出，必须坚定不移贯彻创新、协调、绿色、开放、共享的发展理念，必须坚持节约优先、保护优先、自然恢复为主的方针，形成节约资源和保护环境的空间格局、产业布局、生产方式、生活方式，还自然以宁静、和谐、魅力。节约能源和减少污染物排放有利于提高经济效益、社会效益和生态效益，对实现循环经济和可持续发展具有十分重要意义，也是当今社会发展的主题。

节能减排绿色生产是纺织工业转型升级的必由之路，也是产业必须承担的社会责任。随着纺织行业的快速发展和市场竞争的日益激烈，节能降耗也成为降低企业生产经营成本的重要方式，企业对节能减排工作日益重视。

我国长丝织造产业主要集中在东部沿海地区，这些地区的土地及水、电、气等资源供应日益紧张，在一定程度上制约了产业的发展。为此，长丝织造行业通过技术进步与创新、规范管理、节能减排和中水回用等方式使得行业的资源消耗明显降低，三废排放大幅减少，绿色生产水平稳步提升，取得了良好的经济效益和社会效益。

一、节能情况

目前，90%以上的长丝织造企业都是采用喷水织造，能耗主要是电。据了解，由于生产设备自动化水平的稳步提升，目前企业用电成本已接近劳动力成本。降低、控制能耗不仅是企业必须履行的社会责任，也是控制成本、提高经济效益的重要方面。

喷水织造企业的用电系统主要包括空调、织造、水处理及生活用电四个部分。以1000台喷水织机规模为例，一个企业用电负载情况如表3-1所示。喷水织造企业电能降耗可以从用电总量控制和产品产量提高（即生产效率改善）两方面进行。电量消耗总量控制主要可以从照明、空调系统和织造系统等节能方面着手；产量提高，即生产效率改善方面则主要从织造系统着手。

表 3-1 1000 喷水织机设备用电负载核算表

类别	名称	单台负载/kW	台数/台	总负载/kW
空调系统	空调	55	9	495
	空调水泵	11	16	176
	轴流风机	2	2	4
	排气扇	0.75	20	15
织造系统	整经机	15	5	75
	浆丝机	110	5	550
	调浆	1.2	5	6
	并轴机	36	4	144
	织机	3.2	1000	3200
	验布机	1.5	7	10.5
	烘干机	15	5	75
	洗综筘	5	1	5
	耳边机	0.35	8	2.8
	车间照明	0.08	2100	168
水处理系统	水处理	4	1	4
		19	8	152
		11	1	11
		3	1	3
		5.5	1	5.5
		4	1	4
	回水利用工程	22	1	22
		0.75	2	1.5
		1	2	2
	电渗析	15	8	120
电焊房		20	1	20
		0.35	1	0.35
		0.75	1	0.75
生活用电	饮水机	38.5	1	38.5
	冲厕泵	15	1	15
	路灯	0.25	18	4.5
合计/kW			5330.4	

在用电总量控制方面，企业一般采用节能的设备和技术来达到节能的目的。喷水织机的用电量取决于品种、幅宽、织机转数及运转效率。以筘幅 190cm 的织机为例，喷水织机的电功率在 3kW 左右，远低于喷气织机 9kW 左右的电功率。从全行业来看，喷水织机的综合用电量在 20000kW・h/（年・台）左右。具体来说，企业可通过织造设备的改造，实现节能；也通过淘汰能耗高的落后设备，直接购买先进的设备进行节能。如喷水织机的普通电动机更改为永磁直驱电动机，省去织机刹车盘、皮带轮等机件，减少成本的同时，进一步降低了传动消耗，可节能 15%～30%。据调查，2019 年国内生产的喷水织机，约有 50% 采用永磁直驱电动机。此外，通过改善空调系统，加强保温措施实现节能是企业普遍采用的措施。将车间内的照明系统从普通节能灯更换为 LED 灯，不仅可节约 85% 的电量，还延长了照明设备的使用寿命。

在生产效率改善方面，企业普遍采用高速织机（织造生产转速 800r/min），安装 ERP 等智能化信息管理系统，采用新型断经自停装置等措施，以达到优化生产流程，提高生产效率和质量，降低单位产品生产能耗的目标。

为鼓励企业采用更多的节能措施，各地方产业集群也出台了相应的保障措施。如盛泽镇镇政府建立了系统的节能减排奖惩体系。凡企业当年应用节能新技术进行节能技术改造，投资额在 150 万元以上，以企业为单位，年环比节能量在 200～500 吨标准煤之间，给予 3 万元的奖励；年环比节能量在 500～1000 吨标准煤之间，给予 5 万元的奖励；年环比节能量在 1000～2000 吨标准煤之间的，给予 8 万元的奖励；年环比节能量在 2000 吨标准煤以上的给予 12 万元奖励。凡企业当年被评为省或苏州市节能循环经济试点企业或示范企业的，给予 5 万元或 2 万元的奖励。

二、节水情况

（一）概况

喷水织机作为中国当前纺织业中应用最广泛的织造设备之一，具有产量高、质量好、织造费用低的优点，节水是喷水织造的重点工作。

由于各地区和各企业生产产品品种和装备水平的差异，喷水织机的用水量差异较大。一般来说，宽幅、粗旦纤维的织物用水量会比较大，比如窗帘织物的用水量每台可达到 5 吨/天，窄幅、细旦纤维的织物用水量不足 2 吨/天，平均用水量每台喷水织机约为 3 吨/天，全行业 64 万台喷水织机每天用水量近 190 万吨，年用水量近 6 亿吨，其中不到 70% 的生产废水处理后回用，其他废水处理后达标排放。

　　喷水织机的生产废水属于轻度污染水，经过简单的处理即可回用，处理技术是成熟的，只要落实了污水处理措施，中水可以多次回用，除因蒸发需要少量补充新水外，排放废水可不超过废水量的 10%，处理方式各有千秋。盛泽镇、王江泾镇和长兴县等地区企业比较集中，且规模大小不一，采用集群统一建立生产废水处理站集中处理和回用的方式。福建省晋江市等地区企业采用企业内自建污水处理站进行处理和回用的方式。中部地区除部分集群以织造产业园的形式集中处理外，大多采用企业自行处理和回用的方式。

　　政府主导型（废水集中处理和回用）的优势在于利用政府财政资金投资运营污水处理厂，园区的废水和污泥可以实现集中处理、统一处置，便于执法部门的监督和监管。企业根据各自生产经营情况，按废水中 COD 浓度向污水处理厂缴纳排污费，减轻了治污的负担，符合企业利益。企业自主型（企业自行处理和回用）是企业根据政府要求，通过独立运营污水处理厂以达到国家间接排放标准要求，企业一次性资金投入较大，但是回水质量稳定可控。

　　在国家相关政策方面，化纤长丝织造产品的取水定额国家标准（GB/T 18916.20—2016）已于 2016 年 10 月 13 日发布，2017 年 5 月 1 日正式实施；化纤长丝织造行业节水型企业国家标准（GB/T 37832—2019）已于 2019 年 8 月 30 日发布，2019 年 12 月 1 日正式实施。全行业依据国家相关政策，及时淘汰落后的生产工艺技术和设备，大力宣传推广清洁生产技术，积极配合有关主管部门开展企业清洁生产审核，清洁生产模式在我国长丝织造行业持续推进，在原料选择、工艺优化、节能环保设备、使用清洁能源、污水处理与回用、企业管理等方面都有了较大的改进，有效促进了长丝织造产业生产水平的提升，实现了长丝织造产业的绿色可持续发展。

　　行业中污水处理做得比较好的企业有芭山集团有限公司、恒力集团有限公司、浙江台华新材料股份有限公司、厦门东纶股份有限公司、福建龙峰纺织科技实业有限公司、福建省向兴纺织科技有限公司、嘉兴市鸣业纺织有限公司和浙江捷凯实业有限公司等，采用的喷水织机废水回用技术，回用率都可以达到 90%以上，不少企业的中水回用率已达 100%。

　　除了采取有效的废水处理措施，有些长丝织造企业还通过采用节水型喷头，收集下机坯布上的水分，建立雨水收集池补充织造用水等方式进行节水。

（二）中水回用情况

　　长丝织造行业节水工作的一个重要方面就是中水回用。喷水织造生产废水处理一般经过"絮凝气浮+杂物过滤"等物理化学手段处理后，即可重新回到车间供喷水织机使用。

目前，各产业集群根据各地区的实际情况，采用了不同的中水回用方式。

苏州市吴江区盛泽镇和嘉兴市秀洲区王江泾镇等传统产业集群，是随着市场经济迅速聚集和发展起来的，由于历史的原因，行业发展初期采用开放式发展模式，已经进入园区的企业由园区污水处理厂统一处理，但中水回用管道没有完全送达企业，造成中水回用比例不高。截至 2019 年 12 月，盛泽镇拥有喷水织机 10.8 万台，产生废水 21.6 万吨/天，虽然全镇拥有 38 个水处理站，处理总能力达 50 万吨/天，但由于回用管道等问题，仅有 7.6 万吨/天处理后的水回用。王江泾镇拥有喷水织机 2.8 万台，产生废水约 10 万吨/天，全镇拥有 19 个水处理站，约 4 万吨/天处理后的水回用。2019 年，浙江省嘉兴市秀洲区、江苏省苏州市吴江区等重点产业集群都加大了行业喷水织机整治力度，一方面治理集群"小、散、乱"的情况；另一方面加大中水回用基础设施的建设力度，大大提高了资源综合利用率，环境保护成效显著。

湖州市长兴县夹浦镇是我国家纺磨毛布、窗帘布等纺织品的重要生产基地，全镇拥有喷水织机 4.1 万台。根据织机的分布状况，夹浦镇就近建立了 7 个中水回用站，水处理能力 10 万吨/天，处理和回用管道 260 千米，实现"站不漏村、村不漏户、户不漏机"的全覆盖、全处理模式，中水回用率达 90%以上。当前，夹浦镇正加快纺织业转型升级，计划淘汰家庭作坊式散户织机，实现全部喷水织机入园聚集，并全面实现三废的有效监控，推进纺织产业规模、绿色发展。

晋江市龙湖镇是我国重要的户外运动服面料生产基地，全镇拥有喷水织机 9000 台，产生废水约 3 万吨/天。龙湖镇的织造企业一般都自建中水回用设施，处理后的废水排放量约为 4500 吨/天，全镇中水回用率约 85%。

中部新兴产业集群地方政府也普遍重视落实环保措施，在引进喷水织机项目的同时，即规划建设了喷水织机污水处理和中水回用设施。新建园区污水处理的落实普遍好于东部沿海的老园区。新建企业能积极落实环保义务，无论是自建污水处理设施还是园区统一处理，皆能做到污水处理 100%，中水回用率 90%以上，不少企业中水回用率达到 100%。

在河南、安徽、江西等地区，除了规模较大的企业自建中水回用设施外，纷纷建立长丝织造产业园，在园区内，实现织造废水的统一处理和回用。如在安徽省六安市的金寨县，拟新上喷水织机 3.6 万台，建立了中祥、嘉盛、久盛、美自然、恒丰纺织五个纺织产业园，目前已投产喷水织机 1 万台，污水处理 100%，中水回用率 90%以上。

当前，企业自建污水处理与园区集中处理的技术都是成熟的，处理成本也在合理区间，生产用水循环利用率偏低问题需要着力解决。

三、绿色生产新技术及新设备

（一）节能降耗新技术

1. 太阳能集热技术

太阳能是最清洁的能源之一，通过太阳能板集热系统吸收太阳发出的热能，产生热水，供工业生产或生活用。行业中平铺式厂房居多，适宜铺设太阳能板。企业通过太阳能对生产、生活用水进行升温，从而减少蒸汽的用量，达到降低产品碳含量的目的。

2. LED 节能灯

LED 节能日光灯是国家目前推广的新一代绿色照明产品，具有高效、节能、环保等优势，符合国际上碳减排的有关技术要求。LED 属于冷光源，优点众多，除了寿命长、耗能低、体积小、质量轻外，还具有发热少、温度低、防火，适用于各种恶劣环境条件等特点，属于典型的绿色照明光源。

LED 同等照明要求下比传统灯具节能 60%以上，节能是 LED 日光灯照明最大的特点之一。不仅如此，LED 拥有令人难以置信的长寿命，其使用寿命在 5 万~10 万小时，照明节能带来的益处，直接表现为能耗的降低，与之相伴的就是二氧化碳气体排放的减少。

3. 永磁直驱电机

永磁直驱电机直接驱动布机主轴，省去了织机刹车盘、皮带轮等机件，减少成本的同时进一步降低了传动消耗，节能率达 15%~30%，一年即可收回与普通电动机的差价成本。另外，永磁直驱电机可实现自由变换车速，具备慢点动、超启动功能。喷水织机电控系统的升级换代有助于提升织机机电一体化程度，完成精准控制，达到更加节能、智能的目的，提高织机效率。国内代表生产商有汇川公司和新辽公司等。

4. 能源系统优化

通过开展能源系统优化工程，对所有用能设备及工艺参数进行测试和分析，采用有效的技术和装备，可达到节能降耗的目的。能源系统优化工程包括：电力系统、设备系统、空调系统、动力系统及照明系统的优化改造。

5. 智能信息化管控系统

以信息化带动工业化、以工业化促进信息化的"两化融合"是信息化和工业化的高层次的深度结合，通过两化融合促进节能降耗是国家"十二五"重点推进的工作。智能信息化管控系统可对现有生产过程的关键点工艺参数实现在线检测，自动控制和数字化管理，通过对单机台工艺参数的量化控制，可对生产过程的水、电、气等能耗、产量、成品率进行有效的管理，克服人为因素而造成的误差，并通过记忆和存储工艺菜单实现重现性，提高一次成功率，节能降耗效果显著。

（二）喷水织机污水处理新技术

1. 生产废水水质情况

由于部分长丝织造产品的经丝需要上浆，且化纤纺丝的过程中需要使用一定量的油剂，喷水织机在引纬过程中，高压引纬水会将丝线上的浆料及油剂冲洗下来，进而产生织造废水。此外，在织造用浆料调制、综框清洗及车间地面清洗等生产过程中也会产生一定量的生产废水。

一般情况下，去除自然蒸发和织物带走等损耗的水量，生产废水量约为织造用水量的85%~90%。上浆产品的织造废水COD为400~500mg/L，不上浆产品的织造废水COD为140~200mg/L，表3-2为一企业喷水织机废水水质情况。喷水织机污水的主要污染物主要是由浆料（聚丙烯酸酯类）、油脂、细小纤维及其他杂物构成。

表3-2 喷水织机废水水质

项目	COD/ (mg/L)	NH_3-N/ (mg/L)	pH值	硬度/ (mg/L)	电导率/ (μS/cm)	油类/ (mg/L)	SS/ (mg/L)
进水水质	148	1.5	6.84	56.7	657	1.28	30
排放标准	80	10	6~9	—	—	—	50

2. 废水的处理方法

化纤长丝织造中，喷水织机所产生的下机污水为轻度污染水，只含一些少量的化纤油剂、污渍和浆料，只需通过气浮和过滤处理后就能实现循环使用。喷水织造废水一般企业自行处理，或者纳入管网，由园区统一处理，不建议与印染废水混合处理，以便降低处理成本和难度，增加回用率。

国内外企业对喷水织造废水的治理主要采用物理化学法进行处理，如较为常见的絮凝沉淀法、次氯酸钠法等。新的处理方法有纳米曝气、催化氧化絮凝、陶瓷膜过滤、微米膜过滤、生物好氧—厌氧等方法。

目前推荐采用曝气机对喷水织机污水进行处理，需更新排放的污水，也需经预处理后达到排入园区污水管网的标准要求再排入污水管网进入园区污水处理站。

曝气机是通过散气叶轮,将"微气泡"直接注入未经处理的污水中,在混凝剂和絮凝剂的共同作用下,悬浮物发生物理絮凝和化学絮凝,从而形成大的悬浮物絮团,在气泡群的浮升作用下"絮团"浮上液面形成浮渣,利用刮渣机从水中分离;不需要清理喷嘴,不会发生阻塞现象。设备整体性好,安装方便,运行费用与占地面积较省。

好氧—厌氧结合的处理方法采用厌氧微生物可以对难降解的有机物进行断链处理,将复杂的有机物转化为结构简单的小分子,提高污水的可生化性。该方法经济高效,剩余污泥少,且无二次污染,值得在行业内普及和推广。

(1)物理法光解处理技术。用光解的方法处理难生物降解或不能生物降解的有机化合物使其转化为可生物降解的有机化合物的工艺,尤其用催化光解和化学氧化及生物处理的联合工艺近几年发展很快,取得突破性成果并在工业上实施。

光解法具有安全、成本低、效率高的特点。它不产生有毒的副产品而且安全弹性大,是较好的方法。如用光学氧化的方法处理焦化废水中不能生物降解的有毒物质,焦化废水在含有粉末催化剂的曝气中用紫外光辐射,可以100%有效地除去稠环芳烃等烃类、COD和色素。

含有毒金属络合(螯合)化合物在紫外光照射下以H_2O_2溶液进行氧化,可转化为无毒化合物。分散或溶解在废水中的有机污染物,它们通过在涂抹含有二氧化钛的锐钛矿细粉发生催化作用同时,用紫外光辐射,可将这工业废水中的烃、醇、酸、酮、胺类、酸和卤代烃类氧化分解使其结构裂解转化为能生物降解物质。含二氧化钛的锐钛矿具有$20\sim200m^2/g$的表面积,粒径为$0.001\sim1.0\mu m$时方可做催化剂用。溶于液体溶液中的不能生物降解的表面活性剂用加速电子束辐射后可达到生物降解。它可用于合成橡胶的废水处理。

(2)物化法处理技术。物化法处理主要有吸附法、萃取法、各种膜处理技术等。

吸附法主要采用交换吸附、物理吸附或化学吸附等方式,将污染物从废水吸附到吸附剂上,达到去除的目的。吸附效果受到吸附剂结构、性质和污染物的结构和性质以及操作工艺等因素的影响,常用的吸附剂有活性炭、活性炭纤维、硅藻土等。该法的优点是设备投资少、处理效果好、占地面积小。但由于吸附剂的吸附容量有限,吸附后的再生往往能耗很大,废弃后排放易造成二次污染,这些因素限制了该方法的实际应用。

萃取法是利用与水互不相溶、但对污染物的溶解能力较强的溶剂,将其与废水充分混合接触,大部分的污染物便转移至溶剂相,分离废水和溶剂,使废水得到净化。分离溶剂与污染物，溶剂可以循环利用，废物中对有用物质进行回收，还可变废为宝。

（3）化学氧化法处理技术。化学氧化处理废水技术常用于生物处理的前处理，一般是在催化剂的作用下，用化学氧化剂处理有机废水以提高废水可生化性，或直接氧化降解废水中有机物使之稳定化。

（4）生物法。废水生物法处理是利用微生物的生命活动，对废水中呈溶解态或胶体状态的有机污染物有降解作用，从而使废水得到净化的一种处理方法。其主要特征是应用微生物特别是细菌，并在为充分发挥微生物的作用而专门设计的生化反应器中，将废水中的污染物转化为微生物细胞以及简单的无机物。按照生物法对工业废水进行处理的方式基本上为两大类：好氧生物技术和厌氧生物技术两种。

好氧生物技术是指在有氧条件下，污水中的有机物在好氧性微生物的作用下，一部分被菌体吸收利用，另一部分被彻底分解为 CO_2、NH_3、无机磷等无机物，从而达到污水净化的目的。

厌氧生物技术是指在严格无氧条件下，在厌氧性微生物或兼性微生物作用下，将废水中的有机物分解成 CH_4、H_2、H_2S、CO、CO_2 和 NH_3 等物质的过程。

（5）生物法降解工艺——活性污泥法。活性污泥法是以活性污泥为主体的废水生物处理的主要方法。作为近几年废水处理的主要方法之一，该法是在人工充氧条件下，对污水和各种微生物群体进行连续混合培养，形成活性污泥。废水与活性污泥（微生物）混合搅拌并曝气，利用有机污染物分解的方式处理生活污水和工业废水，它能从污水中去除溶解的或胶体的可生物降解有机物以及能被活性污泥吸附的悬浮固体和其他一些物质，同时无机盐类也能部分地被去除。

活性污泥法衍生出了多种多样的工艺流程并广泛应用于城市生活污水和工业废水的净化：AB 法、SBR 法、氧化沟、普通曝气法、A/A/O 法、A/O 法等，现阶段已在含铬废水、含酚废水、含油废水、染料废水、饮料废水、焦化废水、制革废水和造纸废水等工业废水处理中大量使用。例如目前利用活性污泥法处理含酚废水时，污泥沉降性能及生理活性良好，COD 降解效果较好 86%。另外，在曝气方式上也取得了较大改进，如纯氧曝气、深井曝气、射流曝气，采用微气泡扩散器等，这些都增大了氧转移率、提高了氧的利用率使曝气池中氧的浓度增加。

活性污泥法的基本流程大致如图 3-1 所示：典型的活性污泥法是由曝气池、沉淀池、污泥回流系统和剩余污泥排除系统组成。

```
进水 ──→ ┌─────┐ ──→ ┌─────┐ ──→ 出水
         │曝气池│     │沉淀池│
         └─────┘     └─────┘
            ↑            │
            └─ 回流污泥 ←─┴──→ 剩余污泥
```

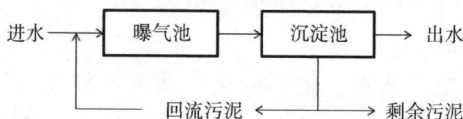

图 3-1　活性污泥法基本流程

污水和回流的活性污泥一起进入曝气池形成混合液。从空气压缩机站送来的压缩空气，通过铺设在曝气池底部的空气扩散装置，以细小气泡的形式进入污水中，目的是增加污水中的溶解氧含量，还使混合液处于剧烈搅动的状态，形悬浮状态。溶解氧、活性污泥与污水互相混合、充分接触，使活性污泥反应得以正常进行。

第一阶段，污水中的有机污染物被活性污泥颗粒吸附在菌胶团的表面上，这是由于其巨大的比表面积和多糖类黏性物质。同时一些大分子有机物在细菌胞外酶作用下分解为小分子有机物。第二阶段，微生物在氧气充足的条件下，吸收这些有机物，并氧化分解，形成二氧化碳和水，一部分供给自身的增殖繁衍。活性污泥反应进行的结果，污水中有机污染物得到降解而去除，活性污泥本身得以繁衍增长，污水则得以净化处理。

经过活性污泥净化作用后的混合液进入二次沉淀池，混合液中悬浮的活性污泥和其他固体物质在这里沉淀下来与水分离，澄清后的污水作为处理水排出系统。经过沉淀浓缩的污泥从沉淀池底部排出，其中大部分作为接种污泥回流至曝气池，以保证曝气池内的悬浮固体浓度和微生物浓度；增殖的微生物从系统中排出，称为"剩余污泥"。事实上，污染物很大程度上从污水中转移到了这些剩余污泥中来。

（6）生物法降解工艺——生物膜法。废水的生物膜处理法是一类与活性污泥法并列迅速发展的废水好氧生物处理技术。这种处理法的实质是使细菌和菌类一类的微生物和原生动物、后生动物一类的微型动物附着在滤料或某些载体上生长繁育，并在其上形成膜状生物污泥——生物膜。

废水与生物膜接触，其中的有机物作为营养物质，为生物膜上的微生物所摄取，废水得到净化，微生物自身也得到繁衍增殖。除普通生物滤池外，相继涌现出生物接触氧化池，生物转盘和生物流化床等一批新技术，并正由单一反应器向复合反应器发展。

3. 污水处理主要设备

（1）离心机。离心机主要用于将悬浮液中的固体颗粒与液体分开；或将乳浊液中两种密度不同，又互不相溶的液体分开；它也可用于排除湿固体中的液体，例如用洗衣机甩干湿衣服；特殊的超速管式分离机还可分离不同密度的气体混合物；利用不同密度或粒度的固体颗粒在液体中沉降速度不同的特点，有的沉降离心机还可对固体颗粒按密度或粒度进行分级。

（2）污泥脱水机。污泥脱水机特点是可自动控制运行，连续生产，无级调速，对多种污泥适用，适用于给水排水，造纸，铸造，皮革，纺织，化工等多种行业的污泥脱水。

（3）曝气机。曝气机是通过散气叶轮，将"微气泡"直接注入未经处理的污水中，在混凝剂和絮凝剂的共同作用下，悬浮物发生物理絮凝和化学絮凝，从而形成大的悬浮物絮团，在气泡群的浮升作用下"絮团"浮上液面形成浮渣，利用刮渣机从水中分离；无须清理喷嘴，不会发生阻塞现象。本设备整体性好，安装方便，节省运行费用与占地面。

（4）微滤机。微滤机是一种转鼓式筛网过滤装置。被处理的废水沿轴向进入鼓内，以径向辐射状经筛网流出，水中杂质（细小的悬浮物、纤维、纸浆等）即被截留于鼓筒上滤网内面。当截留在滤网上的杂质被转鼓带到上部时，被压力冲洗水反冲到排渣槽内流出。运行时，转鼓 2/5 的直径部分露出水面，转数为 $1 \sim 4r/min$，滤网过滤速度可采用 $30 \sim 120m/h$，冲洗水压力 $49.05 \sim 147.15$（$0.5 \sim 1.5 kgf/cm^2$），冲洗水量为生产水量的 $0.5\% \sim 1.0\%$，用于水库水处理时，除藻效率达 $40\% \sim 70\%$，除浮游生物效率达 $97\% \sim 100\%$。微滤机占地面积小，生产能力大（$250 \sim 36000 m^3/d$），操作管理方便，已成功地应用于给水及废水处理。

（5）气浮机。气浮机是一种去除各种工业和市政污水中的悬浮物、油脂及各种胶状物的设备。该设备广泛应用于炼油、化工、酿造、屠宰、电镀、印染等工业废水和市政污水的处理。

按溶气方式不同可分为：充气气浮机、溶气气浮机和电解气浮机。其原理是将难以溶解于水中的气体或两种以上不同液体高效混合（产生微细气泡粒径 $20 \sim 50\mu m$）。以微小气泡作为载体，黏附水中的杂质颗粒，颗粒被气泡挟带浮升至水面与水分离，达到固液分离的目的。

第四章 产品开发

一、化纤长丝织物概述

(一) 化纤长丝织物的定义

经向以化纤长丝为原料的机织物，称为化纤长丝机织物，简称长丝织物。目前，化纤长丝织物的花色品种日新月异，新产品层出不穷。在衣着类方面不仅有仿真丝织物，而且还有仿毛、仿麻、仿棉等仿真类织物，也有自身特色产品、功能性产品（如里子布、遮光布、记忆布、麂皮绒、桃皮绒、防羽绒布等），除服用外，还可大量应用在家纺、车内装饰、军品和其他产业用等，如用于制作篷盖布、防弹衣、降落伞及军服等装备所用面料。目前，绝大多数窗帘布，帐篷布都是用长丝面料制作。

(二) 化纤长丝织物的分类

化纤长丝机织物可制成服装、箱包、篷盖等各类产品，虽然生产历史较短，但发展迅猛，其规模和产品数量已远远超过天然纤维机织物。由于历史原因，到目前为止化纤长丝织物还没有一个全国统一的分类和命名，由于它是从丝绸行业分离出来的，有些已基本定型的传统产品继续沿用原来在丝绸行业赋予的名字，而绝大多数新开发出来的产品则各有各的叫法，分类并不清晰。如何对成千上万的化纤长丝织物进行系统的分类与命名，是今后本行业中有待解决的课题。本书主要从以下几个方面对长丝织物进行分类。

1. 按织物经纬丝原料构成分类

(1) 纯化纤长丝织物：经丝和纬丝采用同一种化纤长丝所织制的化纤长丝织物。如纯涤纶织物、纯锦纶织物、纯粘胶织物和纯醋酸织物等。

(2) 交织化纤长丝织物：经丝采用化纤长丝，且经纬采用不同纤维原料（如棉、麻、真丝、毛、化纤等）织成的化纤长丝织物。如涤锦织物、涤棉织物等。

2. 按织物厚度分类

按织物的厚度分类时，织物厚度一般指在一定压力下织物的稳定厚度。化纤长丝机织物沿用丝织物按厚度的分类方法，可分为轻薄型、中厚型和厚重型化纤长丝织物三类。一般厚度小于 0.14mm 的称为轻薄型化纤长丝织物，厚度介于 0.14~0.28 之间称为中厚型化纤长丝织物，厚度大于 0.28mm 的称为厚重型化纤长丝织物。

3. 按织物加工方法分类

本色织物：未经染整加工的织物化纤长丝织物。

色织织物：先将丝线进行染色等加工再织成的化纤长丝织物。可通过长丝染色或纺丝中加入色母粒获得色丝。

漂白、染色、印花织物：经漂白、染色和印花而得的化纤长丝织物。

特殊加工织物：经涂层、烂花、褶皱、磨毛等特殊加工的化纤长丝织物。

4. 常见化纤长丝织物命名分类

长丝织物其多变的特性，满足了人们不同的需求，在纺织业中发挥着重要的作用。常见的化纤长丝织物品种主要包括：

（1）塔夫绸。塔夫绸本来是真丝绸的一类，又称塔夫绢，织物密度大，在绸类织品中是最紧密的熟织高档丝织品。涤塔夫是由涤纶长丝织造的全涤布，外观光亮，手感光滑，一般作里料较多。化纤塔夫的品种很多，根据所用原料，除涤塔夫或者涤丝纺外，还有尼丝纺、人造丝塔夫绸、化纤交织塔夫绸等。

（2）春亚纺。主要是用涤纶 DTY 织造的全涤产品，织物基本组织为平纹，常见品种有半弹春亚纺、全弹春亚纺、消光春亚纺、斜纹春亚纺、格子春亚纺等。春亚纺是问世已久的老品种，近年来除了采用消光丝原料和织造工艺创新外，还在染整后处理工艺延伸，织物密度增加，手感更柔软，功能更拓展。

（3）雪纺。雪纺的学名称为乔其纱，是以强捻绉经、绉纬制织的一种丝织物，经丝与纬丝采用 S 捻和 Z 捻两种不同捻向的强捻纱，按 2S、2Z（两左两右）相间排列，以平纹组织交织，织物的经纬密度很小。雪纺面料轻薄透明，手感柔爽富有弹性，外观清淡雅洁，具有良好的透气性和悬垂性，穿着飘逸、舒适，适于制作妇女连衣裙、高级晚礼服、头巾等。

（4）塔丝隆。织物中主要含有空变丝原料，或经纬向至少有一个方向采用空变丝，织物组织有平纹、平纹变化组织、小提花和 2/2 斜纹等。其品种有锦纶塔丝隆和涤纶塔丝隆之分，分别采用锦纶空变丝和涤纶空气变形丝。通常说的塔丝隆面料是以锦纶空气变形丝为原料的长丝织物，

（5）尼丝纺。尼丝纺是采用无捻锦纶长丝织成的结构紧密、质地轻薄的织

物。尼丝纺织物组织常为平纹组织、变化组织等。该织物平整细密，绸面光滑，手感柔软，轻薄而坚牢耐磨，色泽鲜艳，易洗快干，主要用作男女服装面料。

（6）桃皮绒。采用细旦或超细纤维制织的有绒毛效应的织物，常用原料为涤纶丝或涤锦复合丝，一般织物表面需经过磨毛处理形成桃皮绒毛效果。织物质地更柔软，绒毛感强，手感和外观更细腻别致。目前市场上桃皮绒主要有平桃、斜桃、缎桃、双面桃皮绒等。

（7）色丁布。多采用涤纶长丝，即涤色丁，也有尼龙色丁布和交织色丁布。常用的经纬原料规格有 55.6dex×83.3dex（50 旦×75 旦），83.3dex×111.1dex（75 旦×100 旦）等，一般为五枚和八枚缎纹组织。由于正则缎纹的经面经浮长较长，织物悬垂性较好。一般经丝选用有光丝，织物正面光亮、爽滑，反面暗淡，类似真丝绸。

（8）麂皮绒。以海岛丝或超细纤维为原料织制的具有麂皮效应的织物，单丝线密度度为 0.005~0.009tex（0.05~0.08 旦）。由于减量开纤，除去 25%左右的水溶性聚酯，为防止布面不至于太稀松需加入收缩纤维或收缩处理。海岛短纤维最早用于制造成麂皮革，其性能与高级天然皮革相媲美。目前市场上主要有经麂皮绒、纬麂皮绒、提花麂皮绒等。

（9）牛津布。多以涤纶丝和锦纶丝为原料、采用平纹变化和纬重平组织织造的产品，又称牛津纺。该织物具有易洗快干、手感松软、吸湿性好和穿着舒适等特点。牛津纺具有粗犷的外观风格，主要用于衬衫面料或箱包材料。目前市场上化纤牛津纺主要有套格、全弹和提格等品种。

5. 根据用途分类

按产品用途，化纤长丝织物可以分为衣着类长丝织物、装饰类长丝织物及产业用类长丝织物。

（1）服用长丝织物。服装用纺织品也称衣着用纺织品，服装用长丝织物是指用于制作服装的长丝织物。这类长丝织物需要具备实用、舒适、卫生、装饰等基本功能，能够满足人们日常穿着的需求。

按照不同的服用风格，可分为以下几类：

①时装类长丝织物：主要用于时装类服饰的面料。面料颜色、纹样、肌理等设计具有视觉上时尚性、艺术性，符合当下流行趋势。

②户外运动类长丝织物：主要用于户外运动类服饰的面料，如登山服、滑雪服、冲锋衣、沙滩装、速干装等。该类面料要求具有很好的防水性、防风保暖性、抗菌防臭、防沾污、抗拉伸、抗撕裂以及速干、透气性等，同时要求质轻易携带。

③休闲类长丝织物：主要用于休闲类服装的面料。休闲服装是指在休闲场合所穿的服装。所谓休闲场合，就是人们在公务、工作外，置身于闲暇地点进行休闲活动的时间与空间。如居家、健身、娱乐、逛街、旅游等都属于休闲活动。穿着休闲服装，追求的是舒适、方便、自然，给人以无拘无束的感觉。休闲服装一般有家居装、牛仔装、运动装、沙滩装、夹克衫、T恤衫等。制作该类服装所用的面料一般具有轻质、柔软和易洗快干等要求。

④新型功能类长丝织物：主要用于具有特殊需求的服装。要求织物具有一定特殊功能性，如抗紫外线性能、防辐射性能、抗菌除臭新能等。

⑤仿真类长丝织物：按具体的仿真效果，可分为仿真丝类长丝织物、仿棉类长丝织物、仿毛类长丝织物、仿麻类长丝织物及仿真皮类长丝织物。

（2）装饰用长丝织物。装饰类织物又称家纺类织物，家用装饰纺织品的内涵包括巾、床、橱、墙、帘、艺、毯、帕、旗、线、袋、绒，该范围随着家用纺织品的发展将进一步扩展。

①巾——毛巾、浴巾、毛巾被、沙滩巾等其他盥洗织物及卫生用品。

②床——各种床上用品。

③橱——厨房、餐桌用的各种纺织品。

④墙——各种墙布、墙纸。

⑤帘——各种窗帘、装饰帘、帷幕等。

⑥艺——各种布艺、绣品、抽纱制品、布艺家具、摆设、各种垫类、花边等。

⑦毯——各种毯类，包括地毯、挂毯、饰毯、门垫、人工草坪等。

⑧帕——各种手帕、头巾、装饰巾。

⑨旗——各种旗幡类织物、广告布、伞具用布、遮阳布等。

⑩线——各种原料的缝纫线、绣花线、装饰线等。

⑪袋——各种包、袋、兜等。

⑫绒——各种植绒或毛绒面料及玩具制品。

化纤长丝织物在以上家用纺织品应用种类中都有所作为，不少方面还发挥着主力军作用。

（3）产业用长丝织物。产业用纺织品是专门设计的、具有工程结构的，应用于非纺织行业中的产品、加工过程或公共服务设施的纺织品。用于制作产业用纺织品的化纤长丝织物称为产业用长丝织物。

主要包括骨架材料、篷帆布、渔业用纺织品、工业用呢、革基布、土工织物、汽车内饰、防护服、农业用纺织品、过滤材料、国防用布、屋顶材料、医疗用布、包装材料、绳带缆、绝缘隔音材料等。

二、化纤长丝织物的应用

化纤长丝面料的用途非常广泛，既可应用于各式各样的服装系列，也是家用纺织品的首选面料，同时在许多产业中也在发挥着越来越重要的作用。

（一）在服装中的应用

服装用长丝织物是指用于制作服装的长丝织物。其中，服装是化纤长丝面料的一大应用领域。

化纤长丝面料最初以仿真丝产品为主，具有结实耐用、抗皱免烫易打理和性价比高等优点。涤纶仿真丝经历了纤维仿真丝、外观仿真丝和手感仿真丝三个阶段，通过采用化学接枝、共聚等方法，使涤纶本身的吸湿性能明显提高，外观、手感几乎和真丝绸一样。经过多年的发展，化纤长丝面料的花色品种日新月异，新产品层出不穷。在服用纺织品方面，不仅有仿真丝织物，而且还有仿毛、仿麻、仿棉等仿真类织物，也有防水透湿、防紫外线、防红外线伪装等功能性产品。化纤长丝面料在服装中的应用也越来越广泛，不仅应用于时装、休闲装和工装上，而且还应用于户外运动服、消防服、潜水服和宇航服等特殊用途的服装上。

1. 新颖绚丽的时装

时装是一类款式新颖而富有时代感的服装，其对面料的需求随流行趋势的变化而不断变化，具有时尚新颖、风格独特、时效性强等方面的特点。化纤长丝面料种类丰富，不仅有璀璨耀眼的有光面料，而且还有低调奢华的消光面料；不仅有各种厚度的雪纺、春亚纺、涤塔夫等面料，而且还有各种式样的仿记忆面料、仿麂皮面料等，可满足时装对亮度、造型、色彩、纹样等各式各样的要求。

生活中常见的各种时尚女装、礼服、影视服装，包括裙装、裤子和外套等，基本都是由化纤长丝面料制作而成。化纤面料以其新颖绚丽的特点，正符合了社会个性化消费的需求，也满足了时装所具有的时代特征。见图4-1。

2. 舒适别致的休闲装

休闲装俗称便装，是人们在无拘无束、自由自在的休闲生活中穿着的服装，具有舒适、健康、环保、耐穿和易洗的特点。制作该类服装所用的面料一般具有轻质、柔软和易洗快干等要求。化纤长丝面料具有柔软、舒适、耐用、成本低、不起毛起球等众多优点，是休闲装，特别是休闲女装的首选。常见的休闲

图 4-1　时装

装，如各类休闲夹克、外套、休闲女装等，有相当一部分是采用的黏胶或涤纶长丝面料制造而成。目前，随着各种化纤仿真丝、仿麻和仿棉面料技术的成熟，化纤长丝面料在休闲服装中的应用也越来越广泛。见图 4-2。

图 4-2　休闲装

3. 安全可靠的工装

工装又称工作服，是专门为特殊环境工作人员设计的服装。一般来讲，根据工作环境的需要，工装要求面料具有不同的防污染、防化学药剂、防热辐射等功能，包括防护性、耐洗涤性、防菌防霉性、耐化学药物性、耐热性等。目前，有些防护服装采用的是芳纶、高分子量聚乙烯或者工业涤纶等纤维制作，也有些是经过特殊整理的常规涤纶或者锦纶长丝面料生产而成。如石油工人的服装，就是采用经防油防水整理后的常规涤纶长丝面料制成，满足石油工人服装不沾油污和易清洁的需求。

当前，随着社会分工的日益专业化和劳动者保护意识的增强，社会对工装的需求正日益增加，同时对工装的功能和质量也提出了更高的要求。这些需求很多都是天然纤维等短纤面料难以达到的，而化纤长丝面料却能够轻易满足，化纤长丝面料在工装中的应用不言而喻。

4. 功能舒适的户外运动服装

户外运动服装主要是为户外运动穿着而设计的服装，其中有专门用于体育运动竞赛的服装，包括田径服、球类运动服、水上运动服、举重服、摔跤服、体操服、登山服、冰上运动服和击剑服等，也有日常运动穿着的休闲运动服、防晒服、防寒服和冲锋衣等。这类服装的面料大都具有防水透湿、舒适和耐磨等特点。如防寒服面料，大多采用的锦纶长丝面料制成，不仅防水挡风透湿，而且还具有耐寒、耐磨的功能。春秋时节，五彩缤纷的防晒服，大多也都是由超细锦纶面料制成，不仅如皮肤一般轻薄柔软，而且还具有较好的防水透湿和防紫外功能。正是由于运动服装独特的设计和化纤长丝面料优异的性能以及社会健康运动理念的逐步深入，户外运动服装正逐步成为居家、旅游、度假和休闲服装的首选。见图4-3。

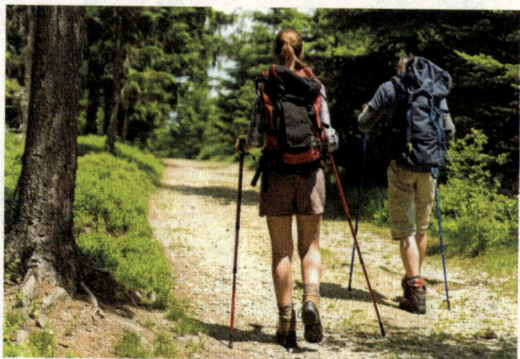

图4-3 户外运动服

随着新型纤维的不断出现，织造技术的不断发展，以及社会生活水平的不断提高，化纤长丝面料也在不断创新，不断地以新的面貌，满足新的需求，对社会进步做出更大的贡献。

（二）在家用纺织品中的应用

家纺用长丝织物，也可指装饰面料，具有实用性、艺术性、舒适性、功能性等特征，既含有服用织物性能的某些特征，又具有功能产业织物的特性，有的甚至是介于服用和产业用织物之间的，其应用范围广。随着社会的发展，家纺用长丝织物的市场份额不断增加，市场潜力很大。新材料、新技术的发展也为家纺用长丝织物的开发提供了更广阔的空间。

家纺用面料的运用不仅能装饰空间，满足现代人多样化需求，而且为居住环境注入更多文化内涵，增强环境中的意境，不同材质、不同纹理的家纺用面料都可体现不同的生活特征。此外，作为家纺用产品，该类面料也需要具有较好的舒适性、安全性和特殊的使用性能。主要包括：毛巾，床上用品，厨房、餐桌用的纺织品，窗帘，装饰帘等。

随着人们对家装的要求不断提高，墙布作为家用纺织面料快速发展。经过后整理的墙布可展现出色彩绚丽、富有质感的图案，有中式、欧式、田园、卡通、现代、工程、刺绣、手绘、数码打印等不同风格，可广泛应用于客厅、卧室、书房、儿童房、办公室、会议室、宾馆等藏所。还可以根据客户需要，进行防水、防油、防污以及阻燃等处理，特别是近年来极为流行的氧离子墙布，在普通室内光强下即可高效分解室内甲醛及其他挥发性有害气体，从而满足人们对健康安全的室内软装材料的追求，是目前国内外室内软装材料的主要发展趋势。见图4-4~图4-9。

图4-4　窗帘

图4-5 床上用品

图4-6 餐桌布

图4-7 沙发布

图 4-8　功能性墙布

图 4-9　田园风格墙布

（三）在产业用纺织品中的应用

近年来，国内外各行各业对产业用纺织品的需求不断增加，推动了产业用纺织品的发展。产业用纺织品是指经过专门设计，具有特定功能，应用于工业、医疗卫生、环境保护、土工及建筑、交通运输、航空航天、新能源、农林、渔业等领域的纺织品。它技术含量高，应用范围广，市场潜力大，其发展水平是衡量一个国家纺织工业综合竞争力的重要标志之一。

产业用途一般要求纺织品有强度高、耐高温、耐酸碱等特种功能。在过去较长时间内这类产品都是由天然纤维占统治地位。但随着化纤技术的进步，由于化学纤维性能优良、耐久性好，占有价格优势，现在这种格局已被化学纤维所取代。由于长丝织物所具有的优异特性，目前被广泛应用于多个产业领域。图 4-10~图 4-14。

图 4-10 帐篷布

图 4-11 土工布

图 4-12 降落伞

图 4-13　箱包布

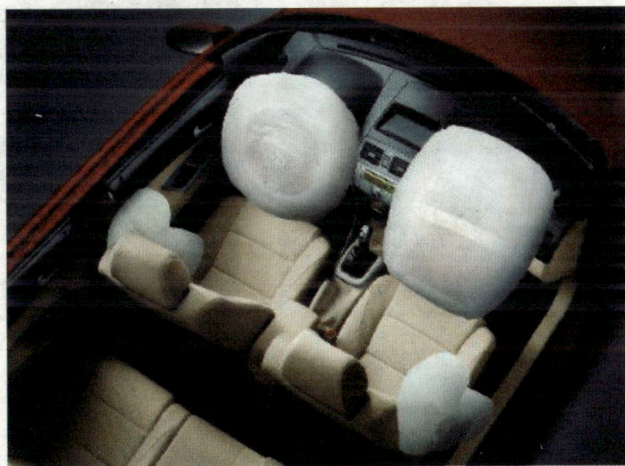

图 4-14　安全气囊

（四）军用纺织品中的应用

我国是世界纺织大国，纺织品在军队中是除武器装备外的第二大军用物资，单兵、武器等诸多方面都离不开纺织品。

从社会需求、军事斗争准备需要和装备科技发展趋势来看，军用纺织品的未来发展方向在于突出战场防护的功能性，纤维的多元化搭配，向舒适健康和智能化发展，可以说新一代军用纺织品的开发对纺织工业的结构优化和产品升级起到十分重要的促进作用。

纺织品作为军需用品的一个重要门类，是军队建设不可或缺的重要资源。军品采购的市场化和公开化促使更多、更高品质的化纤类纺织产品进入军队采购之列。军用纺织品的需求十分巨大，每年的产值都达到百亿元以上。

军用纺织品中，对功能性要求较为强烈的是防护类装备材料，它们比一般纺织品更强调功能性和更高的附加值，也是纺织科研人员的重点攻关研究对象。

在长丝织造产业中，以浙江盛发纺织印染有限公司为代表的骨干企业已成为军队物资采购稳定供应商，多年来专注可用于军队的化纤长丝功能性面料及成品的开发与生产。盛发公司拥有以军队科研院所项目为导向，以东华大学为研发基地的一体化协同机制，在长丝类军用纺织品研发与转化方面取得了很好的成效，特别是为几次阅兵活动提供装备面料及装备成品，为助我国防，扬我军威做出了贡献。

盛发公司主要化纤长丝类军用纺织产品如图4-15~图4-20所示。

图4-15　迷彩印花涂层帐篷类涤纶长丝面料及装备产品

图4-16　迷彩印花涂层伪装用多品种涤纶长丝面料及帐篷产品

图 4-17　涤纶高强长丝伪装面料及产品系列

图 4-18　涤纶长丝类涂层各种车衣面料及装备产品系列

图 4-19　各种涤纶长丝类涂层面料产品

图 4-20   各种涤纶长丝类涂层面料及装具产品

所以国防建设与纺织长丝工业及产品的发展是相互促进、相辅相成、密切相关的，强大的纺织长丝工业系列化产品是建设强大国防的重要基础和保障，纺织长丝工业的发展必将是国防建设的一个重要组成部分。

三、化纤长丝织物的产品开发

长丝织造产业是年轻的纺织产业，以产品的技术性、多样性、变化性、可塑性见长于传统的纺织产业，多年来正是以不断的产品创新满足了不断发展的消费者需求，赢得了市场空间，争得了相对主动。因此，在全行业坚定不移地推动产品创新，不仅是关乎继续保持行业优势实现行业高质量发展的考量，也是引导企业获得持续可观经济效益的关键所在。

（一）产品开发成果丰硕

由于织造技术、后整理等技术的不断发展，尤其是化纤长丝原材料可开发性强的特点，使得长丝织物的产品多样性成为可能。长丝织物新产品的开发，是满足多变市场需求的需要，是企业提升产品附加值，赚取利润的需要，也是行业不断前进、持续发展的需要，因此长丝织物新产品的开发备受重视，前景可观，并已取得丰硕的成果。

中国长丝织造协会作为行业专业协会，一直组织各种活动，致力于促进行业新产品的开发，尤其是每年为行业举办新产品交流大会，为企业提供最新的产品研究信息、产品开发的相关知识以及产品开发分享、交流的平台。长丝织造的很多企业都十分重视产品的开发，部分龙头企业更是对内制订新产品战略计划，建立产品开发体系，组建产品研发团队，对外与各高校、研究机构合作，攻坚克难，不断推动产品开发。

发展至今，长丝织造新产品表现出以下特点，一是种类全、数量多：仿真类、新型功能类、户外运动类、时装类、产业用及其他类等各类新产品层出不穷。二是新产品总体水平不断提高：原料的应用更加广泛，如再生环保丝、原液着色、抗静电、光变、温变和反光丝的应用等，尤其是非氨纶弹力丝的应用方面有较大的突破；织造工艺更加多样、实用，倍捻、加弹、空包、机包等前道处理技术的合理应用，变化组织、联合组织、复杂组织的综合运用，使图案设计更加时尚，功能更加丰富；面料的颜色、图案及功能性整理，紧跟流行趋势，紧扣市场需求。

仿真类产品取得长足进步，真正做到了"仿真似真"，甚至"仿真超真"的水平。如徐州荣盛达纤维制品科技有限公司的系列仿棉产品，尤其是其"7.29tex（80英支）斯绵"织物，细旦高密，舒适哑光，双面弹力，棉感突出，吸湿排汗，轻薄而又不乏身骨，是高档衬衫、风衣等服用面料的佳选。

户外运动类产品表现优异。如三福纺织的"轻舒仿"，采用1.11tex（10旦）超细纤维，质地轻盈、手感细腻，是轻薄风衣、防晒衣等的佳选。汉塔的面料"牛奶丝"具有很好的透湿透气性。台华的"双层弹力"面料，经向选用2.22tex（20旦）锦纶亮光纱，纬向选用2.22tex（20旦）锦纶包覆氨纶，使面料具有轻质、高弹，兼具细腻柔软的手感；采用双层管状组织设计，面料直充绒，减少了服装的缝纫，避免了常规羽绒服装存在的钻绒和脱线问题，更加耐洗涤、耐摩擦、抗撕裂；通过无氟防水工艺，使面料兼具优良的防水功能，可应用于高档儿童、成人羽绒服装领域。

功能性产品也有很大的突破，如抗UV、抗静电、光变、温变、夜晚自发光等，这些面料有些是通过原料来实现的，持久性强；有些是通过后整理实现的，起订量低，方便快捷。如苏州白云纺织科技发展有限公司的"抗UV尼龙登山呢"面料，从原料上实现了抗UV功能，因此不受水洗次数的影响，可实现永久抗紫外线的效果，且手感柔软，轻如蝉翼，可用于皮肤衣、防晒服。厦门东纶股份有限公司的"光蓄热格"面料，原料采用光蓄热功能纱，织造采用双经上浆技术，经纬向原料嵌以功能性纱，形成规则的网络，"功能效果"有图有真相，集实用与功能于一体。福建兴华实业有限公司的"时空隧道"面料，通过纺丝时添加碳纳米微孔粉末和陶瓷，并采用异形纤维截面，织物具有抗静电、消臭及永久性蓄热保暖功效，远红外陶瓷有益身体健康，产品功能性非常强。

其他各类优秀新产品也不断涌现，长丝织物新产品的开发取得了非常显著的成果，极大地丰富了面料市场，满足了人们日常生活需求。见图4-21~图4-25。

图 4-21 时装类新产品

图 4-22 仿真类新产品

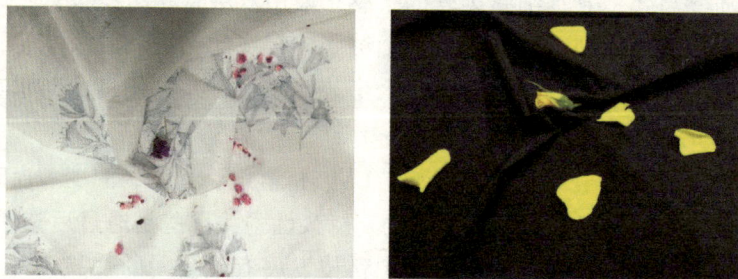

图 4-23 户外运动类新产品

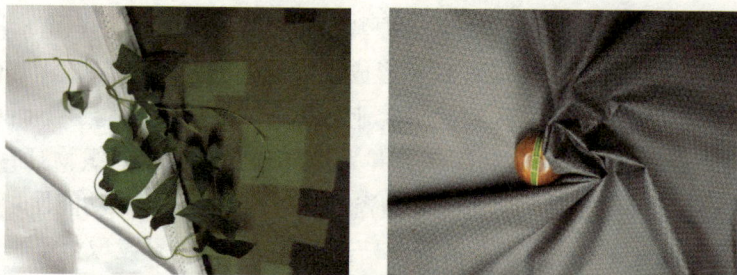

图 4-24 新型功能类新产品

图 4-25　产业用类新产品

(二) 产品开发任重道远

目前, 产品开发已经取得了不错的成果, 并不断持续进步。时代在发展, 需求在升级, 我们需要对产品开发做更充实的准备、提出更高的要求。产品开发的基础是人才, 重点在企业, 需做好两手抓工程。

人才是产品开发与创新的第一要素, 只有具备系统的理论知识和良好的专业素养的人, 才能胜任产品创新工作。当前行业从事生产技术管理或产品开发的工作人员中, 受过高等纺织专业教育的工程技术人还是比较少, 难以满足产品开发未来面临更多更高要求对人才的需求。现阶段, 加强人才培养, 为产品开发与创新提供技术保障是必要举措。

龙头企业十分重视产品开发, 但长丝织造产业的发展, 离不开众多中小型企业的共同努力。提高产品开发的意识, 加大产品开发的投入, 加强企业管理是目前中小型企业面临的挑战。当下, 很多企业存在无研发机构、无研发投入、无研发人员的"三无"问题, 只能简单模仿、盲目跟风, 对生产产品没有自主性, 无法应对市场灵活多变的需求变化, 制约企业的发展, 这些产品流通在市场上, 还严重地影响产品供需结构, 影响行业的健康发展。

总体来说, 化纤长丝织物产品开发相比天然纤维织物具有很多优势, 也取得了有目共睹的成绩, 但面对当前发展的现状, 未来市场的需求, 产品开发还有很长的探索之路。

(三) 产品的发展趋势

随着社会的不断发展与进步, 人们生活水平不断提高, 对各类消费品提出了更高的要求, 纺织服装面料也已进入一个以质取胜的时代, 差异化、功能性、弹性化和生态环保成为长丝织物发展方向。

1. 差异化趋势

差别化纤维是指通过物理改性、化学改性或表面物理化学改性的方法对原纤维进行处理，使得性状上得到一定程度改善的纤维。纤维形态、性能的差异化，目的是为了根据需求开发出性能更优的产品。如今，变形丝、异形丝、超细纤维、异收缩纤维、弹性纤维、吸湿排汗纤维、阳离子可染纤维等各类差别化纤维及织物的开发和性能研究取得了很多成果，差别化纤维织物也成为市场不可缺少的一部分。差异化纤维在模仿天然纤维上取得了很多突破，弥补了天然纤维的缺陷，但也有很多天然纤维形态无法模仿，如中空度无法像木棉纤维那样达到90%的连续中腔和均匀的薄壁、无法像兔毛那样形成中空的竹节状等。此外，每一种纤维的差异化程度及其与织物性能的最优化的关系都需要深入探索，如超细纤维仿麂皮织物，同样的超细纤维配以不同织造的方式、不同涂料、不同开纤度、不同烘干方式等，都会影响织物最终的性能。这些为差别化产品开发提供了方向和动力。

2. 功能化趋势

功能性纺织材料最初是为了满足某种特殊的需求而开发的，主要应用于特种服装，如抗静电面料、导电面料、阻燃面料、防辐射面料、相变面料等。随着高科技时代的到来，当今消费者在注重美观、潮流和文化的同时，还强调面料功能的完善和强化，功能性面料也逐渐进入人们的日常生活。为了更好地满足市场需求，服务特殊需要，对织物已有功能的深入探索、优化，对未知新功能织物的开发和研究成为行业发展的趋势。如防蚊纤维织物的研究早已有之，面料防蚊效果、防蚊时间等性能关乎原料选择、纺丝工艺、织造方式、碱处理等后续工作的每一个环节及其之间的相互配合，如何在安全舒适的基础上优化这一功能性需要研究人员今后长期的探究、摸索。

3. 服装面料弹性化趋势

随着人们对服装要求越来越高，对人体工学研究的深入，如何兼具服装舒适性、保形性，成为各领域服装研究的重点，这使得在上述功能中发挥重要作用的弹性面料成为研究热点。弹性纤维从聚氨酯弹性纤维、聚醚酯弹性纤维到PBT纤维、PTT纤维、聚烯烃弹性纤维，再到复合弹力纤维T400以及弹性假捻丝等，弹性纤维的综合性能不断优化。目前，复合弹性纤维的研究逐渐推进，成功研制出SSY、SPH、CEY、T8等各种弹力纤维。弹性面料的品种十分丰富，仅以氨纶纤维或假捻丝等织造的普通弹力织物已经远远满足不了日益精细化的市场需求。非氨纶弹力的化纤长丝弹力织物正在崛起，目前，化纤长丝弹性面料已广泛应用在滑雪服、羽毛球服、高尔夫球服、夹克等户外运动休闲服装领域，以其良好的回弹性、形体美和优异的穿着舒适性受到市场消费者的欢迎，未来如何进一步提高现有弹性产品的综合性能，如具有弹性的同时，具有良好的弹性回复性、尺寸稳定性、织造性和染色性等，如何实现织物看似无弹却有弹，更精准地满足基于人体各种运动需求的服装设计、更好地切合多样的市场需求，将是未来化纤长丝弹性织物产品开发不断探索的重要方向。

4. 绿色环保趋势

绿色环保纤维织物的开发是纺织工作者研究的另一个方向。所谓"绿色环保织物"，从生态学角度看应该满足以下三个条件：一是原料采用可再生资源，不会破坏生态平衡和导致资源枯竭；二是生产过程不会对环境造成污染，符合节能和环保的要求，产品穿着健康舒适；三是制成品废弃后可回收利用或可在自然条件下降解。保护环境、减少污染、实行可持续性发展战略是当今世界共同的发展大计。目前，利用新原料、新工艺开发的绿色纤维织物已经取得部分成果，特别是再生纤维素纤维织物，除此以外，甲壳素、再生蛋白质、聚乳酸及其他绿色纤维、织物的开发也在不断地进行中。提高环保节能意识，积极研发绿色环保纤维织物，才能全面提升长丝织造行业的产品开发水平，促进长丝织造产业长远、健康发展。

四、特色产品重点生产企业

1. 浙江台华新材料股份有限公司——锦纶丝织物

浙江台华新材料股份有限公司是一家集纺丝、织造、染色及后整理完整产业链的锦纶面料生产企业，拥有高端日本丰田和津田驹喷水织机近3000台，引进国外高端成套染色、定型、压光、贴膜、涂层等后整理一体化生产设备，是锦纶面料生产龙头企业，具有较高的知名度。

2. 淄博岜山织造有限公司——涤纶塔夫绸面料

淄博岜山织造有限公司为岜山集团有限公司纺织产业的骨干企业，拥有日本进口津田驹喷水织机2000台，专业生产涤纶塔夫绸面料，万杰牌塔夫绸系列品牌在国内一直享有盛誉，也是公认的全国知名品牌。

3. 江苏聚杰微纤科技集团股份有限公司——超细纤维面料

江苏聚杰微纤科技集团股份有限公司是专业研发、生产、销售超细纤维系列面料及相关制成品的全产业链配套的小型集团企业，拥有超细纤维专业的面料织造、染整、服装、洁净布、进出口贸易于一体的完整产业链，是超细纤维系列面料生产龙头企业，享有较高的知名度。

4. 苏州楚星时尚纺织集团股份有限公司——化纤时尚女装面料

苏州楚星时尚纺织集团股份有限公司（简称楚星集团）是一家集流行趋势发布、产品研发、加工生产、销售服务为一体的高端里布及化纤面料专业供应商，旗下拥有"楚星里布"和"鼎帛面料"两大产品品牌。"鼎帛面料"是化纤时尚女装品牌，在国内享有很高影响力。

5. 吴江市汉塔纺织整理有限公司——功能性整理面料

吴江市汉塔纺织整理有限公司是一家以高端户外功能性面料后整理的设计、研发、生产为主的高科技型企业，拥有先进涂层机、空洗机、发泡机和烫金机及多套色印花机设备，可为各类纺织服装面料提供一站式面料后整理服务。

6. 江苏聚润纺织科技有限公司——高档仿真丝面料

江苏聚润纺织科技有限公司主要生产化纤长丝高档仿真丝面料，拥有喷水织机 1200 台、倍捻机 850 台、整浆并 3 套、年产各类高档仿真丝面料 1 亿米，是仿真丝龙头企业，也是中长织协仿真丝专业委员会主任单位，在高档仿真丝面料生产领域享有较高知名度。

7. 嘉兴市鸣业纺织有限公司——化纤长丝仿真丝面料

嘉兴市鸣业纺织有限公司是一家专业生产化纤仿真丝类面料的企业，拥有喷水织机 1200 台，倍捻机 600 余台，公司专注于假捻类和缎面类仿真丝面料生产，年生产各类仿真丝面料 1 亿米左右，仿真丝面料的产量和品质位居行业前列，自主研发的多款新型仿真丝面料在国内比赛中获得赞赏与认可，享有很高知名度。

8. 吴江汉通纺织有限公司——环保时装面料

吴江汉通纺织有限公司专业生产各类高档时装类环保面料，拥有日本津田驹整浆并前道设备及进口喷水喷气织机，公司主导产品有：经向 2.22～3.33tex（20 旦/30 旦）单孔锦纶/涤纶丝与天丝/亚麻/苎麻/莫代尔/竹纤维/全棉/人棉等各种环保原料交织面料系列，以先进的生产设备、完善的检测系统和严格的内控标准来保证产品的质量，"汉通"品牌在国内外都享有较高声誉。

9. 如意屋家居有限公司——阻燃功能性窗帘面料

如意屋家居有限公司是一家集制造、染整、印花、缝制、进出口贸易于一体的纺织综合型企业，致力于阻燃及功能性窗帘面料的开发与应用，拥有先进的喷水织机及各类提花机 200 余台，年生产各类高档窗帘面料 4000 余万米，公司以独有的创新开发优势为基石，在生产阻燃功能性窗帘面料领域享有较高知名度。

10. 安徽省冠盛纺织科技有限公司——超细锦纶面料

安徽省冠盛纺织科技有限公司是一家集整经、上浆、并轴、织造和销售于一体的超细锦纶面料生产企业。拥有先进的整浆并设备 4 套、喷水织机 1000 台、年产各种锦纶面料 9000 余万米，在超细锦纶面料生产领域享有很高声誉。

11. 嘉兴市宏亮纺织有限公司——新型弹力时装面料

嘉兴市宏亮纺织有限公司该公司是一家专业生产化纤时装面料的规上工业龙头企业，拥有国内先进的多臂双喷喷水织机251台，年产各类雪纺、乱麻、佐积麻等强捻和弹力产品2100多万米，产品远销欧美、东南亚及中国港澳台等国家或地区，生产的新型弹力时装面料享有很高知名度。

12. 江苏奥立比亚纺织有限公司——涤纶长丝家纺面料

江苏奥立比亚纺织有限公司是四海伟业集团下辖公司，四海伟业集团是一家集研发、设计、织造、染色、印花、整理于一体的大型家纺面料企业，5条特宽幅印花生产线，年产各类家纺面料1.2亿米，与国内知名品牌建立了良好的战略合作伙伴关系，在涤纶长丝家纺面料领域享有较高知名度。

13. 浙江欧莱尔纺织科技股份有限公司——生态家纺面料

浙江欧莱尔纺织科技股份有限公司是一家专业从事生态家纺面料研发、生产和销售的国家级高新技术企业，形成了加弹、织造、印染、家纺一体化的完整产业链生产线，年生产加工各类家纺面料达1.1亿米以上，产品远销欧美、日韩等多个国家，在生态家纺面料生产领域国内领先，享有较高知名度。

14. 吴江市春业织造有限公司——涤锦灯芯绒面料

吴江市春业织造有限公司是一家专业的涤锦灯芯绒面料生产企业，形成完整的涤锦灯芯绒产品研发、加弹、织造、割绒等加工产业链，年产各类涤锦灯芯绒面料1500万米，自主研发能力强，产品远销欧美中东等国家，生产的涤锦灯芯绒面料品质名列前茅，在国内外享有很高知名度。

15. 吴江新腾巨织造有限公司——创新时尚服装面料、新颖时装面料

吴江新腾巨织造有限公司是一家专业从事创新产品研发生产的企业，拥有先进的电子多臂喷水织机780台、电子分条整经机8套、先进的整浆并设备2套，年产加工各类创新时装面料1亿米，产品远销欧洲、美国、日本、韩国、南非及中东等国家和地区，生产的创新面料在国内外享有很高知名度。

16. 江苏力帛纺织有限公司——CEY功能面料

江苏力帛纺织有限公司是一家专业的CEY功能面料生产企业，拥有国际先进的整套织造设备，喷水织机700台、倍捻机600台，假捻机300台，重点开发珠地纹、假捻丝单面麻、仿棉平布和消光高弹佳丽纱等CEY系列功能面料，产品在纺织行业享有较高知名度，在国内时装面料市场具有引领作用。

17. 吴江市龙龙纺织有限公司——超细纤维麂皮绒面料

吴江市龙龙纺织有限公司是一家长期从事麂皮绒面料生产、销售的企业，年产各类麂皮绒等面料4000多万米，自主研发生产双面麂皮绒、绣花麂皮绒、印花麂皮绒、轧花麂皮绒、烫金麂皮绒等系列面料，主要出口东南亚和欧美等国家，在超细纤维麂皮绒面料生产领域享有较高知名度。

18. 吴江市盛泽明业丝织厂——化纤色织面料

吴江市盛泽明业丝织厂是一家专业生产化纤色织产品的企业，拥有先进的喷水织机 400 台，倍捻机 200 台、整浆并 3 套，年产各类化纤色织面料 3000 余万米，自主研发生产色织记忆面料、色织条格面料、双面色织面料等系列产品，产品远销日韩、欧美等国家，在国内外色织面料领域享有很高的知名度。

19. 苏州布禄纺织科技有限公司——化纤长丝大提花面料

苏州布禄纺织科技有限公司是一家拥有自营进出口权的实体织造企业。公司旗下拥有多个生产加工基地，产量约 6000 万米。公司已成为全国规模最大的大提花面料生产基地之一，是大提花面料行业的领头羊。

20. 嘉兴市前荣织造有限公司——化纤箱包面料

嘉兴市前荣织造有限公司是一家集开发、生产和销售于一体的箱包面料生产企业，拥有国际先进的整套织造设备，年产各类箱包面料 3600 多万米，开发了 1680 双股牛津、古池布牛津、仿麻牛津、舞龙牛津和空变牛津等系列产品，在生产化纤箱包面料领域享有很高知名度。

21. 江苏斯尔克集团股份有限公司——差别化涤纶时装面料

江苏斯尔克集团股份有限公司是一家集聚合、纺丝、加弹、织造、印染、销售贸易、实业投资于一体的集团化企业，拥有国际先进的整套设备，喷水织机 1106 台、倍捻机 1078 台全流程 ERP 管理系统，专业生产各类差别化异收缩涤纶复合丝面料，年产 1.2 亿米，生产差别化涤纶时装面料在国内外享有很高的知名度。

22. 吴江市兰天织造有限公司——细纤双层弹力化纤面料

吴江市兰天织造有限公司拥有国际先进喷水织机 1760 台，进口整浆并设备 9 套，已形成专业生产各类高档化纤细旦细纤长丝功能面料的完整生产链，公司年产各类高档化纤面料 5600 多万米，生产的超细超薄防绒面料、高密超柔双层防绒面料等系列双层弹力面料，在国内外都享有很高的知名度。

23. 江苏腾盛纺工集团——室内空气净化面料

江苏腾盛纺工集团是一家专业从事家纺新材料研发、设计、生产、销售、服务一体化的现代化集团公司，配有大提花龙头喷气织机 416 台，进口整浆并设备 5 台套，年产量各类面料 2000 万米，主要从事窗帘及墙布等室内空气净化面料的生产，在室内净化面料领域具有很高的知名度。

24. 恒天（江苏）化纤家纺科技有限公司——化纤功能性家纺面料

恒天（江苏）化纤家纺科技有限公司是由央企恒天集团、苏美达集团、江苏海欣纤维有限公司共同投资新建的专业从事涤纶低弹丝、化纤家纺面料、印染（色布）的生产与销售的新型现代化企业，拥有宽幅喷水织机1600余台，研发了具有抑菌、负氧离子释放、异味吸附等功能的家纺面料，在生产化纤功能性家纺面料领域具有很高的美誉。

25. 苏州泰宝纺织厂（有限合伙）——化纤长丝防静电面料

苏州泰宝纺织厂（有限合伙）是一家专业生产化纤长丝防静电面料的企业，技术装备先进，年生产防静电面料1800万米，特别是制作的防静电工装得到了SGS、ESD、OEKO-TEX等国际检测机构的认可，生产的防静电面料享有很高的知名度。

26. 长兴诺新纺织科技有限公司——化纤大提花服饰面料

长兴诺新纺织科技有限公司是一家专业生产提花色丁、提花乱麻、涤纶仿真丝、涤/黏交织、再生涤纶等系列大提花面料的企业，突出色纺丝、染色丝与织造产业链的前后配合，年产各类高档大提花服饰用800万米，产品主销太平鸟、步森、宜家、HM、CK等国际、国内知名品牌，深受客户好评。

27. 浙江鑫涛科技股份有限公司——化纤功能性装饰面料

浙江鑫涛科技股份有限公司为国家级高新技术企业，主要从事仿麻工程面料、沙发面料、家居装饰面料等双喷系列装饰家纺用面料等产品生产，年生产能力已突破5000多万米，生产的化纤功能性装饰面料在国内享有很高的知名度。

第五章　化纤仿麻仿棉织物

一、化纤仿麻织物

（一）纺麻织物开发的意义

麻纺织品在我国有着悠久的生产历史，由于其优良的特性而使之在服用、装饰用纺织品中占有重要地位。但由于现代人对服装、装饰近乎完美的要求，天然麻纺织品的一些不足也凸现出来。例如，天然麻纺织品具有吸湿、快干、抗菌等优异的服用性能，消费者渴望穿着使用，但市场销售的绝大多数天然麻制品存在手感粗硬、穿着易起皱、洗涤后缩水率大变硬、色泽萎暗等缺陷，使得消费者敬而远之。很显然，天然麻纺织品这些缺陷，难以满足现代人的服饰审美习惯与追求产品内在质量完美结合的要求。同时，天然麻纺织品加工过程长而且繁杂，再加上土地资源的限制和麻农生产积极性不高，原料来源逐渐减少等不利因素，天然麻纺织品的发展受到了极大的制约。因此，人们一方面积极寻找弥补天然麻纺织品不足的途径；另一方面在努力着眼于仿麻纺织品的研究与开发。随着新兴化纤工业的不断发展、现代纺织印染设备的不断更新、新型染化料的不断开发、加工技术的不断成熟，化纤仿麻产品呈现出异军突起的趋势，在仿真度上不断得到质的提升，在产品的性能、风格等方面，相对于天然麻织物进行了扬长避短，性能优异的仿麻织物不断推向市场，在时装和装饰纺织材料中占有其他纺织材料不可替代的一席之地，为弥补天然麻纺织品质量和产量的不足、满足人们对麻纺织品风格的特殊需求发挥了巨大作用。

仿麻是高仿真化纤面料仿真丝、仿毛、仿棉的一个组成部分。仿麻技术从20世纪70年代开始研究，伴随着超细特、差别化和各种功能性化学纤维的发展以及织造、染整技术的完善，仿麻纺织品也由最初的单一方面的粗仿制发展成当今全方位的细仿制。目前，该类产品整体加工水平较高的国家主要有意大利、日本和韩国。仿麻纺织品在原料选用上以新合纤为主，辅以常规化学纤维；织物组织上以平纹为主；纱线采用加中强捻来突出仿麻风格；染整技术中，从加工过程上看已基本稳定，具体工艺则随纤维原料和织物风格不同有很大的发展和变化。

（二）仿麻产品开发的依据及纤维材料

1. 化纤仿麻的依据

所谓仿麻就是应用化学纤维或其他非麻纤维仿制具有天然麻纤维织物风格的产品。就仿制的内容而言，可以归纳为以下三个方面。

（1）外观仿制。仿麻织物首先追求天然麻织物的视觉效果即外观效果，这会加深人们对仿真度的心理意识印象。天然麻纺织品多由工艺纤维织造而成，纤维的粗细不匀率较高，织物表面分布着不均匀的粗细节，并伴有着色的不均匀性，形成天然麻织物特有的粗犷外观。仿麻织物通过原料选择、织物组织设计、织造工艺和染整加工的协同作用，来达到天然麻织物的外观效果。

（2）手感仿制。手感仿制或触感仿制是仿麻织物追求的第二层目标。天然麻纤维结晶度、取向度高，因此纤维的刚度大、表面滑爽。仿麻织物通过对纱线加强捻和适宜的织物组织及染整加工而获得天然麻织物手感。

（3）内在性能仿制。服用性能仿制是对天然麻织物内在性能的仿制，是仿制的最高层目标。天然麻织物吸湿透湿性能优异，贴身穿着凉爽舒适，具有抗菌性。仿麻织物主要通过对纤维的选用（异形截面纤维或高吸湿纤维）并辅以适宜的染整加工技术，而不断接近天然麻织物的内在性能。

2. 仿麻织物的原料

对织物研发生产加工的要素可归结为：原料是基础，织造是前提，染整是关键。通过对天然麻织物的各个环节进行剖析，化纤仿麻织物能否达到外观和内在的高度仿真，首先取决于原料的性质。实践证明，常规化学纤维无论采用怎样的织造、染整加工技术都难以或不可能实现对天然麻织物的高仿真，因此仿麻首先要解决的是原料问题。天然麻类纤维的纵截面多平直、有横节、竖纹、单纤维比棉短，纺纱要在半脱胶下进行，条干不匀率高，呈竹节状，其织物具有挺括、凉爽、透气及异色效应等特点。日本各大化纤公司都相继推出了多种仿麻纤维的制造技术，技术核心是对单根复丝、混纤丝、伸长不同的两种复丝、几种不同热塑性纤维进行假捻处理，使之获得具有良好仿麻风格和外观的粗节丝。国内外技术人员针对天然麻纺织品的这些特点与风格如何开发出具有类似特点与风格的化纤仿麻织物开展了一系列研究与持续攻关，不断提高仿制水平。日本东丽公司的技术人员通过对纤维的线密度、截面形态及粗细节的研究，提出了一种从纤维线密度角度重点解决仿麻硬挺度，从纤维截面形态角度重点解决仿麻视觉效果及从纤维粗细节角度重点解决仿麻触感的技术路线，制得沿纤维长度方向有粗细差的粗细节花色丝。目前，我国化纤仿麻的原料主要采用新型合成聚酯长丝、改性纤维、差别化纤维，借助纤维热收缩性不同、断面形态不同、表面粗糙度不同和线密度的不同，达到一定的仿真度。有些是在仿麻产品中混入腈纶、粘纤等原料成分，也有用棉纤维生产仿麻织物的。仿麻型新合纤纱线，如结子丝、竹节丝、花蕊丝、阳离子染料可染网络丝、彩云仿麻丝、双彩仿麻丝等系列化纤仿麻原料的商品化，使化纤产品仿麻效果达到了高度仿真的水平。

（1）扁平仿麻黏纤丝。扁平仿麻粘纤丝的形态特征是纤维截面为扁平状，纵截面呈现独特的城垛形状。城垛形成了纤维表面许多细微沟槽，利用沟槽形成的毛细管效应和黏纤丝特别的吸湿性能，将皮肤表面的湿气与汗液经芯吸、扩散等作用排出体外，这一点对于仿麻产品的应用性能的仿制是非常重要的。

（2）仿麻竹节丝（纱）。仿麻竹节丝（纱）是仿麻织物开发中运用最广泛的原料之一，对仿麻织物的外观仿制极为有效。目前市场上提供的原料品种较多，这里介绍异涤纶竹节丝和竹节花色纱。异染涤纶竹节丝的特点是在同一染色条件下，在同一根纤维上产生异色效应，且在纤维纵向有类似天然麻纤维的不规则粗细筋。这种纤维是根据化学纤维的上染率受制于纤维的取向度和结晶度，染料的上染发生在纤维的无定型区，纤维的取向度和结晶度高，染料着色的容积度减小、上染率低得色浅、上染率高得色深的原理制成的。利用不足拉伸法生产出的异染型涤纶竹节丝，在纤维轴向产生间断粗细筋，粗细筋的结晶度和取向度不同，因此吸色效应不同。一般是4~7cm的深色段和3~5cm的浅色段相间出现，表现出天然麻织物那种特有的、不均匀的染色效果以及麻织物粗犷的外观风格。竹节花色纱是通过特殊空气变形加工装置，在丝束上产生无规则分布的竹节，以产生天然麻织物的染色效果和风格。

（3）涤纶疙瘩纱。在纱线的长度方向有不规则的膨大部分出现，就像在纱线上系的疙瘩，这是模拟麻的工艺纱，保留部分的胶质将多根单纤维黏合在一起，导致天然麻工艺纱的局部膨大。疙瘩纱在仿麻织物的设计中有很多应用，具有较好的仿真效果。

（4）Y型纤维。Y型纤维即截面为Y字形的异形截面纤维。断面的孔隙率可高达40%，比三角形（孔隙率20%）和圆形（孔隙率15%）的孔隙率高得多，大量的孔隙提供了汗水、湿气导流的毛细孔道。因此，用此纤维制造的纺织品吸水吸汗、易洗快干。这种纤维制造的纺织品的另一个显著优点是织物与皮肤接触点较少，可以减少出汗时的滑腻感，而获得天然麻织物那样的爽滑感。

（5）三叶形截面纤维。三叶形截面纤维具有优良的光学特性，较大的摩擦因数，这种纤维织造的织物手感粗糙，有一定的光泽，这种特性有利于仿麻织物的手感仿制和光泽仿制。较高捻度的三叶形长丝织成的仿麻织物手感挺爽，适宜制作夏季面料。

（6）高收缩纤维。沸水收缩率在20%左右的纤维称一般收缩纤维，沸水收缩率为35%~45%的纤维称高收缩纤维。在仿麻原料中，常将高收缩纤维与低收缩纤维或不收缩纤维共同使用，能够达到特殊的仿麻效果。

（7）涤纶仿麻丝。涤纶仿麻丝是一种新型差别化纤维，它是利用加弹变形机，对预取向丝（POY丝）在工艺上采取物理方法制成的一种不解捻或少解捻的高捻丝，可免浆织造，生产的仿麻织物耐磨性强，具有麻织物的挺括手感。

（8）混纤丝。混纤丝即包含线密度不同、收缩性能各异、截面形状有差别或异染色性的束丝。混纤丝的出现为仿麻技术提供了广阔的原料空间，大幅度提升了仿麻产品的档次。

化纤仿麻不仅要有天然麻织物的外观和质感，其内在品质也应要具有天然麻织物的舒适性，这种高标准的要求，促使合成纤维在改性时必须融入天然纤维的风格和特征。天然麻纤维粗细、品质不均匀，其物化指标呈多分散性，使得麻纺织品有自己特殊的风格。生产实践和理论研究证明，如果采用以往一种均匀纤维织制很难满足全方位的仿真，于是出现了线密度不同、收缩性能不同、截面性能不同、截面形状有差别或其他性能有差别的混纤丝。根据仿麻产品开发的需要，混纤丝有许多不同的组合方式。

异染混纤：将不同染色性能的纤维混合，得到同染浴异色的混纤丝。

异形截面混纤：不同截面形状的纤维混合。如将常规涤纶与Z字形截面锦纶进行变形混纤加工，得到的混纤丝改善了回弹性和抗起球性，生产的织物可获得良好的仿毛、仿麻效果。

异收缩性混纤丝：将物理性能（熔点、取向度、热收缩性）不同的纤维进行混纤变形加工，这种组合获得的混纤丝使织物具有短纤维织物的风格，极大地改善化纤织物的表面效果和手感，是仿麻产品设计中常用的混纤丝。

异超喂混纤：进行变形混纤加工时，改变两种原丝的喂入速度，可获得具有竹节效果的混纤丝。在仿麻生产中常用到这种丝。

此外，在仿麻织物中还常用到一些丝，如彩虹丝：由涤、粘、阳离子染料可染改性涤纶三种成纤高聚物经特殊喷丝技术制成；肥瘦丝（沿纤维的纵向出现间隔的粗细）：由易收缩丝和常规丝并捻而成；彩丽丝：由预取向丝（POY）、阳离子染料可染涤纶丝（CDP或ECDP）、假捻变形丝（DTY）并捻而成；络丽丝：由改性涤纶丝与普通涤纶丝并捻而成；三合一中长丝：由涤纶、黏纤、改性丝混纺而成等。除此之外，一些常规涤纶长丝，如全拉伸丝（FDY）、假捻变形丝（DTY）、预取向丝（POY）、普通中长丝也常在仿麻产品设计中选用。

（三）仿麻织物织造技术

开发高仿真仿麻织物，原料的因素是不容置疑的，但若织物的组织结构不合理，也难以获得逼真的仿麻风格。

1. 织物组织

仿麻织物以采用绉组织的产品较多，其特点是使布面产生凹凸不平的颗粒状外观、仿麻感强。绉组织的循环越大，仿麻效果越好，但循环大会导致综片数过多而过于复杂；也有采用斜纹变化组织的，该组织使布面风格粗犷、洒脱；采用平纹或平纹变化组织使布面平整细洁；还可以采用绉组织与透空或凸条组织联合，产生特殊的外观效果。采用竹节组织——平纹和重平组织联合的竹节组织，可产生竹节效果，织物外观粗犷，竹节效应强，仿真度高。

2. 经纬纱捻度和经纬密度

仿麻织物一般采用绉组织，经纬向通常采用加中捻—强捻的丝，按 2S2Z 捻向相间排列，预缩处理后纱线退捻，以产生绉效应。天然麻织物有身骨，挺括、滑爽，为了突出这一特点，其他组织的仿麻纱线也要施加一定的捻度，捻度高，捻定形要求高，织造难度大，但仿麻效果容易表现。纱线捻度不宜过高，否则纱线强力会大幅度下降。仿麻丝捻度设计通常为中捻—强捻，即 2400 捻/m、1800 捻/m、1600 捻/m 或 1400 捻/m。

经纬密度对仿麻织物的外面和质地风格也有很大影响。一般来讲，经纬密度设计应考虑以下因素。

（1）涤纶的热收缩性高于天然麻纤维，热收缩后经纬密度增加，纤维排列趋于紧密，导致其活动自由度下降，手感变硬。因此，仿麻织物的经纬密度不宜高于相应的天然麻织物密度。

（2）涤纶容易产生静电，如果经纬密度高，纤维间的摩擦将加大，容易产生静电，造成织造起毛、断头。

（3）仿麻织物应有麻织物良好的透气性，也要求经纬密度不可过高。尽管如此，织物密度也不能太小，否则织物会有懈散现象，没有身骨。一般来说，经纬密度以使经向紧度控制在 45%～55%、纬向紧度控制在 40%～50% 为宜。

3. 织造工艺流程及参数

（1）常规织造工艺流程。

经纱准备：原丝检验→络筒→倍捻→定形→倒筒→自然定形→整经→浆丝→并轴→分经→穿经→织造

纬纱准备：原丝检验→络筒→倍捻→定形→倒筒→自然定形→织造

（2）主要工序工艺参数。

①络筒：络筒的主要目的是将原料的卷筒形式重新卷绕成适宜捻丝或其他下道工序使用的卷装形式。工艺要点是注意张力控制，卷绕张力不宜过大或过小，卷绕张力过大会导致单丝断裂，对于加捻、织造和产品质量均不利；卷绕张力过小会造成丝筒塌边、脱套等现象而影响筒子成形。一般张力控制在 $0.15 \sim 0.2 \text{cN/dtex}$，筒子硬度为邵氏硬度 $70 \sim 90$ 为宜。

②倍捻：捻丝是加捻织物的重要工序，影响倍捻质量的主要工艺参数有锭速和张力，控制好这两个参数可以有效防止加捻丝的起毛、断头、紧捻、松捻等现象。锭速因设备不同而异，一般在 $9000 \sim 12000 \text{r/min}$，张力在 $1.32 \sim 1.76 \text{cN/tex}$。

③定捻：定形的目的是稳定纱线捻度，减少或消除解捻。如果纤维刚度大，回弹性好，纱线的捻度大，则定捻的温度、湿度、真空度应高些，定捻时间相应长些，但定捻温度过高、时间过长，会造成手感发硬，严重影响织造加工和织物风格；相反，定捻时间过短、定捻温度过低，则伏捻不充分，易回捻，同样不利于织造。根据纤维材料、设计捻度等的不同，定捻工艺也不同。如定形工艺有两次定形，第一次，定形温度 $95 \sim 100℃$、$30 \sim 40\text{min}$，第二次，定形温度 $105 \sim 120℃$、$30 \sim 40\text{min}$；或一次定形温度 $130℃$、60min、真空度 0.8MPa。热定形后纱线还要自然定形 24 小时，以保证加捻稳定。

④倒筒：倒筒的目的是将加捻定形后卷筒形式反倒成整经工序需要的筒装形式，以符合整经机的筒装要求。倒筒运行张力控制在 $2 \sim 2.5 \text{cN/旦}$，要求筒子成形良好，无重叠、塌边等疵点。

⑤自然定形：热定形后纱线要自然放置 24 小时，以保证加捻的充分稳定。

⑥整经：整经工艺的关键在于张力的控制。张力太大，会损伤纱线的物理机械性能并增加断头率；张力太小，会造成经丝间的相互缠绕、叠压、经轴成形不良。在不影响整经及后道工序生产的前提下，张力以小为好，一般 11.1tex 涤纶丝的整经张力为 $8 \text{cN} \pm 2 \text{cN}$，$22.2 \text{tex}$ 涤纶低弹丝的整经张力为 $10 \text{cN} \pm 2 \text{cN}$。此外，为了保证经丝弹性，减少断头，应适当降低整经速度，车速太快时，竹节丝和结子丝更易断头。在操作过程中，应使经轴达到张力、经纱排列和卷绕的均匀。

⑦浆丝：用于仿麻的涤纶浆丝工艺应以重被覆、渗透好、伸长小、低温上浆为原则，上浆率控制在 6.5% 左右。上浆率过大，会造成落浆严重；上浆率过小，上浆作用不充分，经丝起毛，不利于织造。工艺技术上，一般采用减少压辊压力和适当降低烘燥温度的工艺方法，以使浆膜成形好，增强丝的抱合力，防止浆膜发脆和丝线断头。

⑧织造：仿麻织物可以使用多种织机织造，如喷水织机、喷气织机、剑杆织机和其他有梭或无梭织机，织机不同，织造参数相差很大，主要的参数有车速、上机张力、开口时间、开口高度、喷射时间（喷水、喷气织机）、水泵（喷水织机）和气泵压力（喷气织机）等。

（四）仿麻织物印染后整理技术

印染后整理技术是仿麻生产中的关键，不但对提高仿真度至关重要，也是实现其使用价值必不可少的环节。仿麻纺织品的化纤成分较多，有些在加工性能上有很大差别，因此，要视具体的纤维类别、织造的技术规格和最终产品的风格要求，制订合理的加工工艺。无论如何变化，仿麻织物所遵循的一般染整加工流程可归纳为：

坯检→翻缝→煮练（高温预缩）→脱水、开幅、烘干→预定形→碱减量→染色→出缸、脱水、开幅→柔软整理→拉幅定形→成品检验→成品

上述工序中，决定仿麻效果的主要工序要点如下。

1. 高温预缩

高温预缩是使织物在完全松弛状态下和高温高压环境中，经受高压液流的揉搓作用，使之充分松捻回缩的加工，是获得麻织物风格的关键环节之一。为了达到天然麻织物滑、挺、爽的手感和粗犷的外观，仿麻织物通常采用 1600～2400 捻/m 的中捻—强捻纱线，经纬纱均按 2S、2Z 的排列方式织造。由于纱线加中捻—强捻，其内部存在很大扭矩，在上述强烈的湿热加工条件下，纱线会发生一定程度的松捻、解捻，这样 2S、2Z 排列的纱线松捻后向反方向扭曲，形成类似天然麻的粗糙外观和手感。此外，纺织品从制备纱线经一系列的工序到织造成坯布，经历了拉伸、压缩、扭曲等各种力的作用，在织物内部积累了各种内应力，经高温松弛处理，内应力得到充分释放，织物呆板状态得到一定程度的改善，为成品织物获得优良的悬垂性奠定了基础。

在高温预缩加工中，除必须保证织物松弛运行和高压液流的揉搓作用外，温度对高温预缩效果的影响很大，升高温度有利于预缩。热塑性纤维通常将玻璃化温度 T_g 作为临界点，但仿麻织物纱线的加捻定形温度一般为 100～110℃，有的高达 120～130℃，为使组织点松动，使加捻的扭矩释放，预缩温度必须高于加捻定形温度。事实上，当温度升至玻璃化温度时，分子链段开始运动，织物产生微弱的收缩；当温度升至 100℃时，即达到了加捻定形温度，此时纱线开始松捻，织物明显皱缩，表面粗糙不均匀；当温度升至 110～130℃时，纤维热收缩加剧，因松捻导致的表面凹凸效应趋于均匀。同时，预缩温度的确定还需

考虑织物的厚薄和捻度，对于低捻、轻薄织物宜采用较低温度（120℃）预缩；对于高捻、厚重织物，宜采用较高温度（130~135℃）预缩。

仿麻织物的煮练和高温预缩通常采用高温高压喷射（溢流）染色机。织物在机内的运行是靠进布口处的罗拉提升和高压喷嘴的液流驱动，处于完全松弛状态。在高温高湿环境中，高压喷射的液流在驱动织物的同时给予织物一种揉搓作用，有利于织物消除内应力和回捻皱缩，使织物表面产生均匀的凹凸效应。

2. 预定形

预定形是指仿麻织物在碱减量或染色前，在保持一定张力下经高温干热处理一定时间后，在持续张力的作用下使温度降低的热处理加工过程。预定形的目的是使织物保持形态稳定和尺寸稳定性并保持化学加工的均匀性。

（1）织物经过绳状高温预缩后，出现大量折皱，若不及时处理，形成的折皱在以后的加工中难以去除，从而影响产品质量。

（2）纤维内部尚存的残余应力和完整性较差的小晶型，它们的存在将影响织物的尺寸稳定性，尤其是热稳定性。

（3）预定形有利于改善纤维内部化学环境的不均匀性，有利于提高碱减量和染色加工的均匀性。因此，预定形是仿麻纺织品染整加工的重要工序。

热定形是在高温环境中对合纤织物施以外力的作用，由于分子链剧烈的热运动，使之在力的方向发生重排，应力得到松弛。而分子链段重排的结果必将引起纤维内部微结构的变化，明显的特征是纤维中比较小且完整性较差的结晶熔化，比较大且完整性较好的结晶其尺寸和完整性进一步提高，晶区和非晶区都趋于集中。纤维这种微结构的变化必然会影响到纤维的碱减量和染色性能的变化。

热定形对涤纶结晶度的影响：涤纶大分子的整列度或结晶度直接影响了染料的可及度和化学试剂作用的难易。一般来说，大分子的整列度低，易受到化学试剂的攻击，碱减量容易进行，反之则困难。经过热定形后，纤维的结晶度提高，结晶区和无定形区的完整性也增加，使碱减量作用受到抑制，但碱减量的均匀性得到提高。

热定形对涤纶织物碱减量的影响：热定形后，纤维的晶区和非晶区完整性有所提高，这将导致碱减量反应速度降低和水解产物不易脱落。对于不同种类的聚酯纤维，如预取向POY纤维和常规涤纶，定形温度对减量率的影响有着相似的规律，即在温度低于某一转变温度时，随着温度升高，减量率下降；而高于转变温度后，减量率随温度的升高而增加，只是转变温度不同，POY纤维为140℃，常规涤纶为160℃。仿麻织物通常由多种纤维制成，因纤维的化学组成和所受的物理作用不同，定形条件对这些纤维碱减量的影响有很大差别。因此，确定预定形的工艺参数，应兼顾多种纤维都能获得满意的碱减量率。

热定形对涤纶织物染色性能的影响：热定形改变了纤维的超分子结构，使晶形的大小、完整性和染料的可及区都发生了变化，而由于纤维的染色主要是染着于纤维的无定形区。因此，热定形必然会影响织物的染色性能。对于常规涤纶和 POY 纤维而言，由于 POY 纤维的结构比松弛，因此，在不同定形温度下，上染量均高于常规涤纶丝；POY 丝的上染量受定形温度影响比常规涤纶丝小；定形温度在 160℃ 以下时，随着定形温度的升高，常规丝上染量降低，160~180℃ 对染料的吸收量最低，定形温度大于 180℃ 后，上染量迅速增加。因为，低于 160℃ 定形时，随着温度增加，结晶度增加，上染量下降。在 160℃ 附近，纤维内部存在大量微小晶形，当温度升高至 180℃ 后，结晶尺寸突增，这样晶粒之间的无定形孔隙迅速增大，有利于染料的吸收。与常规涤纶丝相比，POY 丝的这种变化较小。由于仿麻织物通常由多组分纤维构成，确定定形温度应考虑到这些纤维染色性质的影响，一般情况下，定形温度在 175~195℃。

除了温度以外，影响预定形效果的工艺参数还有定形时间、超喂量。定形时间短，大分子链段调整不充分，定形效果不稳定；定形时间长，则会影响手感，定形时间一般控制在 20~30s。仿麻织物预定形应有一定的超喂，这对于保持高收缩纤维的特性和仿麻织物的悬垂性是必要的。超喂量的大小应根据组成织物的纤维和最终产品的风格而定。强拉伸作用会破坏高收缩纤维、低弹纤维、假捻变形纤维等纤维的性能，含有这些纤维时，应给予较大超喂；要求手感丰满、活络、悬垂性好的产品，适宜给予较大超喂，超喂量一般控制在 6%~10%。

对于多组分的仿麻织物，由于纤维的结构不同，热收缩性存在很大差别，预定形处理效果是否均匀、适当，直接影响到碱减量和染色的均匀性、尺寸稳定性以及仿麻织物的整体效果。因此，必须合理制定预定形工艺参数，严格掌握预定形工艺条件。

3. 碱减量

碱减量是形成仿麻织物风格、改善涤纶性能的关键工序。首先，涤纶与天然麻纤维相比存在着许多不足之处，如吸湿性差、不透气、易产生静电、吸附灰尘等，碱减量处理后，在纤维表面随机地形成许多小凹坑，能够在一定程度上改善纤维的吸湿性，进而使纤维的抗静电性、吸尘性也得到改善。正由于纤维表面小凹坑的形成，使纤维的弯曲和剪切特性均显著下降，手感变得柔软；小凹坑的形成还使纤维极光消失，光泽趋于柔和。这样纤维在外表和内在质量上更接近于天然纤维。此外，纤维被减量后，线密度降低，纤维之间出现缝隙，交织应力下降，交织点松弛，使织物表现出活络性、悬垂性、透气性。因此，碱减量是仿麻织物加工不可省略的关键工序。

（1）碱减量机理。涤纶是以对苯二甲酸和乙二醇为单体经聚合而成的高分子聚酯化合物，在碱减量时，高分子中的酯键在氢氧化钠的作用下发生水解，分子链的酯键断裂，形成分子量不同的水解产物，一些分子量小且可溶的水解物便脱离纤维本体进入溶液中，使纤维被"减量"。

涤纶具有很强的疏水性和紧密的超分子结构，所以减量反应首先发生在纤维表面，随着反应的进行，碱对于纤维的刻蚀作用不断深入，是一个由表及里的过程。

（2）影响碱减量速率与效果的因素。纤维的形态结构和微结构的影响：涤纶的碱减量是一个多相间的反应，Na^+ 和 OH^- 要向纤维表面扩散并吸附于纤维上，才能催化酯键的水解。因此，固定其他条件，水解反应速度与纤维同碱液接触面积成正比。由此可以推断：纤维线密度低、截面形态不规则、表面有微隙，则纤维的比表面积大，与碱液接触面积大，碱减量水解反应速度快。对于异形截面丝与圆形截面丝而言，在相同处理条件下，异形截面纤维的碱减量率大大高于圆形纤维，因为相对于圆形截面纤维而言，异形截面纤维比表面积更大，与碱液接触受碱腐蚀的面积更大，在相同处理条件下，减量率更高。随着碱用量的增加，异形纤维的减量率增加的幅度较圆形纤维更大。

因碱对酯键的催化水解反应发生在 Na^+ 和 OH^- 所触及的部位，纤维的微结构不同，碱减量的行为也不同。如 PET、CDP、HCDP 三种不同微结构涤纶在不同碱浓度作用下的碱减量表现也不同，随着碱浓度的上升，PET、CDP、HCDP 三种纤维的减量率随之增加，但以 HCDP 纤维减量速率增加幅度最大，PET 纤维与 CDP 纤维增加较为缓慢，这是由于 CDP 纤维、HCDP 纤维为改性阳离子染料可染涤纶，在大分子中引入了其他单体，微结构较松弛，碱更容易进入纤维微隙而发生反应。三种纤维微结构的紧密度为 PET>CDP>HCDP，碱减量反应速率的顺序恰好相反。由此可见，纤维截面形状、表面特征和微结构对纤维的减量速率有很大影响。仿麻织物由包括新合纤在内的多种纤维构成，新合纤或混纤丝的截面形态和微结构互不相同，与常规纤维相比也不够规则，在碱的作用下水解速率差别很大，反应控制难度大，容易造成过度碱减量或碱减量不足，且一旦过度碱减量将没有补救措施。因此，针对原料的特性选择合适的碱减量工艺非常重要，一般在批量加工前应先通过实验确定适宜的碱减量工艺和碱减量率。

温度：温度对碱减量速率有很大影响。与其他化学反应一样，温度升高，碱减量速率增加，要达到一定的减量率，可通过升高温度缩短加工时间来提高生产效率，但在130℃下，初始减量率迅速增加，减量率控制难度大，须严格控制工艺参数。因此，生产上多采用常温（100℃）碱减量。也有生产厂为了获得特殊的织物风格或更高的生产效率，采用高温的生产效率，采用高温高压法减量。

碱浓度（NaOH用量）：碱减量是多相间的反应，碱浓度高，有利于水解反应。在浸渍法碱减量中，随着碱浓度的增加，减量速率提高。在科研和生产中，通常要根据目标减量率计算碱用量，并以此为依据进行碱减量工艺实验。根据化学反应式，每溶解192gPET纤维要耗80gNaOH，因此，理论计算碱的用量为：

氢氧化钠用量（owf）＝理论减量率×80/192＝理论减量率/2.4

式中：192——涤纶分子重复单元分子量。

由于实际处理中还要受到许多条件的影响，氢氧化钠的实际用量高于理论值，一般按如下经验式计算碱用量。

氢氧化钠用量（owf）＝1.3×织物总重×目标减量率/（2.4×碱利用率）

碱用量与碱浓度具有不同的意义，碱用量表示将一定量的织物完成目标减量率时所需的氢氧化钠量，少于此用量即反应物不足，即使提高温度或延长时间，也不能达到目标减量率。碱浓度是一定量碱浴中含烧碱的量，直接影响着碱减量速率。碱浓度高，碱减量速率高，但碱的利用率降低，给加工成本和环境保护带来压力；碱浓度低，减量速率低。因此，科学确定碱的浓度是非常必要的。确定其浓度的方法是：以碱用量的计算值为基础，结合加工织物的浴比核算碱浓度，再通过小样实验确定适宜的碱浓度。必须指出的是，小样实验应考虑促进剂的作用和采用的加工设备。例如涤纶仿麻织物使用挂练槽减量，36% NaOH10～30g/L；用高温高压喷射溢流染色机进行碱减量，30% NaOH10～40g/L；常压J型减量机减量，30% NaOH8～20g/L；连续式轧蒸减量机直接浸轧30%的NaOH。

轧蒸法碱减量加工时，碱用量的选择，首先按以下公式处理：

固体烧碱用量＝理论碱减量率×轧余率/2.4

算出理论用碱量，再以这个用量为基准，进行试验，最终确定碱的实际用量。

碱减量促进剂：季铵盐类表面活性剂对涤纶的碱减量反应具有催化作用。如果水解条件不变，加入少量促进剂，可以缩短加工时间，或降低NaOH用量，或降低反应温度。在获得相近的碱减量率时，加入促进剂可大大降低NaOH的用量。

加入减量促进剂不仅能节约大量烧碱，而且减量率也易于控制，不致在处理过程中导致减量率过大而损伤纤维，是一种比较稳妥和合理的碱减量处理工艺。

根据使用的设备不同，碱减量加工有间歇式和连续式，或称浸渍式和轧蒸式。虽然不同的加工设备都能达到要求的减量率，但加工质量和产品风格上存在一定的差别。根据织物要体现的不同风格，选用不同方法，有时更多的情况是要结合工厂所拥有的设备。

仿麻织物的减量率控制：碱减量是涤纶仿麻织物加工的关键工序，仿麻织物只有通过碱减量才能达到预期的手感和风格，但如果减量率控制不当，则难以获得满意的产品。减量过大，会使织物疲软、没有身骨、容易破裂，有的甚至强降过大而失去服用价值；减量不足，则织物手感发硬，缺乏柔软活络感。减量的均匀性也很重要，减量不均匀，也会影响仿麻织物的风格。因此，减量工艺的关键在于如何有效地控制减量率，使减量恰到好处，根据原料和最终产品要求的风格不同，仿麻织物减量率也有很大差异。仿麻织物减量率一般为16%~20%，对于特殊纤维，应视具体情况而定，如经纬向都含高比例的异染型竹节丝的仿麻织物，当减量率超过15%时，纤维的非结晶取向部分被破坏，竹节效应消失，减量率宜控制在12%以下，才能体现织物的异色效应。有些仿麻织物因经纬向的原料差异，减量率也要加以控制，如有两个产品，亚丝麻（经、纬丝均为：11.1tex 异牵伸丝+11.1tex 涤加丝，18 捻/cm，2S2Z）和亚丝麻-1（经丝为：11.1tex 异牵伸丝+11.1tex 涤加丝，18 捻/cm，2S2Z；纬丝为：11.1tex POY 复合丝，18 捻/cm，2S2Z），经向原料和组织结构完全相同，不同的是纬向原料，两种织物后处理条件相同，且在同浴中碱减量，亚丝麻经纬向减量率平衡，亚丝麻-1 经纬向减量率差异很大。由于仿麻织物的原料组成复杂，即使处理条件相同，不同纤维材料减量率差异也较大。因此，碱减量是一个非常复杂的问题，实际生产中一般先通过实验小试，有的甚至还要经过中试，确定合理的工艺和减量率再进行生产。

CDP 纤维和 ECDP 纤维碱减量：CDP 纤维和 ECDP 纤维都是在常规涤纶的基础上进行改性的阳离子染料可染涤纶，因第三单体和第四单体的加入，大分子排列的规整性下降，非结晶区明显增多，纤维的超分子结构疏松，碱减量处理时，烧碱容易进入纤维的非晶区进行水解反应。烧碱浓度、处理温度和时间对碱减量率和强降的影响都大于常规涤纶。在相同的碱减量条件下，ECDP 纤维的减量率比常规涤纶高 10%~15%。

碱减量对纤维的染色也有影响，CDP 纤维和 ECDP 纤维随着减量率的增加，纤维第三单体中的磺酸基随之减少，染料的上染量下降。因此，CDP 纤维和 ECDP 纤维碱减量时更应严格控制工艺条件，减量率不宜超过 15%。

4. 染色

由于仿麻织物的原料组成具有多样性，因此，染色技术也有很大差异，应根据不同纤维的染色性能制订不同的染色工艺。

5. 柔软整理与定形

仿麻织物在完成前处理、染色之后须进行后整理，进一步提高织物仿真乃至超真的风格、品质和所需要的特殊功能。通过选择原料、设计组织结构和预缩、碱减量等加工，仿麻织物在一定程度上具备了麻的风格，但在有些方面还存在不足，与现代人们的服用观、审美观还有距离。经过以化学品为主的整理和物理机械整理，可以获得特殊的功能要求。

（1）物理机械风格整理。经过整理后织物的物理性质发生变化，打破了面料原有的僵硬呆板状态，使织物具有蓬松柔软的手感。消除了纱线和织物组织内部的应力，织物形态稳定，富有弹性和回弹性。织物组织、纱线结构、纤维排列状态得到充分松弛，使织物手感丰满厚实、悬垂性提高。其原理是在热的作用下，处于松弛状态的织物通过机械撞击和机械揉搓，实现对织物的风格、柔软整理。产生机械撞击和机械揉搓作用的方式有气流作用法和气流与撞击挡板综合作用法。

①气流作用法：织物在无张力的状态下，松弛地置于上下两层网状导布带之间，并随导布带运行。在垂直于导布带方向设有上下交错排列的热风喷嘴，在织物随导布带运行的同时，受到高压热风的冲击，使织物受到强烈揉搓和撞击。利用改变热风在系统中的流动状态，实现对织物的机械撞击和机械揉搓。织物被循环风机吹出的高压热风所驱动，当运行至波纹管的弯曲部分时，波形导布管对高压热风产生阻力，并被强制改变方向，故使热风处于剧烈的湍流状态，推动织物在波形管中做复杂无序的回转运动，形成了热风、管壁对织物撞击和揉搓作用，实现对织物的风格整理。

②气流与撞击挡板作用法：代表性的风格整理设备是意大利白卡拉尼公司的松式机械柔软整理机 AIRO—1000，它采用气流与撞击挡板综合作用，加强了对织物的撞击和揉搓。

（2）化学柔软整理。柔软整理是仿麻织物的常规整理。经柔软整理后，织物的柔性、弹性、悬垂性、手感等综合性能得到极大改善，仿麻织物在弹性、柔性方面具有超真效果。柔软整理通常是在拉幅定形机上浸轧柔软剂，经烘干、焙烧而固着于纤维上。

　　柔软整理一般在定形机上与拉幅定形同时进行。通过定形机前的浸轧装置，织物吸附柔软剂，经烘干、焙烧处理即可完成。需要注意的是：在烘干、焙烧时，应使织物所受张力尽量小，以免影响仿麻织物的风格和手感，生产中经向给予5%左右的超喂，纬向以刚绷紧为宜。焙烧温度和拉幅温度应符合纤维和整理剂的要求，既要保证幅宽一致、稳定、整理剂与纤维以最佳方式结合，又不能使纤维的性能受损，温度一般控制在150~170℃，落布温度应低于50℃，以免压出死褶。

　　（3）抗静电整理。以棉纤维或黏胶纤维织造的仿麻织物不存在静电问题，而大部分的仿麻织物是以合成纤维做原料，并以涤纶为主。由于纤维的疏水性决定了其导电性能差，易产生静电，服用过程中织物容易纠缠，影响舒适性和美感，易吸附灰尘，且在洗涤过程中有再沾污现象。这些不足制约了仿麻织物档次的提高，因此，在中高档仿麻织物的后整理中抗静电整理是不可省略的。

　　抗静电整理剂是一类能够在纤维表面形成连续吸湿性和（或）离子性薄膜的整理剂，它通过两方面起到抗静电作用，一方面加快静电荷的传导泄漏，减少电荷的积蓄；另一方面，改善了纤维的表面性状，降低了织物的表面摩擦因数，抑制摩擦静电的产生。

　　非耐久性抗静电剂：阳离子型抗静电整理剂属表面活性剂类，具有优良的抗静电效果，因大多数高分子材料是带负电荷的，故阳离子表面活性剂是最有效的抗静电剂之一。开发较早且广泛应用的抗静电剂SN是其中的代表。

　　表面活性剂类抗静电剂还有阴离子型、非离子型抗静电剂，应用性能和抗静电效果一般不及阳离子型抗静电剂，但有利于染料与其他助剂的相容性。两性抗静电剂具有优良的抗静电效果，用于仿麻织物整理的有甜菜碱型、氨基酸型和咪唑啉型。表面活性剂类抗静电剂的缺点是不能与纤维形成较好的结合，耐久性欠佳。

　　耐久性抗静电剂：耐久性抗静电剂要求洗涤次数大于20次，仍具有很好的抗静电性。耐久性抗静电剂主要是在纤维上形成含有离子型或吸湿性基团的网状交联聚合物，或具有与纤维相似的化学结构，像分散染料上染纤维一样"镶嵌"在纤维表面。

　　抗静电剂整理到纤维上后，形成阴离子性的亲水薄膜，为织物提供抗静电性，兼有吸水性和易去污性。这种整理剂的缺点是施加量大，用其整理后的织物手感粗硬。

　　聚酯、聚醚类抗静电剂的固着部分为聚酯结构，与涤纶分子结构相似，在高温下，可进入聚酯的微软化纤维表面，与纤维相"溶"共晶，使整理剂固着在涤纶上而获得耐久性。它是涤纶专用抗静电剂，国产品牌有抗静电剂 CAS、F4，目前应用较广泛。

反应型抗静电整理剂是含有亲水链段的聚氨酯类化合物，在催化剂存在下，经焙烘聚氨酯预缩体在织物上树脂化，形成网状结构而固着。

抗静电整理工艺因整理剂不同而有所差别。非耐久抗静电整理剂经轧烘或浸渍烘干即可；成网状固着的整理剂一般采用浸轧（轧余率 70%～80%）—烘干（100℃）—焙烘（160℃，2min）工艺；按相"溶"共晶机理固着的整理剂可以采用浸轧（轧余率 70%～80%）—烘干（100℃）—焙烘（160～180℃，1～0.5min）工艺，也可以采用高温高压浸渍工艺，或与仿麻织物染色同浴进行。

实际生产中，抗静电整理常与柔软整理同时进行，有些整理剂兼有抗静电、柔软和吸湿的功效。

二、化纤仿棉织物

在化纤仿天然纤维领域，以仿真丝、仿毛技术研究较早、工艺技术较成熟，后来兴起的仿麻技术也在外观和功能的仿真度方面取得了实质性的进展，在家纺和服装等领域得到了广泛应用。然而在仿棉技术的研发方面做的工作相对较少，但棉纤维优异的服用舒适性和人们日益增加的返璞归真的审美需要，为仿棉产品提供了广阔的市场前景。

（一）化纤仿棉的依据

与化纤仿麻的设计思想一致，化纤仿棉同样涉及外观仿制和性能仿制。纯棉织物的外观特征表现为光泽柔和（如府绸）或无明显光泽（仿旧织物）以及短纤维织物的共同特征，即织物表面有纤维毛绒；在性能方面，纯棉织物突出地表现为有优良的吸湿性和导湿性，服用舒适性强。

在外观仿制上，棉型化学纤维已经能够达到很高的仿真度。要满足性能上的高仿度，则需要选择适宜的纤维材料，并配合织物的组织机构和染整加工工艺进行。

（二）仿棉纺织材料

棉纤维具有优异的吸湿和导湿性能，其制品柔软舒适，这一特征似乎成为天然棉纤维纺织品的代名词。仿棉纺织材料是否达到了仿真或超仿真的效果，这是一个非常重要的指标。棉纤维形态结构为扁平状，中间有腰圆形胞腔，这一结构在一定程度上对纯棉织物的吸湿、导湿性能有促进作用。涤纶仿棉丝则是针对棉纤维的性能和外观结构进行研制的。随着纺丝技术的不断提高，化纤仿棉纤维在仿真度上取得了长足进展，在吸湿、导湿方面达到或超过纯棉纤维。综合分析这些新型仿棉纤维，主要是通过改变纤维的形态结构、纤维仿丝液中共混吸湿成分、成纤高聚物中嵌段吸湿性单体或者是这几种技术相结合生产吸湿排汗纤维。运用这种技术，国内外许多生产厂家纷纷推出性能优异的吸湿排汗纤维，成为仿棉产品的重要原料。

1. Coolmax 纤维

Coolmax 吸湿排汗纤维是杜邦公司开发的一种新型异形截面聚酯纤维，截面形状呈四管状，即并列了 4 条排汗沟槽，中间有空腔，在纤维壁上分布着许多与空腔贯通的微孔，这种独特的形态结构形成了强烈的毛细效应，服用时，由微细孔将汗水吸向中空部，再由中空部向外部扩散。通过这种作用，可随时将皮肤上的汗湿抽离皮肤，传输到面料表面并迅速蒸发，使皮肤保持干爽、舒适、无闷热的感觉。将 Coolmax 功能性纤维面料与其他面料干燥速率进行比较发现，Coolmax 功能性纤维面料的干燥速率是棉的近 2 倍。

Coolmax 仿棉纤维与天然棉纤维的回潮率（7.0%）相近，线密度和长度也接近天然棉纤维。

2. Coolplus 纤维

由中国台湾中兴纺织股份有限公司生产，纤维表面有无数细微沟槽，截面为十字形。纺丝时，添加特殊的聚合体，利用聚合体与成纤聚酯之间溶解性的差异，在染整加工中将聚合体溶出，在纤维壁上留下无数细微的孔洞。借助纤维表面的微细沟槽产生毛细效应和微细小孔的导水、保水作用，将肌肤表层排出的湿气与汗水经芯吸、扩散、传导而排出体外，使肌肤保持干爽凉快。实验测定，在 Coolplus 仿棉纤维制成的织物上，滴下 0.2mL 水，20s 后扩散面积超过 2000mm²，比纯棉织物高出 1 倍多。

Coolplus 仿棉纤维已经形成了商业化的系列产品，其中包括吸湿排汗纤维 Coolplus、吸湿排汗抗起球 Coolplus Ⅱ 纤维、吸湿排汗抗紫外线 Skintecl 纤维、吸湿排汗抗菌防臭 Freshplus 纤维、吸湿排汗超白 Whiteplus 纤维、吸湿排汗超细 Micro 纤维、吸湿排汗双色 CD 纤维、吸湿排汗黑色 Black 纤维、吸湿排汗异形异线密度 XO 纤维。

Coolplus 仿棉纤维被广泛应用于运动服装、衬衣、内衣、袜子和手套等产品中。能纯纺，也能与棉、毛、丝、麻及各类化纤混纺或交织；可机织，也可针织。由于 Coolplus 仿棉纤维具有优良的吸湿排汗功能，被美国、欧洲、日本的名牌服饰所采用。

3. WINCALL 纤维

WINCALL 纤维是日本东丽公司生产的仿棉纤维，WINCALL 纤维的制造方法是以碱溶性聚酯作芯，以锦纶和与锦纶有相溶性的改性聚酯共聚物作为皮，几种成分一起进行皮芯复合纺。然后将碱溶性的聚酯溶掉，即制得中空率40%以上并从纤维表面到中空部形成有贯通微细孔的中空纤维。若皮组分中的聚酯共混率高，微孔数多，导水速度就大。因此，WINCALL 纤维的化学成分为聚酰胺。WINCALL 纤维截面近乎圆形，有空腔，从纤维表面到中空部贯通有微细孔。

服用时，WINCALL 纤维由微细孔吸取汗水，汗水从纤维表面被吸入中空内部，再由微细孔从中空部向外部导水扩散，最后由纤维表面向外部蒸发。因多孔结构，使纤维的表面积增大，表面蒸发速率也随之加快。WINCALL 纤维比普通涤纶的导水速度快 3 倍以上，有效抑制了汗水给人带来的黏腻感。另外，因纤维中空，使纤维的导热率降低，夏季可以阻挡外界的热量向内部传递，保持凉爽；冬季可以使人体热量不向外散发，同时还可阻止冷空气的侵入，保持温暖感。

4. Technofine 纤维

中国台湾豪杰股份集团研制开发并生产的 Technofine 吸湿排汗聚酯纤维，截面为 W 形，产品具有以下特性：

（1）干爽舒适：W 形截面结构形成许多微细沟槽，能够起到超快速吸收、传导汗水和湿气的作用。

（2）柔软触感：独特的超扁平 W 形结构，能提供特有的柔软触感。

（3）光滑细致：W 形的截面结构能提供细致的表面，降低对皮肤的刺激性。

类似技术生产的吸湿排汗仿棉纤维还有中国香港澳利华化纤有限公司与韩国公司合作共同开发的艾丽酷（Aerocool）吸湿排汗纤维，纤维截面为三叶草形，形成 4 个毛细管，让水分在毛细管中自由移动，能发挥吸收、排出水分的功能。由于艾丽酷纤维的比表面积比普通天然纤维多 20%，使汗水移动到织物表面时能迅速蒸发。

5. Sensura 涤仿棉丝

美国 Wellman 公司与 Parkdale 公司合作，推出的改性聚酯仿棉丝，其商品名为 Sensura。它是在改性聚酯组分中，加入一定量的聚乙二醇吸湿成分，以增加纤维的润湿性能和芯吸效应。Sensura 仿棉丝具有棉的外观和手感，手感类似长绒精梳棉，具有极佳的舒适性，柔软、悬垂性好，可与 100%环锭纺棉织物媲美，其吸湿、透湿性能好，干燥性能甚至比棉织物高 2 倍，Sensura 纤维还具有低起球性和优良的保形性。

6. 塞迪丝纤维

塞迪丝（C. SATIS）纤维由济南正昊化纤新材料有限公司研发生产，这种纤维是以常规聚酯（PET）和易碱溶解聚酯（COPET）为原料，利用异形喷丝板进行共混纺丝，纤维经染整加工中碱减量处理后，COPET 成分被溶解，纤维表面中留下大量微孔和沟槽，利用毛细管原理，使纤维快速吸收、传导和蒸发皮肤表面的湿气与汗液。C. SATIS 纤维有 8.3～11.1tex/36f（中空型、三叶形）长丝；0.28tex×38mm，0.28tex×65mm 中空短纤；0.19tex×38mm 三叶短纤等品种。

经碱处理后，C. SATIS 纤维在表面形成大量不规则的沟槽和深浅不一的微孔，而常规涤纶表面则非常平滑。

C. SATIS 纤维吸湿性能强，散湿速度快。在相同的实验条件下，其芯吸高度是棉纤维的近 5 倍；在一定条件下放置 30min 后，其织物散湿最快。常规涤纶次之，纯棉最慢。

7. 扁十字形聚酯纤维

扁十字形聚酯纤维是由中国石化洛阳分公司和东华大学共同开发生产的新型仿棉纤维。这种纤维是利用纤维表面微细沟槽所产生的毛细现象，使汗水经芯吸、扩散、传输等作用，迅速迁移至织物的表面并快速蒸发。实验显示，将水滴滴在不同材料的织物上，30s 后水滴在吸湿排汗布面的扩散面积是棉的 2 倍，是锦纶的 4 倍，是普通涤纶的 7 倍，表明它具有很好的吸湿性和扩散性。

实验表明，达到相同的干燥程度，棉需要 48min，普通涤纶需要 32min，而吸湿排汗纤维织物仅需 20min。

8. Coolbst 纤维

江苏仪征化纤公司研究生产的 Coolbst 吸湿排汗纤维，将纤维设计成异形截面，利用毛细管原理迅速吸湿、导湿、放湿，保持人体皮肤的干爽。

此外，恒力集团、斯尔克等企业也先后研发出了各具特色的仿棉纤维并已形成产品批量推向市场，得到了市场的肯定与认可。

除了上述从外观到内在性能的仿棉纤维外，普通涤纶长丝织物通过磨毛和碱减量等方法生产出来的磨毛布，在外观和手感方面也有一定的仿棉效果，但在内在性能方面并不具备吸湿排汗功能，相对而言这类仿棉织物档次较低，尽管如此，这类仿棉织物仍以加工简单、技术要求不高、产品价格低廉等优势在市场上占有一席之地。

(三) 仿棉织物加工技术

上述仿棉纤维均可用作仿棉织物的原料,这些原料既可单独进行纯织,也可相互组合进行交织或混织,还可与其他非仿棉纤维进行组合,通过这些不同原料的组合方式以及不同织物组织规格的设计,由此可以生产出品种繁多的仿棉产品,仿棉产品的原料组成和织造与染整加工技术通过具体实例介绍如下。

1. 用 Augusta 仿棉涤纶长丝生产的涤纶仿棉缎、涤纶仿棉缎条绸、仿棉交织绸产品

Augusta 仿棉涤纶长丝的外观和手感均酷似棉纱、吸湿排汗性能良好,用这种仿棉丝生产的仿棉织物具有较高的仿真度。

(1) 织造技术。仿棉织物组织没有特殊要求,与天然棉纤维织物一样,可设计为平纹、斜纹、缎纹等组织。

前准备及织造工艺流程:

涤纶仿棉缎:

织物规格:

经原料:83.3dtex Augusta 涤纶仿棉丝

纬原料:83.3dtex Augusta 涤纶仿棉丝

经密:82.5 根/cm;纬密:41.5 根/cm

织造工艺流程:

经丝:Augusta 涤纶仿棉丝→络丝→捻丝→蒸筒→整经→织造

纬丝:Augusta 涤纶仿棉丝→卷纬→织造

涤纶仿棉缎条绸:

织物规格:

经原料:83.3dtex 涤纶低弹丝

纬原料:83.3dtex Augusta 涤纶仿棉丝

经密:69.0 根/cm;纬密:41.0 根/cm

织造工艺流程:

经丝:涤低弹丝→络丝→捻丝→蒸筒→整经→浆丝→织造

纬丝:Augusta 涤纶仿棉丝→卷纬→织造

仿棉交织绸:

织物规格:

经原料:13tex 涤/棉纱

纬原料:83.3dtex Augusta 涤纶仿棉丝

经密:45.0 根/cm;纬密:33.0 根/cm

织造工艺流程：

经纱：涤/棉纱→整经→浆丝→织造

纬丝：Augusta 涤纶仿棉丝→卷纬→织造

织物经纬密度的设计应考虑到它对产品风格和舒适性的影响，经测试，经纬密度比在（1：0.5）~（1：0.7）时，既利于体现织物仿棉效果，又不会因密度低引起纤维滑移纰裂；Augusta 涤纶仿棉丝因蓬松度高，影响织造，需加一定捻度（800 捻/m）；捻定形工艺参数不仅影响到织造能否顺利进行，还会影响产品风格，若定形时间长、温度高，Augusta 涤仿棉丝发硬，使织物失去棉的手感和悬垂性。若定形时间短、温度低，捻定形不充分，容易解捻而对织造不利。适宜的捻定形参数为仿棉丝 85℃、60min，涤纶低弹丝 95~100℃、90min。

（2）染整工艺技术。

工艺流程：

坯布检验→配缸→煮练→染色→烘干→定形→柔软整理→呢毯→成品

煮练和染色使用设备均为溢流绳状染色机。

柔软、拉幅定形整理的目的是使织物获得软绵的手感和平整的表面，并有一定的回缩，以加强织物的仿棉感。

工艺处方：

　　　　柔软剂 D3　　　　　　　　　　20g/L

工艺流程：

浸轧→（轧余率 70%~80%）→烘干定形（160~170℃，40s）

呢毯整理：呢毯整理后织物手感更加丰满、柔软，进一步提升了仿棉的仿真度和服用性能。使用设备为呢毯预缩机。给湿率控制在 10%~12%，车速控制在 20~30m/min。

2. 采用天丝/丽赛/吸湿排汗纤维进行混纺，生产舒适、光泽柔和的仿棉衬衣面料

吸湿排汗纤维选用台湾中兴纺织股份有限公司生产的 Coolplus 仿棉纤维。丽赛纤维是由日本东洋纺公司生产的综合性能优异的纤维素纤维，其原料来源于日本天然针叶树精制的专用木浆，这种纤维断裂强度高，初始模量大，吸湿性、耐碱性好，既柔软、又富有弹性。天丝是具有优异服用性能的环保型纤维。三种纤维的合理配比，使生产的衬衣面料具有很好的吸湿排汗性和洗可穿性。综合服用性能优于纯棉衬衣面料。

（1）面料规格设计。

原料配比：Coolplus 仿棉纤维/天丝/丽赛 45：20：35

经、纬纱：均为 28.1tex

经密：368 根/10cm；纬密：270 根/10cm

织物组织 2/1 右斜组织

织物幅宽：170cm

（2）工艺流程：

整经→浆纱→穿筘→织造→生修→翻缝→烧毛→退浆→预原纤化→酶处理→第二次原纤化→染色→柔软整理、树脂整理→成品

（3）主要工序的工艺及要点：

烧毛：烧毛对去除天丝的原纤化毛绒非常有利。织物中含有一定比例的天丝，天丝极易原纤化，在织物表面产生大量毛绒，使成品面料容易起毛，且大量毛绒还给湿加工带来麻烦。烧毛加工可以去除一定数量的绒毛。

工艺：一正一反烧毛，100m/min，中火。

烧毛设备要选择有较高强度的预刷毛装置，烧毛要干净。

退浆：上浆浆料是以淀粉为主要成分的混合浆料，采用淀粉酶退浆工艺，条件温和，这对保护吸湿排汗纤维的结构有利。

工艺要点：选择平幅退浆工艺，因为含浆天丝混纺面料在水中高度膨胀变硬，若采用绳状退浆会产生永久皱痕。

预原纤化：目的是通过物理作用，使天丝最大限度地原纤化，为去除这些与纤维本体结合不太紧密的原纤做准备。烧毛处理已经去除了一部分原纤，但大多数与纤维本体有一定结合紧密度的原纤仍然留存在纤维表面，这些原纤一般较长。在湿加工时，由于织物之间或织物与设备之间发生摩擦作用，使织物表面纤维原纤化，导致织物表面出现交织杂乱的外观，织物之间摩擦阻力增加以及在服用过程中容易起毛，因此，必须对织物进行初始原纤化。

工艺要点：减量率以 4%左右为宜。

第二次原纤化：目的是进一步去除织物表面原纤，获得稳定的织物结构。处理条件应比初始原纤化温和。

染色：在混纺面料中，天丝、丽赛为棉型纤维，而吸湿排汗纤维为改性涤纶。染色时，先用分散染料染吸湿排汗纤维，再用活性染料染天丝、丽赛纤维。

染色工艺要点：控制升温速度不要过快，防止染花；布速要适当，防止产生磨痕和褶皱的出现，一旦这种残疵出现，将无法修复。采用适当的浴中润滑剂可以有效抑制磨痕和褶皱的产生。

柔软处理：为了获得面料柔软、丰满的风格要求，需进行柔软整理，柔软整理还有助于织物的弹性回复。应选择亲水性的柔软剂，如柔软剂 DS。

　　工艺流程：

　　浸轧（室温，一浸一轧）→烘干→焙烘（170℃，30s）→成品

　　有时在柔软整理中加入一些树脂，以防使用过程中天丝原纤化、造成布面起毛起球。

　　纺织染整技术和相关领域（如化纤、染料助剂、加工设备）的发展，使化纤仿麻、仿棉织物达到了高度仿真，有些性能指标高于天然纤维织物，即达到超真的品质。不断满足着现代人们的服饰需求，取得了社会效益和经济效益的双赢。当今，科技发展日新月异，交叉学科不断向纺织领域渗透，为高品质纺织品的开发带来了新的机遇。如混纤丝和吸湿排汗纤维，就是运用复合纺丝技术从天然纤维的结构方面进行仿真。吸湿排汗纤维综合了棉的舒适性和涤的快干性，制造的纺织品，吸湿、导湿性能高于天然纯棉纤维织物，产品被用于高档女装的衬衣、内衣、裙装及运动休闲服、训练装等的生产。通过变化原料种类，运用复合纺丝技术，可以创造多样化的视觉与手感的纤维，进而制造特殊性能的纺织品。随着科学技术的不断进步，新的仿麻仿棉产品将会不断推向市场，为满足人民日益增长的美好需求提供物美价廉的优质产品。

第六章 标准建设

一、标准的概念及分类

（一）标准概念

标准是对重复性事物和概念所做的统一规定，它以科学技术和实践经验的结合成果为基础，经有关方面协商一致，由主管机构批准，以特定形式发布作为共同遵守的准则和依据。标准是推动行业技术改造与进步、产品品质提升及行业转型发展的重要抓手，也是规范市场秩序、指导企业生产的技术纲领。我国化纤长丝织物标准化工作当前仍由全国丝绸标准化技术委员会归口管理，中国长丝织造协会负责总体指导。

（二）标准分类

1. 国际标准

国际标准是指国际标准化组织（ISO）、国际电工委员会（IEC）和国际电信联盟（ITU）制定的标准，以及国际标准化组织确认并公布的其他国际组织制定的标准。国际标准由国际标准化组织（ISO）理事会审查，ISO理事会接纳国际标准并由中央秘书处颁布；国际标准在世界范围内统一使用。

2. 国家标准

国家标准在中国由国务院标准化行政主管部门制定，国家标准分为强制性国家标准和推荐性国家标准，标准代号分为 GB 和 GB/T。强制性国家标准是指对保障人身健康和生命财产安全、国家安全、生态环境安全以及满足经济社会管理基本需要的技术要求而制定的标准。推荐性国家标准是指为了满足基础通用、与强制性国家标准配套、对各有关行业起引领作用等需要的技术要求而制定的标准。

3. 行业标准

行业标准是对没有国家标准而又需要在全国某个行业范围内统一的技术要求所制定的标准。行业标准不得与有关国家标准相抵触。有关行业标准之间应保持协调、统一，不得重复。行业标准在相应的国家标准实施后，即行废止。

行业标准由国务院有关行政主管部门制定，由行业标准归口部门统一管理。行业标准也分为强制性行业标准和推荐性行业标准，纺织行业的标准代号分别为FZ 和 FZ/T。

4. 地方标准

地方标准是由地方（省、自治区、直辖市）标准化主管机构或专业主管部门批准，发布，在某一地区范围内统一的标准。如地域性强的农艺操作规程，一部分具有地方特色的产品标准（如工艺品、食品、名酒标准）等。制定地方标准一般有利于发挥地区优势，有利于提高地方产品的质量和竞争能力，同时也使标准更符合地方实际，有利于标准的贯彻执行。

5. 企业标准

企业标准是在企业范围内需要协调、统一的技术要求、管理要求和工作要求所制定的标准，是企业组织生产、经营活动的依据。国家鼓励企业自行制定严于国家标准或者行业标准的企业标准。企业标准由企业制定，由企业法人代表或法人代表授权的主管领导批准、发布。企业标准代号为"Q"。

6. 团体标准

由团体按照团体确立的标准制定程序自主制定发布，由社会自愿采用的标准。团体（association）是指具有法人资格，且具备相应专业技术能力、标准化工作能力和组织管理能力的学会、协会、商会、联合会和产业技术联盟等社会团体。

二、长丝织造行业标准体系

（一）框架体系

化纤长丝织物以化学纤维（合成纤维、再生纤维等）为主要原料，划分为合成纤维丝织物、再生纤维丝织物两大类别。因此，化纤长丝织造行业技术标准体系主要包括基础通用、合成纤维丝织物、再生纤维丝织物及其他，以此为基础的技术标准体系框架如图6-1所示。

（二）现行化纤长丝织造行业标准介绍

截至2019年底，长丝织造行业现有标准32项，多数为产品标准，其中：国家标准9项，行业标准23项。详见表6-1。

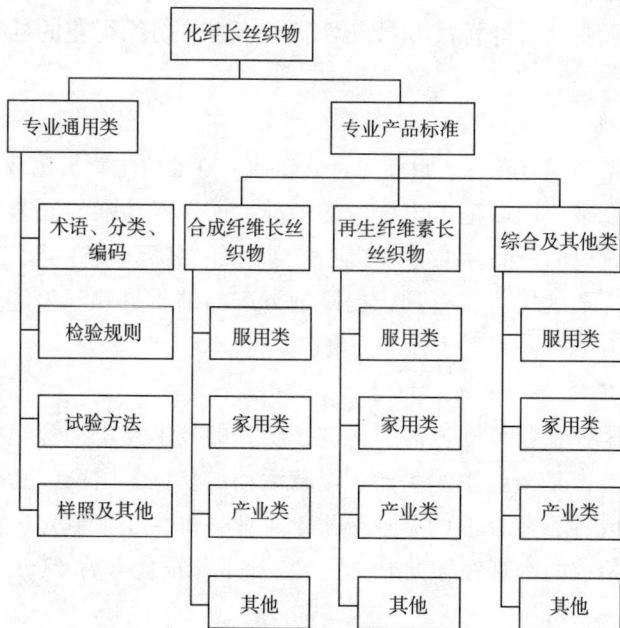

图 6-1 标准体系框架

三、制定标准的流程

(一) 行业标准

我国化纤长丝织物标准化工作当前仍由全国丝绸标准化技术委员会（以下简称"丝标委"）归口管理，中国长丝织造协会负责总体指导。目前申报行业标准的流程如图 6-2 所示。

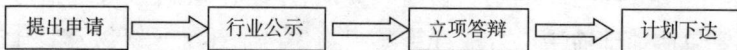

图 6-2 行业标准申报流程

企业根据征集通知，填写行业标准项目建议书（表 6-2），提交到中国长丝织造协会，协会修改整理完善后统一上报全国丝绸标准化技术委员会，丝标委在委员会内部征集意见通过后上报中纺联科技部，统一在行业内征集意见，无异议后，上报工信部。工信部一般会在年中的时候组织统一的立项答辩会议，答辩会议通过后，等待工信部再次公示，无异议则发布立项文件，立项成功后，就可以开始起草标准了。

表6-1 现行化纤长丝织造行业-国家（行业）标准汇总表

序号	标准代号	标准级别	标准名称	标准简介	起草单位
1	GB/T 37832—2019	国家标准	节水型企业 化纤长丝织造行业	本标准规定了化纤长丝织造行业节水型企业评价的相关术语和定义，评价指标体系及要求。其中取水有关的考核指标包括单位产品取水量、重复利用率、蒸汽冷凝水回用用率和用水综合漏失率。适用于化纤长丝织造企业的节水评价工作	浙江台华新材料股份有限公司、邑山集团有限公司、厦门东纶股份有限公司、吴江市晨龙新升纺织品有限公司、福建龙峰纺织实业有限公司、吴江市兰天织造有限公司、嘉兴市鸣业纺织有限公司、中国水利水电科学研究院、中国纺织经济研究中心、中国长丝织造协会
2	GB/T 18916.20—2016	国家标准	取水定额 第20部分：化纤长丝织造产品	本标准规定了化纤长丝织造产品取水定额的相关术语和定义，计算方法及单位产品的取水定额。对现有企业、新建及改扩建和先进企业的涤纶长丝织物、锦纶长丝织物和人造丝织物的取水定额都做出了规定。适用于现有、新建和改扩建化纤长丝织造企业取水量的管理	邑山集团有限公司、江苏奥立比亚纺织有限公司、浙江台华新材料股份有限公司、福建龙峰纺织科技实业有限公司、浙江三志纺织有限公司、浙江省向兴纺织科技有限公司、酒博大染坊织造公司、浙江省长丝织造协会、嘉兴市鸣业纺织有限公司、国家长丝织造产品质量监督检验中心、中国纺织经济研究中心、中国标准化研究院、水利部水资源管理中心
3	GB/T 17253—2018	国家标准	合成纤维丝织物	本标准规定了合成纤维丝织物的术语和定义，技术要求、试验方法、检验规则、包装规则。其中，技术要求包括基本安全性能、内在质量、外观质量，基本安全性能的考核项目为甲醛含量，pH值，色牢度，异味，可分解致癌芳香胺染料等，内在质量考核项目为密度偏差率、质量偏差率、纤维含量允差、断裂强力、撕破强力、水洗尺寸变化率、色牢度、起毛起球、悬垂系数，外观质量考核项目为色差（与标样对比）、幅宽长丝、外观疵点。适用于以合成纤维长丝为主要原料织造交织纱织物的各类服用织物，含白、染色、印花和色织机织物	浙江丝绸科技有限公司、浙江锦杰织造有限公司、厦门东纶股份有限公司、绍兴文理学院、邑山集团有限公司、浙江贝领带有限公司、浙江皮意纺织科技有限公司、浙江台华新材料股份有限公司、国家丝绸及服装产品质量监督检验中心、浙江卡拉扬集团有限公司、浙江格莱美服装有限公司、海盐嘉源色彩科技有限公司、浙江万方安道纺织有限公司、海盐天恩经编有限公司、绍兴蓝海纤维科技有限公司

续表

序号	标准代号	标准级别	标准名称	标准简介	起草单位
4	GB/T 16605—2008	国家标准	再生纤维素丝织物	本标准规定了再生纤维素丝织物的技术要求、试验方法、检验规则、包装和标志。其中，技术要求包括基本安全性能、内在质量、外观质量。基本安全性能的考核项目为甲醛含量、pH值、色牢度、异味、可分解致癌芳香胺染料等，内在质量考核项目为密度偏差率、质量偏差率、纤维含量偏差、断裂强力、纰裂程度、水洗尺寸变化率、色牢度、外观疵点、幅宽偏差率（与标样对比）、染色（色织）、印花再生纤维素织物品质。不适用于再生纤维素丝织物各类服用的练白、染色（色织）、印花再生纤维素织物里料。	浙江丝绸科技有限公司（浙江丝绸科学研究院）、江苏新民纺织科技股份有限公司、国家丝绸质量监督检验中心、浙江舒美特纺织有限公司
5	GB/T 14014—2008	国家标准	合成纤维筛网	本标准规定了合成纤维筛网型号、规格的表示方法、技术要求、检验规则、包装和贮存。其中，技术要求包括幅宽、密度、外观疵点、断裂强力、断裂伸长率。适用于评定各类合成纤维筛网的品质	上海新铁筛网制造有限公司、上海丝绸（集团）有限公司
6	GB/T 26381—2011	国家标准	合成纤维丝织坯绸	本标准规定了合成纤维丝织坯绸的术语和定义、技术要求、试验方法、检验规则、包装和标志。其中，技术要求包括密度偏差率、纤维含量偏差、断裂强力、撕破强力等内在质量和幅宽偏差率、外观疵点等外观质量。适用于评定各类合成纤维丝织坯绸品质	浙江丝绸科技有限公司、浙江新中天控股集团有限公司、浙江东方华强纺织印染有限公司、国家丝绸及服装产品质量监督检验中心

续表

序号	标准代号	标准级别	标准名称	标准简介	起草单位
7	GB/T 22862—2009	国家标准	海岛丝织物	本标准规定了海岛丝织物的术语和定义、分类、技术要求、试验方法、检验规则、包装和标志。其中，技术要求包括基本安全性能、内在质量、外观质量，基本安全性能的考核项目为甲醛含量、pH值、色牢度、异味等，可分解致癌芳香胺染料等，内在质量考核项目为密度偏差率、质量偏差率、断裂强力、纤维含量、色牢度、纰裂程度、水洗尺寸变化率（与标样对比）、外观质量考核项目为密度偏差、幅宽偏差率、外观疵点。适用于评定各类家纺（或纬向）、服用的练白、染色（色织）、印花的经向（或纬向）采用海岛丝或海岛丝复合各类纤维交织的海岛织物面料的品质	国家丝绸质量监督检验中心、浙江丝绸科技有限公司、吴江德伊时装面料有限公司、吴江祥盛纺织染整有限公司、江苏盛虹集团、杭州金富春丝绸化纤有限公司、达利丝绸（浙江）有限公司
8	GB/T 22842—2017	国家标准	里子绸	本标准规定了里子绸的术语和定义、分类、技术要求、试验方法、检验规则、包装和标志。其中，技术要求包括基本安全性能、内在质量、外观质量，基本安全性能的考核项目为甲醛含量、pH值、色牢度、异味等，可分解致癌芳香胺染料，内在质量考核项目为密度偏差率、质量偏差率、断裂强力、撕破强力、尺寸变化率、色牢度、外观质量考核项目为密度偏差、幅宽偏差率、纬斜和弓纬、外观疵点。适用于评定各类涤纶、锦纶、醋酯、黏胶、铜氨纤维长丝纯织或以上长丝交织而成的各类服用里子绸的品质	苏州江枫丝绸有限公司、广东四海伟业纺织科技有限公司、苏州市职业大学、宁波宜阳宾纺织品有限公司、江丝绸品有限公司、巴山绸科技有限公司、江苏奥立亚纺织有限公司、浙江中天纺检测有限公司、浙江教奴联合企业股份有限公司、安正时尚集团股份有限公司、浙江省中纺绡经编科技研究院、上海工程技术大学

续表

序号	标准代号	标准级别	标准名称	标准简介	起草单位
9	GB/T 28845—2012	国家标准	色织领带丝织物	本标准规定了色织领带丝织物的技术要求、试验方法、检验规则、包装和标志。其中，技术要求包括基本安全性能、内在质量、外观质量，基本安全性能的考核项目为甲醛含量、pH值、色牢度、异味、可分解致癌芳香胺染料等，内在质量考核项目为密度偏差率、纤维含量允差、质量偏差率、断裂强力、干洗尺寸变化率、色牢度、水洗尺寸变化率（与标样对比）、幅宽偏差率、外观疵点。适用于评定由桑蚕丝、再生纤维素长丝、合成纤维长丝纯织或交织的色织领带丝织物的品质	浙江丝绸科技有限公司、浙江巴贝领带有限公司、达利丝绸（浙江）有限公司、麦地郎集团有限公司
10	FZ/T 43036—2016	行业标准	合成纤维装饰织物	本标准规定了合成纤维装饰织物的术语和定义、技术要求、试验方法、检验规则、包装和标志。其中，技术要求包括基本安全性能、内在质量、外观质量，pH值，基本安全性能的考核项目为甲醛含量、色牢度、异味，内在质量考核项目为质量偏差率、纤维含量允差、断裂强力、纰裂程度、起球性能、耐磨性、防钻绒性、水洗尺寸变化率、干洗尺寸变化、色牢度、干热熨烫尺寸变化率、幅宽偏差率、色差、纬斜、花斜、格斜、悬垂性、座椅类的色牢度、外观疵点、覆盖类。适用于评定具用品类、悬挂类、座椅类的室内合成纤维装饰机织物（合成纤维的含量在20%及以上）的品质	江苏悦达家纺有限公司、巴山集团有限公司、浙江丝绸科技有限公司、北京市毛麻丝织品质量监督检验站、浙江万方江森纺织科技有限公司、浙江万方江龙布艺有限公司、海宁市金和家纺织造有限公司、海宁市玉龙布艺有限公司、海宁市天屹织造有限公司、海宁市新时新织造有限公司

续表

序号	标准代号	标准级别	标准名称	标准简介	起草单位
11	FZ/T 43037—2016	行业标准	合成纤维弹力丝织物	本标准规定了合成纤维弹力丝织物的术语和定义、技术要求、试验方法、检验规则、包装和标志。其中，技术要求包括基本安全性能、内在质量、外观质量。基本安全性能的考核项目为甲醛含量、pH值、色牢度、异味、可分解致癌芳香胺染料等，内在质量考核项目为密度偏差率、质量偏差率、纤维含量允差、断裂强力、撕破强力、拉伸弹性、色牢度、水洗尺寸变化率、拉伸弹性、色差（与标样对比），外观质量考核项目为幅宽偏差率、色差（与标样对比）、外观疵点。适用于评定各类服用合成纤维弹力丝织物成品的品质	浙江锦杰纺织有限公司、巨诚科技集团有限公司、岜山集团有限公司、浙江元丰纺织股份有限公司、绍兴蓝海纤维科技有限公司、浙江方圆检测集团股份有限公司、浙江丝绸科技有限公司、海宁金永和家纺织造有限公司、海宁市新时新织造有限公司、浙江中天纺检测有限公司
12	FZ/T 43026—2013	行业标准	高密超细旦涤纶丝织物	本标准规定了高密超细旦涤纶丝织物的术语和定义、技术要求、试验方法、检验规则、包装和标志。其中，技术要求包括基本安全性能、内在质量、外观质量。基本安全性能的考核项目为甲醛含量、pH值、色牢度、异味、可分解致癌芳香胺染料等，内在质量考核项目为密度偏差率、质量偏差率、断裂强力、撕破强力、抗湿牢度、水洗尺寸变化率、色牢度、抗湿性、透湿性、防钻绒性，外观质量考核项目为色差（与标样对比）、幅宽偏差率、外观疵点。适用于评定采用高密超细旦涤纶长丝纯织、涤纶长丝与其他纤维交织织物的印花、染色丝织物的品质	苏州志向纺织科研科技有限公司、浙江志纺织有限公司、苏州龙英织染有限公司、岜山集团有限公司、浙江丝绸科技有限公司、浙江越隆控股集团有限公司

续表

序号	标准代号	标准级别	标准名称	标准简介	起草单位
13	FZ/T 43031—2014	行业标准	涤纶长丝塔夫绸	本标准规定了涤纶长丝塔夫绸的术语和定义、技术要求、试验方法、检验规则、包装和标志。其中，技术要求包括基本安全性能、内在质量、外观质量。基本安全性能的考核项目为甲醛含量、pH值、染料色度、色牢度、异味、可分解致癌芳香胺量。内在质量考核项目为密度偏差率、质量偏差率、断裂强力、撕裂强力、纰裂程度、色牢度、水洗尺寸变化率、外观质量考核项目色差（与标样对比）、印花纰裂。适用于评定各类服用的染色（色织）、印花涤纶长丝塔夫绸的品质	巴山集团有限公司、浙江丝绸科技有限公司、浙江盛发纺织印染有限公司、江苏出入境检验检疫局纺织工业产品检测中心
14	FZ/T 40007—2014	行业标准	丝织物包装和标志	本标准规定了丝织物的包装要求和标志。适用于蚕丝织物、再生纤维丝织物、合成纤维丝织物以及交织丝织物	浙江丝绸科技有限公司、浙江华正丝绸检验有限公司、巴山集团有限公司、万事利集团有限公司、达利（中国）有限公司、金富春集团有限公司、浙江三志织织有限公司
15	FZ/T 43012—2013	行业标准	锦纶丝织物	本标准规定了锦纶丝织物的技术要求、试验方法、检验规则、包装和标志。其中，基本安全性能、内在质量、外观质量、pH值，基本安全性能的考核项目为甲醛含量、色牢度、异味、可分解致癌芳香胺量，内在质量考核项目为密度染料色度、质量偏差率、纤维含量偏差、断裂强力、撕破强力、纰裂程度、水洗尺寸变化率、抗渗水性、抗湿性、抗钻绒性（与标样对比）、幅宽偏差率、外观质量考核锦纶长丝纯织、锦纶长丝与其他纤维交织丝织物的外观疵点。适用于评定各类服用的染色、印花丝织物的品质	苏州志向纺织科研股份有限公司、浙江华新材料股份有限公司、苏州龙英织染有限公司、巴山集团有限公司、浙江舒美特织织有限公司、浙江丝绸科技有限公司

续表

序号	标准代号	标准级别	标准名称	标准简介	起草单位
16	FZ/T 43039—2016	行业标准	高密细旦锦纶丝织物	本标准规定了高密细旦锦纶丝织物的技术要求、试验方法、检验规则、包装和标志。其中，技术要求包括基本安全性能、内在质量、外观质量，基本安全性能的考核项目为甲醛含量、pH值、色牢度、异味、可分解致癌芳香胺染料等，内在质量考核项目为密度偏差率、质量偏差率、纤维含量允差、断裂强力、撕破强力、水洗尺寸变化率、抗渗水性、抗湿纰裂程度、抗钩丝性、色牢度、外观质量考核项目为色差（与标样对比）、幅宽偏差率、外观疵点。适用于评定采用高密细旦锦纶丝织物的品质	福建龙峰纺织科技实业有限公司，浙江丝绸科技有限公司，巴山集团有限公司，浙江中天纺织绸有限公司，上海工程技术大学，浙江省中纺经编科技研究院，中国长丝织造协会
17	FZ/T 43028—2013	行业标准	涤纶、锦纶窗纱织物	本标准规定了涤纶、锦纶窗纱织物的术语和定义，技术要求、试验方法、检验规则、包装和标志。其中，技术要求包括基本安全性能、内在质量、外观质量等，基本安全性能的考核项目为甲醛含量、pH值、色牢度、异味、可分解致癌芳香胺染料等，内在质量考核项目为密度偏差率、质量偏差率、纤维含量允差、断裂强力、撕破强力、批裂强力、水洗尺寸变化率、干洗尺寸变化率、色牢度，外观质量考核项目为色差（与标样对比）为色差、幅宽偏差率、外观疵点。适用于评定以涤纶、锦纶长丝作经纬纱，交织、经编以印花、染色加工的窗纱织物的品质	浙江金蝉布艺股份有限公司，浙江三志纺织有限公司，浙江阆翔家纺服饰有限公司，巴山集团有限公司，浙江丝绸科技股份有限公司，浙江越隆轻纺集团有限公司

续表

序号	标准代号	标准级别	标准名称	标准简介	起草单位
18	FZ/T 43038—2016	行业标准	超细涤锦纤维双面绒丝织物	本标准规定了超细涤锦纤维双面绒丝织物的术语和定义、技术要求、试验方法、检验规则、包装和标志。其中，技术要求包括基本安全性能、内在质量、外观质量。基本安全性能的考核项目为甲醛含量、pH值、色牢度、异味、可分解致癌芳香胺染料等，内在质量考核项目为密度偏差率、质量偏差率、纤维含量允差、撕破强力、断裂强力、水洗尺寸变化率、色牢度、起毛起球，外观质量考核项目为色差（与标样对比）、幅宽偏差率、外观疵点。适用于评定采用超细涤锦复合丝及其他纤维交织的染色、印花、色织双面绒丝织物成品的品质	江苏赛杰微纤纺织科技集团有限公司、巴山集团有限公司、浙江丝绸科技有限公司、向兴（中国）集团有限公司、浙江中天纺检测有限公司、中国长丝织造协会、海宁顺达经编有限公司、上海工程技术大学、海宁市创益针织有限责任公司、浙江省中纺经编科技研究院
19	FZ/T 43023—2013	行业标准	牛津丝织物	本标准规定了牛津丝织物的术语和定义、技术要求、试验方法、检验规则、包装和标志。其中，技术要求包括基本安全性能（服用产品）、内在质量、外观质量。基本安全性能、pH值、色牢度、异味、可分解致癌芳香胺染料等，内在质量考核项目为密度偏差率、质量偏差率、纤维含量允差、撕破强力、断裂强度、色牢度、抗渗水性，外观质量考核项目为色差（与标准样对比）、幅宽偏差率、外观疵点。适用于评定采用涤纶长丝、锦纶长丝纯织或与其他纤维交织的各类牛津丝织物的品质	国家丝绸及服装产品质量监督检验中心、吴江市文教牛津布厂、巴山集团有限公司、浙江丝绸科技有限公司、浙江舒美特纺织有限公司、吴江市桃源海润印染有限公司、江苏新民纺织科技股份有限公司

续表

序号	标准代号	标准级别	标准名称	标准简介	起草单位
20	FZ/T 43024—2013	行业标准	伞用织物	本标准规定了伞用织物的术语和定义、技术要求、试验方法、检验规则、包装和标志。其中,技术要求包括内在质量、外观质量,内在质量考核项目为纤维含量允差、密度偏离率、质量偏差率、断裂强力、撕裂强力、纰裂程度、水洗尺寸变化率、色牢度、透射比、抗湿性、抗渗水性、紫外线防护系数、外观质量考核项目为外观疵点、幅宽偏差率(与标样对比)、印花色差。适用于通过织入黑色长丝达到遮光效果的伞用各类的染色化纤长丝防光机织物。适用于遮光效果的染色(色织)、印花织物的品质	国家丝绸及服装产品质量监督检验中心、江苏新民纺织科技股份有限公司、吴江市品信纺织科技有限公司、巴山集团有限公司、浙江丝绸科技有限公司、绍兴市惠纺织有限公司、吴江德伊时装面料有限公司
21	FZ/T 43032—2014	行业标准	化纤长丝织造遮光织物	本标准规定了化纤长丝织造遮光织物的术语和定义、技术要求、试验方法、检验规则、包装和标志。其中,技术要求包括基本安全性能、内在质量、外观质量,基本安全性能的考核项目为甲醛含量、pH值、异味、可分解致癌芳香胺染料等,内在质量考核项目为密度偏差率、质量偏差率、纤维含量允差、撕破强力、断裂强力、水洗尺寸变化率、悬垂系数、遮光率、色牢度,外观质量考核项目为色差(与标样对比)、外观疵点、幅宽偏差率。适用于通过织入黑色长丝达到遮光效果的化纤长丝机织物。不适用于通过植绒、涂层、复合、印染等后加工达到遮光效果的织物	浙江三志纺织有限公司、巴山集团有限公司、浙江丝绸科技有限公司、海宁市金利纺织有限公司、海宁市玉龙布艺有限公司、浙江中天纺海宁永和家纺织造有限公司、浙江盛发纺织检测有限公司、浙江盛发纺织印染有限公司

续表

序号	标准代号	标准级别	标准名称	标准简介	起草单位
22	FZ/T 43040—2017	行业标准	涤纶长丝床上用品丝织物	本标准规定了涤纶长丝床上用品丝织物的技术要求、试验方法、检验规则、包装和标志。其中,技术要求包括基本安全性能、内在质量,基本安全性能的考核项目为甲醛含量、pH值、色牢度、异味、可分解致癌芳香胺染料等,内在质量考核项目为密度偏差率、质量偏差率、纤维含量允差、断裂强力、水洗尺寸变化率、色牢度、起球、防钻绒性、透气性,外观质量考核项目为幅宽偏差率、色差、外观疵点、纬斜、花斜、格斜。适用于评定涤纶长丝床上用品机织物的品质。不适用于涂料印染加工产品	广东四海伟业纺织科技有限公司、江苏奥立亚纺织有限公司、中国长丝织造协会、浙江丝绸科技有限公司、浙江省中纺经编科技研究院、海宁顺造经编有限公司、海宁市天屹织造有限公司
23	FZ/T 43041—2017	行业标准	化纤长丝箱包丝织物	本标准规定了化纤长丝箱包丝织物的术语和定义、技术要求、试验方法、检验规则、包装和标志。其中,技术要求包括内在质量、外观质量,内在质量考核项目为密度偏差率、质量偏差率、纤维含量允差、断裂强力、撕破强力、钩裂程度、耐磨性能、色牢度、抗渗水性、有害物质限量(与标样对比)、外观疵点,外观质量考核项目为幅宽偏差率、色差(与标样对比)。适用于评定采用涤纶、锦纶等化纤长丝纯机织或以其为主与其他纱线交织用的箱包用机织面料的品质。不适用于其他以锦纶为主的箱包用机织物面料的品质	浙江丝绸科技有限公司、浙江卡拉扬科技有限公司、广东四海伟业纺织科技有限公司、巴山集团有限公司、吴江市文教牛津布厂、江苏奥立亚织织有限公司、海宁市创益针织有限责任公司、浙江省中纺经编科技研究院、上海工程技术大学

续表

序号	标准代号	标准级别	标准名称	标准简介	起草单位
24	FZ/T 43045—2017	行业标准	涤纶长丝仿真丝织物	本标准规定了涤纶长丝仿真丝织物的术语和定义、技术要求、试验方法、检验规则、包装和标志。其中，技术要求包括基本安全性能、内在质量、外观质量、pH值、甲醛含量、可分解致癌芳香胺染料等。内在质量考核项目为密度偏差率、质量偏差率、断裂强力、撕破强力、纤维含量允差、纰裂程度、水洗尺寸变化率、色牢度、悬垂系数、幅宽偏差率、外观疵点。适用于评定各类练白、染色、印花、色织涤纶长丝仿真丝织物的品质	江苏德华纺织有限公司（佰力集团），嘉兴市鸣业纺织有限公司，苏州楚星时尚纺织集团股份有限公司，浙江兆新织造有限公司，江苏聚润纺织科技有限公司，嘉兴市宏荣纺织有限公司，浙江中天纺科技有限公司，中国长丝织造协会，巴山集团有限公司，浙江方方江苏织科技检测有限公司
25	FZ/T 43046—2017	行业标准	锦纶弹力丝织物	本标准规定了锦纶弹力丝织物的术语与定义、技术要求、试验方法、检验规则、包装和标志。其中，技术要求包括基本安全性能、内在质量、外观质量、pH值、甲醛含量、可分解致癌芳香胺染料等。内在质量考核项目为密度偏差、质量偏差允量、纤维含量允差、色牢度、断裂强力、断裂强度、撕破强力、纰裂程度、水洗尺寸变化率、偏差率、色差、耐磨性、拉伸弹性。外观质量考核项目为幅宽偏差率、色差（与标准样对比）、外观疵点。适用于各类服用锦纶弹力丝织物	浙江台华新材料股份有限公司，福建省向兴纺织科技有限公司，福建龙峰纺织科技实业有限公司，厦门东纶股份有限公司，杭州市质量技术监督检测院，长兴永鑫纺织印染有限公司，浙江丝绸科技有限公司，中国长丝织造协会

续表

序号	标准代号	标准级别	标准名称	标准简介	起草单位
26	FZ/T 43048—2017	行业标准	化纤长丝免缝防钻绒织物	本标准规定了化纤长丝免缝防钻绒织物的术语与定义、技术要求、试验方法、检验规则、包装和标志。其中，技术要求包括基本安全性能、内在质量、外观质量、pH 值、甲醛含量、色牢度、异味，可分解致癌芳香胺染料等，内在质量考核项目为断裂强力、撕破强力、纤维含量允差、密度偏差率、质量偏差率、水洗尺寸变化率、色牢度、防钻绒偏差率、透气性、色差、外观质量考核项目为幅宽偏差率、色差、外观疵点。适用于各类化纤长丝免缝防钻绒织物	吴江福华织造有限公司、浙江丝绸科技有限公司、福建龙峰纺织科技实业有限公司、中国长丝织造协会、浙江雪豹服饰有限公司、上海工程技术大学、浙江格莱美服装有限公司、浙江上格时装有限公司、浙江省中纺经编科技研究院
27	FZ/T 43049—2017	行业标准	铜氨丝织物	本标准规定了铜氨丝织物的术语与定义、技术要求、试验方法、检验规则、包装和标志。其中，技术要求包括基本安全性能、内在质量、外观质量、pH 值、甲醛含量、色牢度、异味，可分解致癌芳香胺染料等，内在质量考核项目为密度偏差率、质量偏差率、纤维含量允差、断裂强力、断破尺寸变化率、起毛起球、水洗尺寸变化率、外观质量考核项目为色差（与标样对比）、幅宽偏差率、外观疵点。本标准适用于各类服用的铜氨丝织物或铜氨丝与其他纱线交织而成的纯铜氨丝色织、染色、印花丝织物	国家丝绸及服装产品质量监督检验中心、吴江德伊时装面料有限公司、福建龙高纤有限公司、浙江新民高纤有限公司、浙江丝绸科技实业有限公司、达利（中国）有限公司、想化成国际贸易（上海）有限公司、浙江中天纺检测有限公司、海盐嘉源印染有限公司、浙江德纱纺织有限公司、浙江中经纱织造有限公司上海工程技术大学、中国长丝织造协会

续表

序号	标准代号	标准级别	标准名称	标准简介	起草单位
28	FZ/T 43052—2018	行业标准	标签织物	本标准规定了标签织物的术语与定义、规格、技术要求等。其中，外观质量、基本安全性能、内在质量为甲醛含量、pH值、色牢度、异味，可分解致癌芳香胺染料等，内在质量考核项目为质量偏差、纤维含量允差、厚度偏差、色牢度、断裂强力、防脱散（水洗）、色差、规格偏差、洁净程度、切边光洁程度、外观疵点。本标准适用于评定以化学纤维为主要原料、用于印制标签的机织物品质	湖州新利商标制带有限公司、厦门东纶股份有限公司、吴江福华织造有限公司、嘉兴学院、浙江丝绸科技有限公司、杭州市质量技术监督检测院、浙江理工大学、浙江格莱美服饰有限公司
29	FZ/T 43052—2018	行业标准	涤纶长丝窗帘用机织物	本标准规定了涤纶长丝窗帘用织物的术语和定义、分类、技术要求、试验方法、检验规则、包装和标志。其中，技术要求包括基本安全性能、内在质量、外观质量，基本安全性能的考核项目为甲醛含量、pH值、色牢度、异味，可分解致癌芳香胺染料等，内在质量考核项目为密度偏差率、质量偏差率、纤维含量允差、断裂强力、纰裂强度、水洗尺寸变化率、干洗尺寸变化率、色牢度、外观质量考核项目外观疵点、幅宽偏差率（与标样对比）为色差。本标准适用于各类窗帘用丝绸纯织、色织的漂白、染色、印花、色织的涤纶长丝纯织、或涤纶长丝交织机织物，纱线交织的其他涤纶长丝与其他纱线交织机织物品质	江苏德顺纺织有限公司（恒力集团）、厦门东纶股份有限公司、如意室家居有限公司、潘博大染纺丝绸有限公司、浙江涛科技股份有限公司、中国长丝织造协会、巴山集团有限公司、缘萤丝绸集团股份有限公司、浙江丝绸科技有限公司、海宁市金佰利纺织有限公司、浙江胜宇布艺有限公司、嘉兴学院

续表

序号	标准代号	标准级别	标准名称	标准简介	起草单位
30	FZ/T 43053—2019	行业标准	聚酯纤维形态记忆织物	本标准规定了聚酯纤维形态记忆织物的术语和定义、分类、技术要求、试验方法、检验规则、包装和标志。其中，技术要求包括基本安全性能、内在质量、外观质量，pH值，异味，可分解致癌芳香胺染料等，内在质量考核项目为密度偏差率及质量偏差率、纤维含量允差、断裂强力、撕破强力、纯裂强度、水洗尺寸变化率、色牢度、形态记忆回复系数、幅宽偏差率，外观疵点。形态记忆考核项目为色差、形态记忆（PPT）长丝形态记忆织物。本标准适用于聚酯（PPT）长丝形态记忆织物	安徽省冠强纺织科技有限公司、厦门东纶股份有限公司、福建龙峰纺织科技实业有限公司、巴山集团有限公司、鑫缘茧丝绸科技有限公司、浙江丝绸检测院、杭州市质量技术监督检测院、中国长丝织造协会、浙江万方安道纺织科技有限公司、浙江天祥新纺织科技有限公司、海宁科源经编有限公司、海盐欧宝经编有限公司、嘉兴华绅纺织有限公司、浙江格莱美服装有限公司
31	FZ/T 43054—2019	行业标准	装备用涤纶长丝涂层织物	本标准规定了装备用涤纶长丝涂层织物的技术要求、试验方法、检验规则以及包装、标志、运输和贮存。其中，技术要求包括基本安全性能、内在质量、外观质量。基本安全性能考核项目为甲醛含量、pH值、异味，可分解致癌芳香胺染料、防水性能、抗粘连性、耐低温性、燃烧性能，外观质量为幅宽偏差率、色差、色牢度偏差率、断裂强力、撕破强力、剥离强力，外观疵点。本标准适用于以聚酯、丙烯酸酯树脂为涂覆层，主要用作帐篷、装具类（如手提包、头盔、水壶袋等）装备面料的纯涤涂层机织涂层织物	浙江盛发纺织印装有限公司、巴山集团有限责任公司、安庆华恰精密纺有限公司、浙江中天纺检测有限公司、浙江丝绸科技股份有限公司、海盐清华锋新材料有限公司、天思清宝经编有限公司、浙江省中纺经编科技研究院

续表

序号	标准代号	标准级别	标准名称	标准简介	起草单位
32	FZ/T 43055—2019	行业标准	锦纶长丝丝皮肤衣织物	本标准规定了锦纶长丝皮肤衣织物的术语与定义、技术要求、试验方法、检验规则、包装和标志。其中，技术要求包括基本安全性能、外观质量、内在质量、pH值、基本安全性能考核项目为甲醛含量、色牢度、异味、可分解致癌芳香胺染料、内在质量考核项目为密度偏差率、质量偏差率、纤维含量允差、断裂强力、撕破强力、纰裂程度、色牢度、水洗尺寸变化率、透湿率、防紫外线性能、外观质量考核项目为幅宽偏差率、色差（与标样对比）、外观疵点。 本标准适用于各类服用锦纶长丝皮肤机织物	吴江市汉塔织染整理有限公司、厦门东纶股份有限公司、福建龙峰纺织科技实业有限公司、浙江丝绸科技有限公司、浙江盛发纺织印染有限公司、杭州市质量技术监督检测院、浙江电商检测有限公司、中国长丝织造协会、浙江中天检测有限公司、浙江格来美服饰有限公司、海盐天恩经编有限公司、浙江省中纺经编科技研究院

表6-2　行业标准项目建议书

建议项目名称（中文）				建议项目名称（英文）		
制定或修订	□ 制定		□ 修订	被修订标准号		
采用程度	□ IDT	□MOD	□NEQ	采标号		
国际标准名称（中文）				国际标准名称（英文）		
采用快速程序	□ FTP			快速程序代码	□B	□C
ICS 分类号				中国标准分类号		
牵头单位	第一单位，与盖章单位一致			体系编号		
参与单位	不包括牵头单位			计划起止时间	写到年即可，如 2020—2022	
目的、意义或必要性	指出标准项目涉及的方面，期望解决的问题（产品标准要将产品特点、用途、生产企业数量、产业规模等产业发展情况说清楚） 对于修订项目，应有多项明确需要修订的具体技术内容 重点项目还应明确其所属三性（急迫性、创新型、国际性）的依据					
范围和主要技术内容	标准适用范围 标准技术内容（关键技术内容详细阐述）					
国内外情况简要说明	1. 国内外对该技术研究情况简要说明：国内外对该技术研究情况、进程及未来的发展；该技术是否相对稳定（技术成熟度），如果不是的话，预计一下技术未来稳定的时间，提出的标准项目是否可作为未来技术发展的基础 2. 项目与国际标准或国外先进标准采用程度的考虑：该标准项目是否有对应的国际标准或国外先进标准，标准制定过程中如何考虑采用的问题（国外类似标准的水平比较） 3. 与国内相关标准间的关系：该标准项目是否有相关的国家或行业标准，该标准项目与这些标准是什么关系（如方法或产品的差异），该标准项目在标准体系中的位置 4. 指出是否发现有知识产权的问题					
牵头单位	（签字、盖公章） 　　　　月　　　日	标准化技术组织	（签字、盖公章） 　　　　月　　　日	部委托机构	（签字、盖公章） 　　　　月　　　日	

注　1. 填写制定或修订项目中，若选择修订必须填写被修订标准号；
　　2. 选择采用国际标准，必须填写采标号及采用程度；
　　3. 选择采用快速程序，必须填写快速程序代码；
　　4. 体系编号是指各行业（领域）技术标准体系建设方案中的体系编号。

行业标准立项成功后，编写标准的流程如图 6-3 所示。

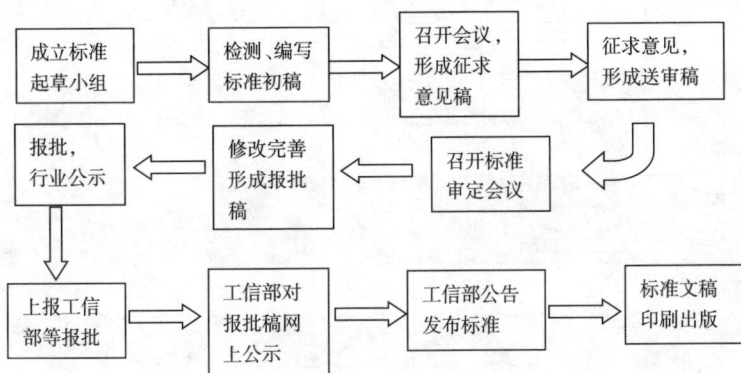

图 6-3 编写行业标准流程

(二) 国家标准

国家标准计划的流程同行业标准类似，如图 6-2 所示。企业根据征集通知，填写国家标准项目建议书（表 6-3），提交到中国长丝织造协会，产品类国家标准统一上报全国丝绸标准化技术委员会，再到中纺联科技部；综合类标准如节能节水绿色环保类、海关单耗、厂房设计等国家标准直接统一上报到中纺联产业部；由中纺联产业部根据不同标准类型上报相应管理部门或相应的标委会并在行业内征求意见且无异议后，上报国家标准化管理委员会。国家标准化管理委员会一般会按季度组织统一的立项答辩会议，答辩会议通过后，等待国家标准化管理委员会再次公示，无异议则发布立项文件，立项成功后，就可以开始起草标准了。

表 6-3 推荐性国家标准项目建议书

中文名称			
英文名称			
制定/修订	□制定　□修订	被修订标准号	
采用国际标准	□无　□ISO　□IEC □ITU　□ISO/IEC　□ISO 确认的标准	采用程度	□修改　□等同 □非等效
采标号		采标名称	

续表

中文名称	
标准类别	□安全 □卫生 □环保 □基础 □方法 □管理 □产品 □其他
ICS	
上报单位	
技术归口单位 （或技术委员会）	
主管部门	
起草单位	
项目周期	□12 个月 □18 个月 □24 个月

是否采用快速程序	□是 □否	快速程序代码	□B1 □B2 □B3 □B4 □C3

经费预算说明	
目的、意义	
范围和主要技术内容	
国内外情况简要说明	
有关法律法规和 强制性标准的关系	
标准涉及的产品清单	

是否有国家级 科研项目支撑	□是 □否	科研项目编号及名称	
是否涉及专利	□是 □否	专利号及名称	
是否由行标 或地标转化	□是 □否	行地标标准号及名称	

备注	

国家标准立项成功后，编写标准的流程如图6-4所示。

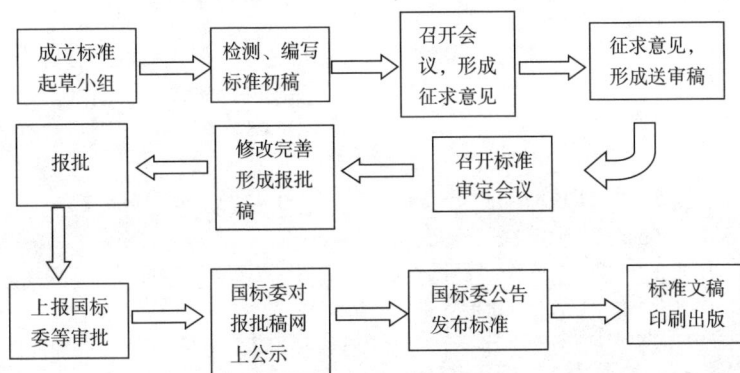

图6-4　国家标准编写流程

（三）团体标准

团体标准是由社会团体自主制定并自愿实施的市场标准。当前，我国化纤长丝织物团体标准化工作机构主要为中国纺织工业联合会团体标准化技术委员会化纤长丝织物标准化工作组（以下简称"化纤长丝织物标准化工作组"）。目前，申报中国纺织工业联合会化纤长丝织物团体标准的流程如图6-5所示。

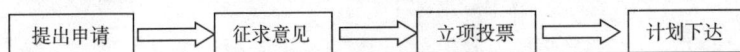

图6-5　团体标准申报流程

企业根据征集通知，填写团体标准项目建议书（表6-4），提交到化纤长丝织物标准化工作组，由其内部征集意见通过后上报中国纺织工业联合会团体标准化技术委员会秘书处，秘书处在委员会内部进行立项投票，通过后下达立项计划。立项成功后，就可以开始起草标准了。

表6-4　团体标准项目建议书

建议项目名称（中文）				建议项目名称（英文）	
制定或修订	√制定		□修订	被修订标准号	
采用程度	□ IDT	□ MOD	□ NEQ	采标号	

续表

国际标准名称 （中文）			国际标准名称 （英文）	
国标标准 ICS 分类号	59.080.30		中国标准 CCS 分类号	W40
标准主要 起草单位	浙江丝绸科技有限公司		计划完成年限	2018 年
目的、意义 或必要性	把标准对象界定清楚，说明标准制定的目的、意义或必要性，重点说明该标准涉及的 产业、技术以及标准化工作国内外情况			
主要技术内容 和范围	标准的主要技术内容与标准的适用范围			
国内外情况 简要说明	1. 与国外或国外相关标准的关系：该项目是否有对应的国际标准或国外先进标准，如 有，是否采标或参考？ 2. 与国内相关标准的关系：该项目是否有相关的国家、行业或团体标准，本项目与这 些标准之间有什么关系？ 3. 与相关联知识产权的关系：国内外是否存在相关联知识产权，本项目是否涉及这些 知识产权？			
牵头起草 单位意见	（签字、盖公章） 年　月　日	CNTAC 技术委员会 意见	（签字、盖公章） 年　月　日	

填表人：　　　　　　电话（手机）：　　　　　　E-mail：

团体标准立项成功后，编写标准的流程如图 6-6 所示。

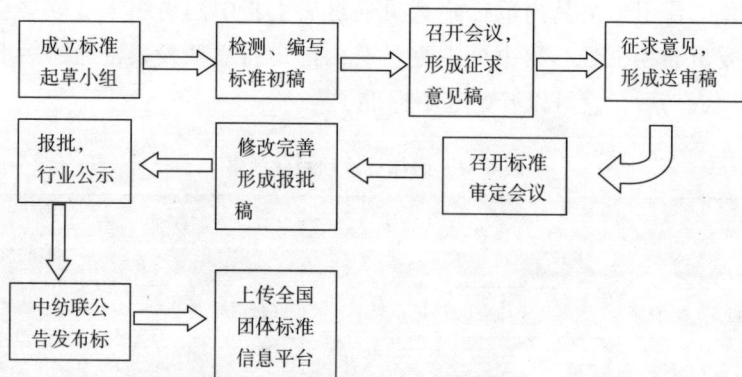

图 6-6　编写行业标准流程

集群发展篇

第七章 产业集群

一、长丝织造产业集群概况

(一) 集群概况

截至 2019 年 12 月，我国长丝织造产业集群拥有 1 个名城、2 个基地县、6 个名镇和 3 个产业基地。它们分别是江苏省苏州市吴江区的盛泽镇、七都镇和平望镇，浙江省的长兴县、长兴县夹浦镇、嘉兴市秀洲区王江泾镇以及福建省的晋江市龙湖镇，河南省周口市太康县和信阳市淮滨县，见表 7-1。目前，江苏省宿迁市泗阳县、盐城市大丰区小海镇、安徽省宣城市郎溪县、湖北省黄冈市的化纤长丝织造产业也已呈相对集中态势。

表 7-1 我国主要长丝织造产业集群

序号	单位	产业集群名称
1	江苏省苏州市吴江区盛泽镇	中国纺织名镇
2	江苏省苏州市吴江区平望镇	中国纺织织造名镇
3	江苏省苏州市吴江区七都镇	中国家纺面料名镇
4	江苏省泗阳经济开发区	中国化纤功能新型面料生产研发基地
5	江苏省大丰市小海镇	中国长丝织造产业基地
6	浙江省湖州市长兴县	中国长丝织造名城
7	浙江省湖州市长兴县夹浦镇	中国长丝织造名镇、中国长丝织造产业基地
8	浙江省嘉兴市秀洲区王江泾镇	中国织造名镇
9	福建省晋江市龙湖镇	中国织造名镇
10	河南省周口市太康县	中国新兴纺织产业基地县
11	河南省周口市太康县产业集聚区	中国长丝织造产业基地
12	河南省信阳市淮滨县	中国新兴纺织产业基地县
13	湖北省黄梅经济开发区	中国长丝织造产业基地

(二) 集群发展沿革

自 20 世纪 80 年代起，中国化纤长丝织造产业开始从仿真丝逐步发展起来。江苏省吴江区的盛泽镇是著名的绸都，从明中叶以来，丝绸产业就逐渐集中于盛泽镇及周边几个乡镇。新中国成立后，尤其是改革开放以来，化纤长丝织造产业逐渐在盛泽发展起来。凭借以往绸市的声誉和影响，盛泽渐渐成为以化纤原料和化纤长丝织物为主、纺织机械与器材为辅的交易中心。如今，盛泽纺织业已经成为一条从化纤纺丝、织造、印染、织物深加工到服装制成品的产业链，集研发、生产、销售、物流、服务为一体的配套体系。2019 年，盛泽纺织产业集群拥有 2500 多家织造企业，7000 多家纺织贸易企业，其中规模以上企业 300 多家，工业总产值超过 900 亿元，从业人员达 15 万人。

盛泽长丝织造产业的从无到有、从小到大发展历程，折射出整个中国长丝织造产业发展路。盛泽镇产业集群的形成，带动了周边平望镇、王江泾镇等地区长丝织造产业的发展，逐步形成了产业链配套齐全的长丝织造产业集群。浙江省湖州市长兴县、福建省著名的侨乡晋江龙湖镇等其他长丝织造产业集群地，最初都是利用自身的区域优势、传统纺织优势，汲取外部力量，在大力发展市场经济和全面实行改革开放的大环境下，积极发展长丝织造产业，慢慢成为长丝织造行业较早的集群。这些集群在发展的过程中，不断健全、强大自己的产业链和产业能力，并对周边的地区形成带动、示范和促进作用。在集群的影响和辐射下，周边地区的纺织业进一步发展，并与集群共营、共赢，部分区域形成新的集群。

近几年，受土地、水、电等生产要素的影响，长丝织造产业开始向苏北以及河南、湖北、安徽和江西等中部地区发展，并初见规模，逐步形成"以沿海发达地区为产品研发和销售基地，以中西部地区为产品生产加工基地的产业分工格局"。

(三) 集群供应链体系的发展

经过多年的发展，我国长丝织造产业集群已逐步发展壮大，集聚一大批上下游从事化纤、织造、印染生产的企业，已经形成从化纤纺丝、织造加工、印染整理、服装制造和市场销售等较为完整的纺织产业链。同时也形成了原料采购、产品销售、物流配送、信息流通、技术咨询等全流程的供应链体系。一些地区的集群销售收入占本地企业的 80% 以上，产业集群对区域经济的支撑作用日益明显。

在集群发展过程中，各地区结合集群实际，发挥地区优势，逐步形成各具特色的产业集群，如"日出万匹，衣被天下"的盛泽镇，以家纺窗帘产品为核心的七都镇，以家纺床品而闻名全国的长兴县以及以功能性户外运动面料为特色的龙湖镇等。

目前，盛泽镇拥有纺丝、织造、印染及后整理加工为一体的完整产业链优势，有十几万台无梭织机，生产加工能力居行业领先水平，约占全国化纤面料产量的1/5，产品种类丰富。位于盛泽镇的东方丝绸市场和位于柯桥区的中国轻纺城市场是全球化纤长丝纺织品的集散中心，全球超过一半的化纤面料在此进行交易。

平望镇、王江泾镇的产品种类也较为丰富，是我国仿真丝、仿麂皮、户外休闲运动服装面料等纺织品的重要生产基地。

长兴县和七都镇以床品、窗帘等家纺类产品为主，是我国重要的家纺面料生产基地。其中，长兴县拥有9万台无梭织机，是全国里子布、床品用磨毛布、窗帘布和产业用衬布的主要生产地区。

龙湖镇拥有近3万台无梭织机，生产的锦纶织物畅销海内外，是我国户外运动用面料的主要生产地区。

苏北的泗阳县、江西的德安县、安徽的金寨县和江南产业集中区等地继承了盛泽镇和嘉兴市的仿真丝和功能性纺织品，河南省太康县继承了福建省的功能性纺织品和南通的家用纺织品，安徽省的郎溪县继承了长兴县的家纺窗帘和床品。

各产业集群特色鲜明，各有侧重，又自成体系，共同形成了中国强大的长丝织造供应链网络，在推动企业专业化分工协作、有效配置生产要素、降低创新创业成本、节约社会资源、促进区域经济社会发展、提升产业国际竞争力等方面发挥正着重要作用。中国长丝织造产业集群正以完整的产业链，高效的协同创新机制，更好地满足市场需求，稳固中国纺织大国的地位。

二、传统产业集群升级创新

自20世纪80年代起，以盛泽镇为代表的中国化纤长丝织造产业集群开始随着市场需求变化而逐步兴起。经过四十年的发展，已形成盛泽镇、平望镇、王江泾镇、龙湖镇和柯桥区等拥有完整纺织产业链、织造规模大的传统产业集群。

据不完全统计，2019年，盛泽镇、长兴县、秀洲区、龙湖镇、平望镇和柯桥区六地长丝织造传统产业集群地化纤长丝织物产量306.15亿米，约占全国总量的56.77%，传统产业集群以其完整的产业链和雄厚的经济基础，正逐步成为引导行业发展，提高行业国际竞争力的重要组成部分。

2019 年，各传统产业集群产品结构调整成效显著，尤其在差别化、功能化、高仿真类等产品的关键技术上有新的突破；产业结构不断完善，一方面资源向优势企业靠拢，研发力量增强，技术进步与创新有所突破；另一方面各集群产业链不断完善，产品应用领域不断扩展，尤其是产业用领域发展潜力巨大。

在环境保护方面，各产业集群在废水 100% 处理的基础上，加大了中水回用的力度，目前各主要产业集群喷水织机污水处理率均已达 100%，中水回用率大幅提升。如夹浦镇对所有的喷水织机都进行了全面整治提升，改造提标了 1 个污水处理厂、7 个中水回用站和 1 座印染废水预处理厂，日处理能力 12 万吨，共改造总管 260 公里，污水处理率达到 100%，中水回用率达到 100%。当前，中国长丝织造产业集群污染治理能力得到显著提升，纺织企业废气、废水实现有效处理，整个产业实现了绿色化、清洁化发展。

在产业协同发展方面，各产业集群在协会的引导下，积极鼓励中小企业引进新装备、新工艺和新产品，大力引进营销、技术、管理人才，走"专特新"之路；落实支持中小企业发展政策，发挥产业基础优势和龙头企业领军作用，推动中小型企业与龙头企业建立稳定的产、供、销关系，培育纺织服装行业全产业链。同时，鼓励企业积极发展产业相配套的商贸、金融、科教等服务业，推动产业由单一功能向综合功能转变。

为响应国家产业集群号召和更好地满足市场需求，各传统产业集群以建设高水平的产业集群为目标，加快集群的转型升级，提升发展能力：强化产业规划引导，促进产业集群科学有序发展；提升龙头骨干企业带动作用，强化专业化协作和配套能力；加强区域品牌建设，推动要素集聚和价值提升；提高产业集群信息化水平，建设智慧集群；提升创新能力，增强集群竞争优势；提升公共服务能力，支撑产业集群转型升级。

（一）江苏省苏州市吴江区盛泽镇

1. 集群概况

盛泽，位于江苏省的最南端，是一个具有悠久历史的丝绸纺织重镇，早在明清时期就以发达的丝绸织造和繁荣的丝绸贸易闻名遐迩，与苏州、杭州、湖州并称为中国的四大绸都，"日出万匹，衣被天下"是其生动的写照。作为中国纺织的重要生产基地、出口基地和产品集散地，2019 年盛泽纺织产业集群拥有2500 余家织造企业，7000 多家纺织贸易企业，其中规模以上企业 300 余家，从业人员约 15 万人。2019 年 12 月，盛泽镇再次被中国纺织工业联合会和中国长丝织造协会联合授予"中国纺织名镇"荣誉称号。

2. 集群发展亮点

纺织产业作为盛泽镇的传统产业、优势产业，近年来取得了迅速的发展。在复杂多变的国内外宏观经济环境中，盛泽纺织产业集群坚持稳中求进工作总基调，贯彻新发展理念，落实高质量发展要求，经济运行质效、产业结构调整取得新成效，生态环境治理呈现新面貌，经济社会发展保持"稳中有进、稳中有新"的良好态势。

（1）以转型升级促进动能转换。围绕纺织产业升级规律，坚持量质并举，全力推动纺织产业高质量发展。加大优质项目高效投入，重点加大功能性纤维、天然有机纤维、特种纤维等原料的开发，强化纺织产业差异化发展，进一步压缩里料生产，提高面料占比，全力打造盛泽纺织产业发展新引擎；巩固智能化发展优势，推进纺织产业"机器换人"和智能化设备改造，实现"纺织织造"向"纺织智造"转变。

（2）以绿色发展擦亮生态名片。坚持绿色引领，实现纺织产业提质增效。坚持"以亩产论英雄，以质效配资源"，扎实开展"263"专项行动、"散乱污"专项整治等系列行动，整合喷水织机产能，高标准推进纺织循环经济产业园环保提升工程，打造纺织绿色产业链；深入推进河湖水环境整治，持续提升喷水织机中水回用率，力争年内中水回用率达到100%；引导印染和后整理企业把握"绿色科技"发展主线，注重企业绿色环保引领，高标准推进印染、涂层企业有机废气排放整治，实现在线监测系统的全覆盖。

（3）以创新驱动打造产业高地。以创新体系建设、政产学研合作等为抓手，打造创新生态系统。引导支持中小企业创新资源聚合，推动企业间创新协同效应，加快先进功能性纤维创新中心建设；开展政产学研合作，引导支持骨干企业加强与东华大学、苏州大学等高校院所的合作交流，完善东华大学苏州纺织产业研究院、苏州（盛泽）中纺学面料产业研究院等一批科研平台，实现科技同经济对接、创新成果同产业对接、创新项目同现实生产力对接；健全人才引进机制，加大力度培育和引进高层次人才、高技能人才队伍，加快抢占区域人才竞争制高点。

（4）以市场转型推动智慧市场。以中国东方丝绸市场建设为重点，不断提升市场能级。加快东方丝绸市场省级生产性服务业集聚区的建设，推进质量安全示范区、智慧市场等内涵式发展，巩固中国东方丝绸市场的行业领先地位；促进市场载体建设，以东方纺织城为核心，提升纺织集聚度，构建市场与产业的有机融合，引领市场业态提升；推动绸都网、宜布网等电子贸易平台建设，引导电子贸易平台实现网上市场和实体市场的融合，提升纺织产品的辐射力。

（5）以时尚引领缔造面料之都。搭建时尚创意到产品的转化平台，缔造"国际纺织时尚之都"。通过中国国际面料设计大赛、中国生态环保面料设计大赛等权威设计赛事的举办，促进盛泽纺织产业与生态环保的有效融合，树立"面料之都"绿色纺织的生态时尚；培育发展盛泽纺织展会经济，创新"专业市场+展会活动+互联网"运行模式，全面提高盛泽纺博会的市场化、专业化水平，提升纺博会面料同台竞技质量，持续打响"东方展团"品牌，展示"面料之都"时尚形象。

3. 发展方向

宏观经济形势依旧错综复杂，外部环境正发生明显变化，国内经济高质量发展步伐不断加快，科技创新型发展已成为抢占发展制高点的战略选择。盛泽抢抓"一带一路"建设、长江经济带建设、长三角区域一体化发展等多重战略叠加机遇，做到变中求稳要有"进"的信心、优化结构要有"稳"的定力、走在前列要有"新"的作为、解放思想要有"深"的拓展，积极打造具有盛泽特色的高质量发展之路。

（盛泽镇人民政府供稿）

（二）江苏省苏州市吴江区平望镇

1. 集群概况

平望镇坐落于苏、浙、皖、沪三省一市中心的苏州市吴江区，318 国道、227 省道、苏嘉杭高速、沪苏浙高速、南北快速干道贯通镇区，京杭大运河、长湖申线、太浦河在镇郊汇聚。

纺织产业是平望的支柱产业，也是重要的民生产业，占全镇经济总量的80%以上。这几年，随着国民经济的不断发展，依托临近盛泽镇和中国东方丝绸市场的区位优势，抢抓发展机遇、扩大有效投入，实现了量质并举、快速提升。2019 年 12 月，平望镇再次被授予"中国纺织织造名镇"荣誉称号。

（1）整体达到一定体量。目前，平望镇直接从事纺织业的生产企业 788 家，全部为民营企业，其中规上企业 93 家，主要集中在平望镇民营经济开发区和梅堰镇工业集中区。全镇拥有无梭织机 6.4 万台，其中喷气 4000 台、大圆机近2000 台、大提花近 1000 台。拥有 150 万吨合纤生产能力，其中熔体直纺 130 万吨，化纤产能占吴江的 25%（吴江占全国的 10%）；化纤坯布 50 亿米，占吴江区化纤坯布产量的 25%；化纤成品布 30 亿米，占吴江区化纤成品布产量的 30%；棉纺 49 万锭，其中紧密赛络纺 18 万锭；印染布 15 亿米；各类内衣、服装 800万（件/只），占爱慕品牌的 25%。2018 年全镇纺织工业实现产值 296 亿元，约占全镇经济的 80% 以上，提供就业岗位超过 3 万个，是平望镇的支柱产业。

（2）产业体系比较完整。平望镇纺织产业，集聚了一大批从事化纤、织造、印染生产的企业，已经形成从纤维生产、织造加工、印染整理、服装制造等较为完整的纺织产业链。同时也形成了原料采购、产品销售、物流配送、信息流通、技术咨询等全流程的供应链体系，是全球最大的全消光熔体直纺聚酯纤维生产基地、江苏省纺织名镇。

（3）科技水平比较突出。平望镇纺织产业经过几轮技术改造与装备更新，纺丝、织造等主要装备在国内处于领先地位，特别是纺丝设备达到当代国际最先进水平。企业自主技术开发能力比较强，一大批企业建有企业技术研发中心、产学研联合的技术研究机构。其中，国望高科拥有国家级企业技术中心，PTT 项目获得国家科技进步二等奖，"加弹自动化、信息化智能车间"荣获省级示范智能车间。

2. 集群发展亮点

（1）纺织投资总量高位运行。平望镇始终以项目建设为抓手，牢牢把握发展总基调，在抓好新建项目港虹纤维 75 万吨差别化纤维的建设，抓好土地供应等，目前港虹 CP5 项目已经于 2018 年底全面建成投产，港虹 CP6 项目已经启动，并于 2019 年三季度开工建设，港虹纤维的投产将直接带动纺织产业在平望镇的占比增加 8 个百分点，进一步巩固纺织产业在平望镇的龙头地位。在抓好大项目的同时，鼓励企业加大技改投资也以中央的供给侧改革作指引，鼓励企业节能降耗、智能化改造，目前区域内的企业引进自动穿综机、高速无梭织机的占比越来越高。

（2）纺织生产更注重绿色环保。平望镇鼓励企业在区域总量平衡的前提下，支持企业引进高端先进设备进行技改，目前所有印染企业都进行了定型机尾气回收、余热利用、引进节水型染缸等环保节能改造，喷水织造企业推动中水回用，目前中水回用比例在 70%，平望镇还将加大中水回用比例，争取达到 100%。

（3）产品升级助力产业升级。平望镇的企业注重产品开发，区内的国望高科纤维有限公司率先在业内推出无锑纤维，产品线也向柔性生产方向发展，澳盛科技从生产碳纤维布向新材料进军，公司生产的碳纤维拉挤板已经成功进入国内外著名的风电叶片上，飘逸纺织的发热导电面料在德国 ISPO 展上引起轰动，已经与国内外的知名户外品牌合作，涤致良的细旦液晶面板基布也取得成功，已与三星、京东方等合作。

3. 发展规划

（1）产业存在的不足。平望镇纺织产业存在的不足主要是纺织产业整体处于低端，注重于生产，自我研发和产品设计开发的能力不足；劳动力用工难、用工贵越来越突出，而且行业内缺乏年轻工人进入，行业的可持续性发展堪忧；环境容量制约，土地、环保等资源要素匮乏，导致企业扩产能、上新项目受到制约。

（2）总体目标。"十三五"期间，平望镇纺织业以优化产业、产品结构，增强创新能力，延伸完善产业链，提升产品附加值和产业竞争力，提高经济效益为总目标，着力发展以天然纤维为主的棉、麻、真丝等绿色环保产品，全力推进平望镇棉纺产业，进一步增强在国内外的市场主导权。通过持续创新、加快转型，努力把平望镇打造成为具有较强国际竞争能力的一流"纺织名镇"。

（3）发展思路。以资源集约利用为手段，突破产业发展瓶颈。通过资源要素，倒逼企业转型发展。一是继续抓好节能减排工作。二是加快落后产能淘汰。三是推进低效利用土地盘活。

以"一区两园"为载体，推进产业集聚发展。要继续按照"一区两园"产业布局，集聚发展、错位发展，推进工业布局不断优化。中鲈科技园，以省级科技产业园获批为契机，加大基础设施投入，加强产业发展规划，健全管理服务机构，不断完善体制机制，整合集聚各类资源和高层次人才，重点建设以智能物流为特色，服务大苏州、辐射长三角的内陆国际物流中心；要加快包括巨鸟物流等电商物流平台的研发和推广，加快新业态的尽快成熟产出。

以五个百亿工程为目标，加快产业结构优化。织造，保持总量，提高质量。加大化纤投入，加快熔体直纺产能建设，逐步形成全国乃至全球差别化、超细旦纤维产业高地。三大纺织用品结构得到显著优化，到 2020 年末，服装用纺织品、装饰用纺织品和产业用纺织品的比例逐步调整为 60∶30∶10。

以"机器换人"为方向，实现产业高端发展。智能工业发展，是下一步产业发展的主要方向。要加快纺织行业设备的提档升级，加快先进技术、设备的引进，加大对互联网+的研发和投入，逐步提高生产的自动化、智能化。进一步推进现代企业管理制度进程，在规模企业中推广 ERP 系统等信息技术的应用，进一步推进 ISO9000/14000 系列、OHSAS18000 系列认证。

（平望镇人民政府供稿）

（三）江苏省苏州市吴江区七都镇

1. 集群概况

苏州市吴江区七都镇纺织业历史悠久，是中国最早生产家纺产品的地区之一，也是中国最大的家纺产品生产基地之一。改革开放以来，七都镇家纺业坚持依靠技术创新、巩固老产品研发新产品、加强人才队伍建设、装备更新等，取得了翻天覆地的变化。七都镇自从被授予"中国家纺名镇"试点镇以后，加强和推广名镇品牌建设，督促企业产品升级，通过名镇品牌效应，使七都家纺产业提升又迈出了坚实的一步。

早在 20 世纪 80 年代，家纺工业就在七都庙港日渐兴起，经过 30 多年发展，逐步实现由小到大、由弱转强、由分散到集聚的转变，已成为七都的主导产业之一。七都镇现有家纺企业 115 家，其中：规模以上企业 81 家，配套企业 15 家，从业人员 2 万多人。主要产品为特丽纶、平纹遮光布、大提花遮光布、阿拉伯头巾等窗帘产品，年生产加工能力 13 亿米，产品主要销往欧美、中东、东南亚等 100 多个国家和地区。近年来，七都家纺产业在新品开发、质量提升、设备更新等方面狠下功夫，行业呈现出强劲的发展势头。

2. 集群发展亮点

（1）设立行政服务中心，切实提高服务效率。七都镇建设全新高效的行政服务中心，涵盖税务、劳保、国土、建设、民政、计生、行政审批等一系列便捷窗口，一站式服务，切实提高办事效率。

（2）搭建企业融资服务平台，进一步提高企业融资服务质量和水平。吴江区委区政府要求区内各银行推出中小企业融资服务平台，多年来在服务质量和水平上取得了较大提升，成效显著，得到广大中小企业的一致好评。面对复杂的国际国内市场行情及市场经济竞争下，企业资金链周转困难的实际情况，吴江区专门成立吴江区国资中小企业互助基金资金，由区财政、各镇财政、东方国资 3 方联合出资，每笔可解决单个企业贷款到期调头资金 2000 万~5000 万元，着力帮助企业度过危机。

（3）以担保投资公司为载体，打造中小企业融资担保平台。七都镇的小额贷款公司和融资担保机构，对市场前景好、发展潜力大的中小企业提供贷款担保，有效地缓解了中小企业贷款难的问题。

（4）组织应届毕业生招聘会，打造人才就业平台。由七都镇党委组织办牵头，每年举办一次应届毕业生招聘会，既解决本地大学生就业，又解决本地企业用人难的问题，一举多得。

（5）以重点物流企业为依托，打造物流平台。镇内物流企业邦达物流公司是一家覆盖全国的物流企业，在七都镇纺织协会的统一协调下，在企业自愿的前提下，各纺织企业与邦达物流公司达成合作协议，由当地物流公司统一组织车队解决纺织企业运输问题，增加了物流公司的效益，同时方便了企业又降低了企业的运输成本。

3. 发展规划

（1）建设特色纺织产业园，发展新型家纺面料产业。七都镇全面贯彻落实科学发展观，坚持走新型工业化道路，借鉴纺织行业及园区发展的经验，融合先进理念和文化，坚持科技进步和自主创新，抓住大连纺织产业结构调整的有利时机，以转变发展方式、调整产业结构为主线，本着"企业集聚发展、产业集中布局、整体集合提升、资源集约利用"的发展思路，成立了大连七都沿海经济区纺织产业园，积极承接国内外家纺面料产业转移，吸引国内外投资和先进技术，在承接中提升，实现七都镇家纺面料产业实现跨越式发展。纺织园积极发展循环经济和低碳经济，注重清洁生产和节能减排，强化环境保护和生态建设，实现经济效益、社会效益与生态效益的和谐统一。

（2）实施名牌战略，创家纺面料产业辉煌。家纺面料产品是纺织工业的重要产品之一，以高附加值、名牌效应好的产品适应世界纺织装饰的潮流，可获得更大的效益，并带动纺织生产链产品的全面升级。实施品牌经营三部曲，即：品牌—名牌—驰名商标。品牌建设是第一步，更重要的是争创名牌，从而提高产品的附加值。在发展自有品牌的同时，利用联合、合资等手段，引进优势品牌，带动企业发展。

（3）加快发展生产性服务业。生产性服务业是促进主导产业发展，繁荣地方经济的重要组成部分。按照"市场化、专业化、社会化、国际化"的发展方向，大力发展面向工业生产的现代服务业，加快推进服务型制造，不断提升对工业转型升级的服务支撑能力。加快发展面向工业生产的相关服务业。

（4）提高科技创新能力。鼓励有实力的重点企业建立科研开发中心，开展与大专院校和科研机构的横向联合，提升产品研发水平，加快科研成果应用于生产的速度。

创新是引领发展的第一动力，必须放在七都发展全局的核心位置，大力推进制度创新、科技创新、文化创新等各方面创新，加快形成以创新为主要引领和支撑的经济体系、发展方式，实现七都家纺产业从主要依靠物资资源消耗向创新驱动转变、从劳动密集型向技术密集型转变、从规模速度型向质量效益型转变。以科技进步提高产业层次，以名牌创建提升产业品位，以产业聚集推动产业发展，以管理创新增强行业素质，全面提升产业综合竞争力，将七都打造成为华东地区乃至全国具有影响力和知名度的家纺名镇，为纺织业的又好又快发展做出新的更大的贡献！

（七都镇人民政府供稿）

（四）浙江省嘉兴市秀洲区王江泾镇

1. 集群概况

自南宋以来，王江泾镇就是江苏、浙江两省交界处的丝绸重镇，方圆数十里，日出万匹，镇上店坊林立，市街繁荣，被美誉为"衣被天下"的丝绸之府。目前，纺织工业已形成良好的集群态势，形成了化纤、织造、印染、服装生产等现代纺织产业集群，被中国纺织工业联合会、中国长丝织造协会联合授予"中国织造名镇"荣誉称号。全镇纺织业产值占工业经济总量的60%以上，且连续三年增幅在6%以上，年产各类坯布近30亿米，印染25亿米，是浙江绍兴中国轻纺城、江苏盛泽中国东方丝绸市场、辽宁西柳市场的面料重要原产地，是我国薄型面料的生产基地。到2019年集群内有纺织企业562家，其中规模以上企业147家，全行业从业人员约2.4万人。

2019年，全镇规模以上纺织企业实现产值118.26亿元，占全镇工业经济总量的54%，主营业务收入113.67亿元。全镇纺织产业新产品率达到41.18%，产业用、家居装饰用纺织品占25%以上，产业规模在全国占据一定地位。

2. 重要举措及成效

（1）积极实施转型升级方案。为王江泾镇纺织产业集群与国际供应链的有机融合，进一步提升王江泾镇区域品牌建设，推动纺织产业做精做强，王江泾镇特制定《王江泾纺织产业转型升级实施方案》。通过构造两条转型新路径：一是以功能性的涤纶和锦纶等化纤为主要原料、多种纤维混纺交织提高附加值的轻薄型面料产业链，拓宽和延伸当前产业链。二是选择以家用纺织品和产业用纺织品为产业新领域的发展路径，通过和智能家居产业的跨界融合以及与周边汽车产业的紧密配套形成区域新亮点。通过重点领域的打造、年度计划的推进、建立健全组织机构，充分发挥区域品牌、"一馆三中心"、纺织产业转型升级领导小组的作用，推进王江泾镇纺织产业集群。

（2）做好公共服务平台建设。以嘉兴·中国南方纺织城为公共交易服务平台，围绕主导产业的生产性服务功能建设列全市镇工业园区前茅。嘉兴·中国南方纺织城是始建于1987年，是全国现代纺织物流示范平台和浙江省重点专业市场，也是中国纺织工业联合会、中国纺织信息中心命名的"现代纺织物流示范平台"，浙江省三星级文明规范市场。2019年实现市场交易额80.6亿元。以中国南方纺织城网上市场为信息服务中心；以嘉兴南方纺织城科技服务公司为技术研发服务中心；以中国纺织工业协会检测中心（嘉兴分中心）为技术检测服务中心；以国家纺织面料馆王江泾分馆为产品展示中心。

（3）加快纺织产业转型升级。王江泾镇把纺织业作为规划的重中之重，大力帮扶纺织企业发展上档次、上水平、上台阶，鼓励纺织企业引进先进装备进行技术改造，加大新产品自主研发力度。截至2018年底，全镇拥有各类纺织机械4万余台套，其中喷气织机7000余台，国际国内先进水平的纺织机械1.5万余台套，涡流纺纱机180。2016~2018年，规上工业生产性投入60.5亿元，其中纺织业投入设备改造资金39.6亿元，引进先进进口设备27.6亿元，改造提升设备近2万台（套），纺织设备高档化率同比提高20个百分点，产品结构得到显著调整。全镇已有经认定的国家级高新技术企业12家，各级企业技术（研发）中心41家。鼓励企业巩固校企合作关系，不断深化产学研工作，推动企业与专家之间的互动。邀请中国纺织信息中心、东华大学、江南大学、浙江理工大学、苏州大学、大连工业大学等纺织领域的高校和科研机构开展调研，开展了16个产学研合作项目。2016~2018年全镇获得发明专利123项，实用新型专利502项，外观设计专利90项。

3. 发展规划

（1）规划纺织行业可持续发展战略。统筹发展，根据王江泾镇纺织产业的需要，邀请专业机构在2019年重新对王江泾镇纺织业作一个长期规划。

（2）调整产业结构，提升纺织业品质。注重纺织业的上下游配套，着重抓好化纤、纺织产品的发展，着力做好服装品牌招商引资，以自主创新提升纺织业技术层次，以新产品开发优化纺织业产品结构，增强纺织业综合竞争力。以品牌建设为抓手着力培育名特优产品，培养企业的名牌意识，提升纺织业品质。

（3）保护环境，和谐发展。今后，王江泾镇仍将紧紧围绕建设"智能制造经济重镇，运河文化旅游强镇，文明生态江南名镇"的总体目标，以创建国家级生态镇和卫生镇为总抓手，做好"五水共治""五气共治"的相关工作，进一步加大生态建设推进力度和基础设施投资强度，使辖区生态环境得到明显改善，群众满意度得到极大提升。

（王江泾镇人民政府供稿）

（五）浙江省湖州市长兴县

1. 集群概况

长兴县地处长三角中心腹地，太湖西南岸，北与江苏宜兴、西与安徽广德交界，区域面积1430平方千米，常住人口64万人。县域内河网密集、平原开阔，环境优渥、物产富饶，素有鱼米之乡、丝绸之府、太湖明珠美誉。作为全国家纺面料、服装辅料、窗帘布主要供应地之一，长兴纺织产业已基本形成从原料、织造、印染后整理到终端产品的相对完整的产业链，主要产品有化纤织物、经编织物、涤棉、家纺、针织服装等品种。

作为全县最大的民生产业之一，长兴纺织现有生产与经营单位近 4 千户，从业人员近 7 万人，规上企业 292 家，其中织造企业 234 家，原料生产企业 13 家，非织造布企业 25 家，印染企业 14 家，服装箱包企业 6 家；共有纺织机械近 10 万台，其中喷水织机 9.2 万台，剑杆织机 1300 余台，经编机 557 台。2019 年，全县规上化纤长丝织造企业共实现产值 340 亿元，占全县工业产值 30%，主营业务收入 331 亿元。全县共生产化纤长丝机织布 85 亿米、印染布 27 亿米、非织造布 12 余万吨。长兴也先后荣获"中国长丝织造名城""中国衬布名城"等称号。

2. 集群举措及成效

近年来，为加快促进纺织产业绿色、健康、可持续发展，长兴依托现有规模优势，着重做好产业链不断延伸，持续推进纺织转型升级，着重做好产业做大、企业培育与产品创新。

（1）持续优化产业结构。以"中国制造 2025"试点示范县建设为契机，全面开展传统制造业改造提升，以建材、蓄电池、纺织行业为重点，着力推进纺织行业结构调整，着力建、补、延链，发挥集群优势，做大产业规模，优化产业结构，基本形成从原料、织造、印染后整理到纺织服装生产的相对完整的产业链。涌现出桐昆集团、王金非织造布、长兴丝绸、盛发印染等龙头骨干企业，尤其是化纤、产业用纺织品行业从小到大，取得了长足进步。

目前，全县共有化纤生产企业 13 家，总设计产能 159 万吨，2018 年实际产能 142 万吨，基本实现了县内涤纶化纤丝自给自足。产业用纺织品行业也逐步从传统服装里衬领域，大规模向医疗护理用产业用纺织品方向拓展，实现了纺织企业终端产品的突破性进展。

（2）全力推进产业升级。通过整治倒逼促进产业转型升级，全面开展非织造布、纺织织造、印染等行业转型升级，在 2014 年整治提升基础上，以污水治理为重点，以点带面推进"低散乱"纺织企业入园集聚，逐步深化纺织再生水回用工程，加快零直排园区建设。

目前，全县喷水织机污水处理率达 100%，中水回用率达 80% 以上，淘汰"低散乱"企业 3 百余户，织机 4000 余台。14 家印染企业全面推进印染全流程数字化改造，深化定型机废气治理，完成污水零直排创建。经过三年的持续转型升级，全县纺织产业污染治理能力得到显著提升，纺织企业废气、废水实现有效处理，整个产业实现了绿色化、智能化发展。

（3）全面提升产品创新。鼓励纺织企业建立研究院和技术中心，搭建科技创新平台，作为转型升级的重要环节；引导中小企业引进新产品、新工艺和生产装备的技术环节，大力引进营销、技术、管理人才，走"专特新"之路。

同时，鼓励企业积极发展产业相配套的商贸、金融、科教等服务业，推动产业由单一功能向综合功能转变。积极推动协会建设，梳理层次，统分结合，在原有协会基础上，调整组建经编、印染等行业分会。同时依托行业协会，促进企业抱团发展，组团谈判，组团协作。

3. 发展规划

（1）持续深化产业转型升级。全面启动夹浦地区纺织行业转型升级，通过绿色纺织小微园建设、纺织企业集聚区改造等方式，逐步推进工业平台边界外纺织企业减量置换集聚，并在此基础上向全县铺开，逐步实现纺织产业规模化、集聚化发展。

（2）加快打造纺织全产业链。以现有产业链为基础，以建链、延链、强链为重点，加快纺织产业向终端产品方向延伸，通过强强联合、招商引资等方式，逐步做大服装、产业用纺织品领域份额，进一步实现产业终端化发展。

（3）稳步推进产业创新发展。加强与东华大学、浙江理工等高校对口联系，着力推进政产学研合作；加快企业技术创新体系建设，切实提高企业自主创新能力，培养研发自主品牌，增强产业核心竞争力。同时，组织召开企业培训、学术研讨会等交流活动，提升企业科技创新能力。

（长兴县人民政府供稿）

（六）浙江省湖州市长兴县夹浦镇

1. 集群概况

夹浦镇的纺织业起源于 20 世纪 80 年代初，是长兴县纺织产业的发源地，纺织产量占据全县 50%以上，集群内化纤加工业、织造业、印染后整理到家纺生产等领域有着良好的配套。2019 年底，夹浦镇共有纺织类企业 485 家，其中规模以上企业 119 家，规模以下企业 366 家；个体工商户数近 2000 家，拥有喷水织机等无梭织机 4.4 万余台，产品主要为磨毛布、春亚纺、伞面绸、里子布、交织棉、五枚段、浴帘布、遮光布、箱包布等系列产品 50 多种。是全国家纺面料、服装辅料、窗帘布主要供应地之一，年产各类织物近 30 亿米，化纤丝近 60 万吨，印染布近 30 亿米。

近年来夹浦镇以"纺织行业转型升级"为重点，全面实现纺织行业高质量发展，2019 年纺织产业工业总产值完成近 214.9 亿元，占全镇的 93%；销售收入完成 207.75 亿元，占全镇销售收入的 92%；自营进出口完成 28.9 亿元，同比增长 9%，占全镇进出口的 100%，从业人员 3.1 万余人，占全镇从业人数的 92% 以上。2019 年 12 月，夹浦镇再次被授予"中国长丝织造名镇"荣誉称号。

2. 重要举措及成效

（1）科技创新不断增强。近年来，夹浦镇纺织产业竞争实力不断提升，发展众创空间 2 个，拥有省知名商号 4 个，省名牌产品 6 个，市名牌 6 个，国家重点高新企业 15 家，省科技型企业 28 家，省级高企研发中心 3 个，"省工业设计中心" 2 个，"院士工作站" 1 家，省级博士后科研工作站 2 个，全镇纺织企业全部实行清洁生产和 6S 现场管理。

（2）生产环境全面提升。近年来，夹浦镇对全镇所有的喷水织机全面整治提升，改造提标了 1 个污水处理厂、7 个中水回用站和 1 座印染废水预处理厂的建设，日处理能力 12 万吨，共改造总管 260 千米，污水处理率达到 100%，中水回用率达到 100%。

（3）公共配套全面健全。全镇共有 4 个工业平台，总规划面积 2.2 平方千米，入住企业 104 家。全县唯一的长兴轻纺城落户于夹浦镇，目前已成功吸引县内外 264 家纺织企业入驻，已成为长兴县纺织产业的集散中心，更是连接县外大型纺织基地和市场的重要纽带。

（4）群团组织发挥健全。近年来，政府加大统计力度，做到应报尽报，及时上报；行业内成立夹浦商会、长兴县纺织协会、印染协会等组织，为行业自律发挥积极作用。近年来，纺织企业在社会救助、公益事业等方面捐款近 1 亿元，真正树了正气，担当企业社会责任意识。

3. 发展规划

（1）加速转变发展模式，提升产业聚集度。以"总量控制、等量置换、兼并重组、淘汰落后"为核心，以"属地管理、因地制宜、内部消化"为方针，积极推进织造产业产能整合。

（2）持续培育家纺产业，延伸产业上下游链。鼓励印染、后整理等中端产业链上的企业向服装、家纺、产业用纺织品领域延伸，加快企业自身内部配套，打造从织造、染整到成品的一条龙纺织集团化企业。

（3）加快科技创新步伐，积极开发新产品新市场。以经济利益和产品效益等为长效机制，推进中小型企业产业升级，创新机制建设良性互动。重点加强政企研合作，支持建立国家级、省级研发（技术）中心，通过自主研发、联合公关等形式，加快形成企业核心技术、自主品牌和行业标准。

（4）深化设备提档升级，着力提升产品档次。积极淘汰老旧喷水织机、整编机、印花机、定型机等生产设备，以"机器换人"为核心，压缩过剩产能，提升劳动效率，加快纺织企业设备升级改造、机联网、信息化、数字化建设。

（5）做大做强优势企业，打造企业发展梯队。结合"强企工程"，按照"总部型、品牌型、上市型、高新型、产业联盟主导型"企业的发展要求，深入推进"135"行动计划，明确企业1年、3年和5年的发展思路与举措，确定重点推进项目，积极打造优势企业集群。

（夹浦镇人民政府供稿）

（七）浙江省绍兴市柯桥区

1. 集群概况

柯桥区是工业大区、纺织大区，纺织业是柯桥的支柱产业、母亲产业，经过多年发展，柯桥区纺织业不断发展壮大。自创建纺织产业集群试点地区以来，柯桥区进一步发挥产业集群优势，扩大产业规模，提升产业效益，助推纺织产业高质量发展。

截至2019年底，柯桥区集群内企业为9370家，其中规上企业为758家，占全区规上企业的61.9%；集群内从业人员187762名，全区实现规上大纺织业产值1046亿元，占规上工业产值的51.1%；实现规上主营业务收入1013亿元，利润71亿元，有力地促进了全区经济社会的持续健康发展。全区年生产PTA121.18万吨、聚酯48.44万吨、化纤原料208.08万吨、布5.67亿米、印染布180.94亿米、服装3976万件，已形成PTA、聚酯、化纤原料、织造、染整以及服装、家纺和轻纺市场等一条完整的产业链和市场产销体系。

2. 近年集群发展的亮点

（1）以印染产业为突破，加快传统产业集聚化入园。一是坚定不移推进印染集聚入园。以壮士断腕的决心与勇气，高标准、严要求推进印染产业集聚升级工程。目前，退出区印染企业全部关停退出，印染企业集聚滨海工业区，数量由2010年底的212家减少至108家。印染集聚三期17个项目中16个已投入试生产，1个处于主体施工阶段。二是坚定不移地推进工艺装备革新。集聚入园不是简单搬迁，在印染集聚过程中，专门制订设备、工艺技术、"三废"治理等方面的正面清单和负面清单，并成立区集聚审核委员会，把关审核企业新建厂房、新购设备和工艺技术路线等。三是坚定不移推进配套产业整治。规范提升纺织印染配套产业。划定安全生产和环保两条红线，以"四无"企业为重点，加大涉污企业清退力度，整治"低散乱"企业1332家。目前已集聚入园616家，关停淘汰213家，规范提升257家，有力促进了工业小区规范提升、绿色发展。

（2）以智能制造为重点，推进传统产业高效化发展。一是坚持两化深度融合。深化省级智能纺织印染装备产业试点，在纺织印染领域广泛开展"机器换人""两化"融合工作，加快生产线信息化改造，全力推进智能车间建设。涌现了如兴明染整、永利印染、诺亿毛纺等一批两化融合标杆示范企业。二是坚持培育创新能力。以第一批省产业创新服务综合体创建为载体，重点培育我区现代纺织产业创新服务综合体建设，2018 年发明专利授权 194 件。新认定高新技术企业和省科技型中小企业分别为 93 家、363 家。三是坚持强化人才引领。有 15 名外籍院士目前已引育国千人才 65 名，省千人才 40 名。全力打造时尚创意千亿级产业，办精办好"时尚周"等高端活动，引导企业由"卖产品"向"卖创意"转变。2018 年，已累积落户工业设计类企业 148 家，集聚纺织工业设计人才 1200 多人，"中国十佳设计师"等领军型设计人才 11 名，基地企业设计研发等服务性营业额 2.62 亿元，带动相关企业形成 300.04 亿元销售，同比增长 25.5%。

（3）以要素配置为导向，推动传统产业高质量发展。一是深化"亩均论英雄"改革。已初步构建了以工业企业综合评价为核心，服务业、高新技术企业评价为重点，工业园区、特色小镇等综合评价为拓展，企业家综合评价为基础的"亩均+"高质量评价体系。二是强化要素保障。专门出台《关于印发加快闲置低效工业用地盘活利用政策意见（试行）的通知》《印染产业集聚升级工程金融保障暂行办法》《加强柯桥区高层次科技创业创新人才队伍建设加快推进创新驱动发展的意见》《关于精准扶持高层次人才集聚"千人计划"产业园创业创新的若干意见》等创业、创新和人才政策意见，为发展实体经济提供用地、资金、人才等要素保障。三是加大政策扶持。设立绿色印染产业集聚发展基金，对集聚项目新购先进设备给予 15% 的奖励；出台《2018 年度柯桥区振兴实体经济（传统产业改造）财政专项激励资金使用若干意见》，在省财政每年 1 亿元专项激励资金的基础上实施 1∶1 匹配。同时，全面落实各级税费减负政策，在出口退税的基础上，2018 年再减负 27 亿元。

3. 发展规划

受传统产业结构、行业层次和外部环境变化等因素影响，柯桥区在改造提升传统产业方面仍存在短板和不足，主要体现为创业动力有所下降、要素成本不断上扬、发展方式仍未改观等。一是要进一步加快改造提升。开展全域印染企业对标提升工作，以智能制造、绿色发展为主攻方向，推动互联网、大数据、人工智能、创意设计与传统产业深度融合，努力以"创意+实体"领跑"印染+市场"。同时培育传统产业行业龙头企业，积极鼓励企业实施兼并重组，推动企业股改上市，培育行业龙头。二是要进一步推进平台做强。市场平台重在抓轻纺城"三次创业"转型升级，加快国际面料采购中心和现代物流城建设，更大力度地引进高端设计、时尚创意等方面的机构、团队和人才，积极打造"时尚创意谷"，办精办好纺博会、时尚周、创意展，做到"月月有展会，天天秀时尚"。更好依托浙江"千人计划"绍兴产业园、金柯桥科技城、纺织产业创新服务综合体、外国高端人才创新集聚区等平台的资源优势，大力提升科技创新能力，致力打造世界纺织科技中心。三是要进一步优化营商环境。发挥柯桥区列入省级振兴实体经济财政专项补助试点的优势，推动实体经济特别是传统制造业改造提升步伐，合理配置和利用好省财政每年一个亿，三年三个亿及柯桥区本级财政配套资金，精准施策，优化服务，着力打造区域吸引项目、吸引技术、吸引人才的营商环境最优区。

（绍兴市柯桥区经济和信息化局供稿）

（八）福建省晋江市龙湖镇

1. 集群概况

截至 2019 年底，龙湖镇集群内企业户数达到 482 家，完成工业总产值 428 亿元，主要产品为化纤长丝机织物（锦纶织物为主）、涤纶长丝、涤纶短纤、无纺布等，其中化纤长丝机织物产量为 34.4 亿米、涤纶长丝 96 万吨；集群内全部从业人员达 2.6 万人，集群全行业主营业务收入达 415.6 亿元，占全镇经济比重约 65%。2019 年 12 月，龙湖镇再次被授予"中国织造名镇"荣誉称号。

2. 重要举措及成效

在经济新常态下，龙湖镇坚持创新驱动，加快产业结构优化，进一步打造中国织造名镇。纺织业是龙湖镇的传统产业，近几年来，通过结构调整、优化服务、智能改造等方式稳步对接中央发展政策，实现创新发展，稳步进行转型升级，主要发展情况为以下三个方面：

（1）夯实传统制造业发展根基。坚守实体经济之根，从产业生态的高度加快传统产业提升步伐，聚焦技术改造和产品升级，激发企业创新活力。加快推动产业协同发展，落实龙头企业培育计划和支持中小企业发展政策，发挥产业基础优势和龙头企业领军作用，推动中小型企业与百宏聚纤、利瑶纺织等龙头企业建立稳定的产、供、销关系，培育纺织服装行业全产业链。鼓励优质企业增资扩营，推进 12 个福建省、泉州市、晋江市重点建设项目，加快百宏年产 5 万吨 ES 纤维项目建设，打造龙湖第一家产值超百亿企业。加快"互联网+"转化应用。引导制造业与"云计算""大数据""物联网"等信息技术渗透融合，推动"互联网+"广泛应用于企业研发设计、生产制造、经营管理等关键环节，促进企业创新运营模式、优化资源配置,打造百银网络等一批示范型企业。加快智能技术转化应用。引导制造业企业推进"机器换工",发展"数控一代",建立柔性化生产、场景化应用的智能车间,打造百宏聚纤、福兴拉链等一批示范型企业。加快提升企业创新能力。引导企业与科研机构开展精准对接,支持校企共建研发平台,推进一批产学研合作项目,鼓励企业积极申报技术专利,推动应用功能性差别化纤维、高档面料、高性能产业用纺织品等产品研发。

(2)全力打造开放合作的发展空间。主动对接"一带一路"和"国际化"发展战略,立足侨乡特色,借助海外30万龙湖侨胞的资源优势,汇聚全球资源,激发对外开放活力,拓宽合资合作空间。实施精准招商。组织企业参加海交会、投洽会,瞄准国际产业转移机遇,谋划外资项目对接,引进一批产业业态新、科技含量高、带动能力强的外资项目。拓展海外交往。以百宏年产33万吨差别化化学纤维、宏伟服饰增资扩营等项目为示范引领,持续开展招商引资工作,主动谋划项目对接,吸引海内外充沛的资金、技术、管理、人脉、信息等资源流入龙湖。开拓国际市场。坚持"引进来"和"走出去"相结合,引导企业抢抓"一带一路"发展机遇,鼓励企业通过海外并购或直接投资,实现全球化布局和国际化经营,支持企业进口先进适用设备,推动制造业装备升级。注重人才创新。深化与中纺院、金井福大科教园等知名机构、院校合作,健全校企人才合作机制,汇聚推动创新、敢于冒尖的人才力量;实施华侨"创二代""创三代"回归工程,积极开展海内外招才引智活动,优化人才待遇服务,吸引海外侨亲人才回乡创业。

(3)提升新兴产业发展水平。瞄准"专精特新"方向,引导社会资本进入新兴领域,围绕石墨烯应用、新材料、文化创意等领域,构建新兴产业生态圈。抢抓高新产业发展机遇。落实石墨烯产业政策,围绕产业发展路线图,深化主人翁意识,强化石墨烯产业基地建设要素保障,主动链接海外优质资源,策划招引一批配套关联项目,推动高新产业规模化发展。做大新材料产业技术优势。引导企业与高端品牌合作,提升产品竞争力,获取行业发言权,鼓励夜光达深耕反光材料领域新产品、新技术、新工艺的研发创新,促进全棱镜技术在功能鞋服、高端箱包等领域的应用转化。

3. 发展方向

当前传统织造业正面临着转型升级的阵痛期,而调结构、稳增长、促升级将是纺织行业的改革发展重点,龙湖镇将在中国纺织工业联合会的指导下,以转型升级引领纺织产业发展。

（1）应用新的理念提升纺织产业集群辐射力，鼓励集群创新发展与优势纺织品区域布局规划、目的地市场建设有机结合，引导龙头企业强化产品、技术、品牌创新，进一步拓展市场。

（2）助力企业实施重点技改项目、省市重点项目建设，强化龙湖纺织产业绿色发展理念，引导纺织产业逐步向工业、交通、医疗等高端市场拓展延伸，打造集群完整产业链条，增加产业集群产品附加值。

（3）整合土地资源，积极引导企业增资扩营，壮大产业集群，为企业提供规划更科学、配套更完善的发展空间，扩大产业集群优势。

（4）加强技术创新驱动，引导企业与高校、科研机构、质检机构成立泉州市聚酯纤维产业创新联盟，联合攻关纺织产业共性技术问题，建设集检测、标准、研发一体的技术公共服务平台，鼓励纺织企业开发家用纺织品、生物医用纺织、交通工具用纺织等多种功能性高端面料，鼓励企业申报中国驰名商标、福建省名牌产品等称号，打造名牌产品和著名商标。

今后，龙湖镇将继续按照中国纺织工业联合会的工作部署要求，以转型升级引领纺织产业发展，继续竭心尽力打造中国织造名镇的品牌，为产业创新突围、纺织产业发展而努力奋斗！

（晋江市龙湖镇人民政府）

三、新兴产业集群科学发展

化纤长丝织造产业具有产品应用广泛，市场需求量大，创新空间广阔的特点，是我国纺织业中的优势产业之一。随着经济的发展，市场需求将逐年增加，产品应用范围也在逐步扩大。但江、浙、闽等东南沿海地区的土地供应、用工、用电等日趋紧张，企业开始寻找新的合适的投资地。

当前，苏北和中部地区正以土地、人力、电力等优势大力发展新兴产业，正需要像长丝织造这样的产业来繁荣当地经济。长丝织造具有产业投资省，市场潜力大的特点，是传统纺织转型升级的方向之一，也是可供贫困地区实施精准扶贫选择的优势产业之一。近几年，已有苏州市吴江区、嘉兴市秀洲区等地的企业在苏北的泗阳县和大丰区、河南的太康县和淮滨县、安徽的郎溪县和涡阳县、江西德安县和万年县等地投资建厂，形成了新兴的产业集群。这些新兴长丝织造产业集群的兴起为行业发展带来了新的生机。

据中国长丝织造协会统计，截至 2019 年底，苏北、安徽、河南、湖北、江西等新兴产业集群喷水织机规模为 18.7 万台，占全国喷水织机总量的 29.2%，比去年提高了 6.2 个百分点。预计到 2020 年底，苏北及中部地区喷水织机的产能将达到全国总量的 34.6%，成为中国长丝织造产业可持续发展的新兴力量。

当前，新兴产业集群正响应国家号召，按照布局合理、产业协同、资源节约、生态环保的原则，对产业集群进行规划布局和功能定位。各集群鼓励支持在集群内建设长丝织造产业园区、小微型企业创业创新基地等中小微企业创业创新集聚区，鼓励建设多层标准厂房，高效开发利用土地。新兴产业集群还将完善能源供应、给排水、排污综合治理等基础设施，鼓励企业采用节能减排新技术，加强节能管理和"三废"有效治理，推动行业科学有序、绿色低碳发展。

随着新兴产业集群的深入发展，全国将逐步形成东南沿海发达地区为高端生产、产品研发和市场销售中心，中西部地区为生产加工基地的新产业格局。

（一）河南省周口市太康县

1. 集群概况

太康县立足人力资源优势和纺织产业基础，着力培育纺织服装产业集群，引导集群向规模化、集群化、精细化、品牌化发展，实现了集群从小到大、从弱到强、从散到聚的嬗变。

产业集聚区规划总面积 23.35 平方千米，截至 2019 年底，集群已入驻企业 91 家，投产及在建纺织规模达到 170 万锭，喷气、喷水织布机规模达到 8000 台，服装年加工能力 5 亿件。实现营业收入 294.7 亿元、利税 48.2 亿元、用电量 4.38 亿度、从业人员 4.7 万人，分别占集聚区工业比重为 72%、72%、70% 和 75%。先后荣获中国新兴纺织产业基地县、纺织产业扶贫先进单位、中国棉纺织名城、中国长丝织造产业基地、省二星级产业集聚区、省十快产业集聚区、省先进产业集聚区、省十佳创新型产业集聚区等荣誉。成功承办了 2016 年河南省产业集群区域品牌建设工作座谈会、2017 年河南纺织高层论坛、2018 年中国长丝织造行业技术创新研讨会等大型行业会议。

2. 重要举措及成效

（1）明确产业转型方向，打造完整产业链条。一是科学制定发展规划。编制了《太康县纺织服装产业（2017—2025）发展规划》《太康县纺织化纤长丝织造产业发展报告》规划建设千亿级纺织服装产业集群。二是倾力打造完整产业链。充分发挥企业招商引资主体作用，突出以商招商，强化补链招商。盛鸿纺织引进国内先进的喷水织机 2000 台、倍捻机 1000 台，全省同类项目规模最大。先锋花园染整项目、纺织服装仓储物流产业园等一批延链强链项目顺利推进。逐步形成"研发—纺纱—织布—染整—面料—服装—市场—物流"较完整产业链，集群效果初步彰显。

（2）扎实推进三大改造，助推产业转型升级。围绕"智能化、绿色化、技术化"扎实推进"三大改造"。注重引进智能化设备。引导企业应用自动化、智能化装备，建设智能车间和智能厂区。昊晟纺织、银鑫棉业等企业先后引进德国、瑞士、美国先进技术设备，完善全流程质量控制体系，打造"无人化"智能纺纱生产线。万利源棉业纺二车间、银鑫棉业 A 线示范车间被省工信委评为智能车间；银鑫棉业被确定为全省产业集聚区第一批智能化改造企业。注重绿色化发展。依托"河南省首批省级低碳园区试点创建单位"，高标准制定低碳园区规划方案，推动园区绿色化改造，构建清洁发展、高效发展、低碳发展和可持续发展的低碳发展模式。万利源棉业荣获节能减排创新型棉纺织企业，盛鸿纺织被评为中国长丝织造行业绿色清洁生产企业。

（3）提升服务平台，催生产业转型动力。相继出台了《关于进一步支持工业高质量发展的若干意见》《关于扎实推进产业集聚区健康发展的意见》等政策，制订了首席服务官、"五个一"节点推进、每周"一三五"跟踪服务等机制。为企业提供提质转型、招工、融资等一对一精准服务，促进企业高质量发展。

3. 发展规划

（1）实施项目带动，加快集群培育。大力开展招商引资。引进一批产业层次高、带动力强的重大项目，进一步延链、补链、强链。推进集群骨干企业发展。引导主导产业关联企业和社会资源向骨干企业集聚，推动骨干企业加快技术改造、提升产品优势，扩大产业规模，增强骨干企业的市场竞争力和辐射带动力。

（2）打造六大园区，壮大产业集群。以润泰服饰为依托，形成女裤、休闲服、羊毛衫、户外运动服等多种服饰品种，打造全国有重要影响的润泰服饰产业园。以通泰纺织、万利源棉业为依托，形成纯棉纺、化纤纺、混合纺等多种纱线品种，打造全省纺纱规模最大的通泰纺织产业园。以盛鸿纺织为依托，形成喷气织机、喷水织机、圆盘织机、非织造布等多种面料织造工艺品种，打造全省布料生产规模最大的盛鸿织造产业园。以天虹纺织为依托，建好平台吸引外来投资和返乡创业，打造中国太康长丝织造产业园。以中国太康家纺服装城为依托，打造连接东部、辐射中西部，全国有影响的家纺、服装线上、线下交易中心。以永锋染整为依托，建设现代绿色染整产业园。

（3）以智能制造引领集群"三大改造"。落实智能制造和工业互联网发展三年行动计划及若干政策。开展关键岗位"机器换人"、生产线智能化改造、智能车间建设、智能工厂建设、企业上云等行动，培育形成一批智能制造标杆示范企业。引导和推动企业以市场为导向实施更大范围、更高层次的技术改造、绿色化改造。培育一批创新型企业，开发一批标志性新产品，推动产业向高端化、终端化、高效益发展。

（太康县产业集聚区管委会供稿）

（二）河南省信阳市淮滨县

淮滨县位于河南省东南部，淮河中上游，总面积1209平方千米，人口78万人，辖15个乡镇、4个街道办事处。

近年来，淮滨县紧紧围绕"滨淮福地、临港强县"发展目标，坚持"一城一区三基地"发展战略，以产业集聚区为平台，以纺织产业为主导，以招商引资为突破口，加快实施工业强县战略，纺织产业快速壮大，集聚效应逐步凸显。2019年12月，海滨县被授予"中国新兴纺织产业基地县"荣誉称号。

1. 承载能力持续提升

淮滨县产业集聚区是全县纺织服装产业的重要载体和发展的主阵地，是河南省首批确立的180个产业集聚区之一，是信阳市首批晋升一星级的产业集聚区，规划面积14.86平方千米，建成区面积7.53平方千米。

近年来，淮滨县坚持建设服务与生产服务并重、项目配套与生活配套并重，加快基础设施建设，不断提高产业承载能力。道路交通方面，开通了公交线路，修建道路68.7千米，形成了"七横六纵"交通网络；管网建设方面，铺设污水管网76.3千米、排水管网76.3千米、供水管网56.7千米、通信网络40千米、电网17.48千米，产业集聚区建成区全部实现了"六通一平"；配套设施方面，建成投用垃圾填埋场、污水处理厂、淮滨二中、公租房3312套、标准化厂房156万平方米，建成投用桂花、和顺、立城三大综合服务区，建立招商、用工、医疗、后勤、治安、检察六大服务中心，基本满足了企业的正常生产生活需要。

2. 产业规模持续壮大

全县拥有化纤纺织企业95家，主要有川大纺织、浙商纺织、刚辉纺织等龙头企业，从2016年提出打造河南省最大的化纤纺织基地到2018年明确打造中西部最大的化纤纺织生产基地，三年实现三跨越（河南省最大的化纤纺织基地——中原地区最大的化纤纺织基地——中西部最大的化纤纺织生产基地），投产和签约的喷水织机达3万台，年生产能力16亿米，有雪梨纺、单线格、乱麻、泡泡绉、泡泡格、四面弹等200多个种类，产品国内市场占有率达1.3%，省内约占25%。主要销往江苏、浙江、福建和广东等省，经印染后远销国内外。全县拥有服装生产企业 47 家,主要有苏美达服装科技、君子林服饰、顺发羊毛衫、昊阳服饰等企业,年加工服装 2000 万件。

3. 产业配套持续完善

发展平台方面,淮滨县规划建设了纺织科技创新创业园、纺织产业配套园、嘉兴纺织产业园、苏州纺织产业园、浙商纺织工业园、巩义扶贫产业园等 10 个"区中园"项目,可以新上喷水织机 1 万台以上。

延链补链方面,正在规划建设印染产业园,拉长纺织产业链条,实现坯布产品就地就近加工处理,为下游服装加工提供原料。产业配套方面,目前拥有河南省化纺雨布工程技术研究中心、上海东杰高分子材料研究总部,正在规划建设纺织交易中心、纺织面料馆、纺织检验检测中心、纺织创新大厦等。

一旦以上项目全部建成投用,淮滨纺织产业的吸附能力将更加强劲,基本实现上下游配套,淮滨将成为中西部地区最大的化纤纺织生产基地、纺织品贸易中心、原辅料供应中心,有力支撑信阳市打造千亿纺织服装产业集群,促进河南省乃至中西部地区纺织服装产业发展。

(淮滨县人民政府供稿)

(三)江苏省宿迁市泗阳县

泗阳县位于江苏省北部,东临淮安市,西接宿迁市,南濒全国第四大淡水湖洪泽湖,京杭大运河、徐盐高速、新长铁路、宿淮铁路穿境而过,属长三角经济区、淮海经济区、东陇海经济带交叉辐射区,素有"泗水古都、林海绿都、醉美酒都、百年纺都"之美誉。县域面积 1418 平方千米,总人口 108 万人,全县设 11 个镇、5 个乡、3 个街道、2 个场(泗阳农场、泗阳棉花原种场)、一个省级经济开发区(江苏泗阳经济开发区)。

2019 年,全县实现工业开票销售 390 亿元,同比增长 21.4%;累计实现工业增值税 9.53 亿元,同比增长 18.79%。其中,纺织服装产业开票销售达 142.26 亿元,占全县工业开票销售的 36.48%。

泗阳是明代纺织机的改革者卢廷兰的家乡,纺织历史悠久,底蕴深厚,纺织服装产业已成为泗阳主导产业。自 20 世纪 60 年代上海中孚绢纺厂迁址泗阳成立地方国营泗阳绢纺缲丝联合厂(后改制为泗绢集团、苏丝股份)以来,历经数十年发展,到 2019 年底,已拥有蚕丝绢纺、棉纺、化纤纺织、服装生产等四个产业板块,集聚包括海欣纤维、恒天家纺、聚润纺织、四海伟业等龙头企业在内的 104 家纺织企业,晨风服饰、千仞岗服饰等 65 家服装企业,现有喷水织机约 25860 台、喷气织机等其他织机 1000 多台、加弹机 150 台、整浆并联合机

70 套，年可产差别化纤维 50 万吨、化纤面料 20 亿米、化纤类床上用品及服装 2 亿件（套），初步形成"聚酯—切片（熔体直纺）—纺丝（纺纱）—加弹—织造—印染—家纺/成衣成品"的完整产业体系，成为全国六大长丝面料生产基地之一。开发区先后被授予国家级知识产权试点园区、中国化纤长丝面料产业园、中国化纤功能新型面料生产研发基地、江苏省生态工业园区、信息化与工业化融合示范区、知识产权示范园区、纺织服装特色产业基地、先进纺织制造业基地、纺织服装百亿名镇（开发区）等荣誉。

为更好推动纺织服装产业高端化、功能化、特色化发展，打造国家级化纤精品特色产业基地，推动"打造千亿产业、培育百亿企业"目标加快实现，泗阳县在开发区规划建设了 11.45 平方千米精品化化纤产业园，以实现泗阳县纺织服装产业集群化、规模化、高端化为动力，以补链、强链、壮链为抓手，快速形成龙头引领、产业配套、产供销一体化的协同产业链和现代产业体系。

作为泗阳经济开发区的配套园，位于泗阳县八集乡的泗阳绿色纺织产业园（八集）也是承接化纤长丝织造的好地方。

根据《泗阳县绿色纺织产业园（八集）产业发展规划（2019—2030 年）》，到 2021 年，产业园将实现新增喷水织机 20000 台，实现 17.6 亿米/年化纤长丝面料生产能力；到 2030 年，将实现新增喷水织机 50000 台，实现 44 亿米/年化纤长丝面料的生产能力。

（泗阳经济技术开发区管委会供稿）

（四）江苏省盐城市大丰区小海镇

小海镇位于江苏省盐城市大丰区中南部，是一个有着 700 多年历史的三老集镇。全镇总面积 124 平方公里，人口 4 万人。辖 15 个行政村（居），94 个村民小组。

小海镇化纤纺织产业园占地面积 6000 亩，现有标准厂房 52.12 万平方米，喷水织机约 8000 台，年产化纤丝 6000 吨、化纤长丝面料 5 亿米，其中功能记忆性服装面料 1.1 亿米，园区建成日处理 1.8 万吨污水处理厂，园区道路环园穿境，绿化率达 38%，园区多数企业与上海东华大学实施产学研联合，申请专利和实用新型技术 60 多项。被中国长丝织造协会授予"中国长丝织造产业基地"的称号，是承接长丝织造产业转移理想的园区，未来发展前景非常广阔。

（五）湖北省黄冈市（罗田县、黄梅县、龙感湖管理区）

黄冈市，地处湖北省东部、大别山南麓、长江中游北岸、京九铁路中段，处于武汉城市圈核心集聚区内；辖七县、二市、一区；总面积 17453 平方千米；全市总人口 740.64 万人，常住人口 633 万人。

黄冈市罗田县位于湖北省东北部、大别山南麓，是大别山主峰所在地，北与安徽省金寨县交界。罗田县规划化纤长丝织造用地 1000 亩，已投产化纤长丝织造企业 7 家，喷水织机 3000 台。企业主要是由曾在江苏、浙江等地纺织企业务工的罗田人返乡创业投资兴建起来的，产品以仿真丝面料和家纺面料为主。

黄冈市黄梅县地处鄂、赣、皖三省交界处，长江经济带、京九经济带在此交汇，是武汉经济圈、皖江经济圈、昌九经济圈的结合部，是长江中三角发展战略的黄金节点，大别山革命老区经济社会发展的试验区。正在建设中的合安九、黄黄两条高铁线路将黄冈、九江、安庆构成 30 分钟生活圈，与武汉、合肥、南昌行成 5 小时经济圈，立体交通网络已形成，承东启西，贯通南北。

黄梅县大胜关工业园位于黄梅县中部，规划面积 23.2 平方千米，已建成"五纵九横"的公路网络局，水、电、路、气等相关配套设施一应俱全。园区重点规划纺织服、农副产品深加工、机械电子三大产业。目前，大胜关工业园规划织机 4 万~5 万台，已投产喷水织机 4000 余台。黄梅县的化纤长丝织造产品以羽绒服等服装面料为主，还有部分色丁、四面弹等面料。

黄冈市龙感湖管理区是鄂东门户，地处鄂赣皖三省交界，北邻安庆，南接九江，外倚黄黄高速、黄小高速、213 省道和黄金水道长江，西靠合九、京九铁路，区位优越，交通畅达，是承接江、浙等纺织产业转移的理想之地。

近年来，龙感湖管理区坚持以打造"百亿元产业区"为目标，加快湖北黄冈龙感湖经济开发区建设，着力构建特色纺织循环产业链。经过几年的努力，龙感湖的纺织产业特别是长丝织造产业取得了较快的发展，纺织企业如雨后春笋般在龙感湖落地，目前，喷水织机规模已达到 8000 余台。

（六）江苏省海安市

海安锦纶是我国锦纶产业发展较早的地区。近年来，产业集群发展呈现良好态势，产业规模逐步壮大，产业结构不断优化，产业层次持续提升，成为继福建长乐、浙江萧山后全国重要的化纤锦纶生产基地，"海安锦纶"全国知名。

目前，海安全市从事化纤生产的企业 200 多家，其中亿元以上 38 家，10 亿元以上企业 4 家，20 亿元以上企业 3 家，100 亿元以上企业 1 家，2019 年实现销售收入 236.38 亿元。锦纶 6 聚合切片年设计生产能力 100 万吨，锦纶 66 聚合切片年设计生产能力 20 万吨，锦纶丝年产量 40 万吨，锦纶丝产量约占全国产量八分之一。200 多家化纤企业中，其中锦纶 6 聚合企业 3 家，锦纶 66 聚合企业 2

家，锦纶 6 纺丝企业 46 家；锦纶 6 加弹企业 37 家；化纤制线企业 56 家，化纤织造企业 68 家，化纤行业主要产品有锦纶单丝、复丝、锦纶 FDY 丝、锦纶 HOY 丝、锦纶 DTY 丝、锦纶 POY 丝、锦纶 HTY 丝，石墨烯锦纶 6 切片、石墨烯锦纶 6 长丝、石墨烯锦纶 6 短纤、石墨烯锦纶混纺纱及服装等上百个规格品种，产品远销国内外，被广泛应用于民用、工业、军工等领域。

海安化纤产业主要以锦纶为主，"十三五"期末海安锦纶年产量达到全国总产量的 30% 以上。在产业结构上，已由单一的纤维加工向聚合、纺丝、后加工多元化生产转变，同时积极向上游拓展纤维原料，向下游延伸制成品领域，不断拉长产业链；在工艺设备上，积极引进国际一流的 PE、吉玛、伊文达等先进聚合设备和巴马格纺丝设备，加速从低速纺丝向高速纺丝发展；在市场开发上，由单一的国内市场为主转向国外市场渗透发展，不断拓宽销售渠道，提升市场影响力。

海安将以锦纶原料为基础，大力发展长丝织造产业，延长产业链，补齐发展短板和发展瓶颈。

四、尚处萌发期的产业集群

同以上已经成型的新兴长丝织造产业集群发展原因一样，目前我国长丝织造企业在地方政府的感召下还在中部地区继续寻找着投资洼地，许多地区的长丝织造产业正处在萌发期，需要引起普遍关注。

（一）江西省九江市德安县

赣北通衢，德所绥安。德安县面积 863 平方千米，现有人口 17 万人，从古至今，是文化灿烂，名人众多，声名斐然。

德安县重点以工业纺织品、高端纺织品、纺织品大市场为发展方向，着力引进高端纺织面辅料织造项目、产业用纺织品项目和品牌服装项目，积极争取面辅料大市场项目的落户。加大对现有企业技术改造扶持力度，不断强化新工艺新装备的引进和改造，持续提升产业装备水平和产品品质，力争将德安县现代轻纺产业打造成体系完整、特色明显、富有影响力的国家级产业基地。力争到 2020 年，现代轻纺规上主营业务收入达 250 亿元。

（二）安徽省亳州市涡阳县

涡阳县位于安徽省北部，淮北平原腹地，地处亳州市中心，有皖北门户之称。总面积 2107 平方千米，城区规划面积 94 平方千米。下辖 20 个镇、3 个街道、1 个开发区，总人口 178 万人（中国第四人口大县），是一代先哲老子的故里。

近年来，涡阳县以承接转移为机遇，带动纺织产业发展；以科技为先导，按照龙头企业带动，配套关联企业跟进，打造产业集群，形成产业基地。立足皖北，实现产业协同，加快产业升级，积极承接长三角、珠三角产业转移，按照"千亿工业，百亿产业"的要求努力打造百亿产值的织造科技产业园。

目前，涡阳县织造科技产业园规划喷水织机 2 万台，已投产 5600 台。

（三）安徽省亳州市利辛县

利辛县位于安徽省西北部，面积 2005 平方千米，人口 171 万人，辖 23 个乡镇、361 个村（居）委会。利辛是中国丝网纱门之乡、国家级电子商务进农村综合示范县。

目前，利辛县已投产喷水织机 6200 台，其他织造项目正在积极建设中。

（四）安徽省六安市金寨县

安徽省六安市金寨县位于安徽省西部，大别山腹地，为鄂、豫、皖三省交界处。金寨县现代产业园区是由安徽省政府于 2012 年 8 月正式批准设立，位于合肥经济圈，地处金寨县东北部，北距宁西铁路叶集站 4 千米。

2017 年以来，中祥、嘉盛、久盛、美自然、恒丰纺织产业园先后落户金寨县，其中中祥、久盛、嘉盛、美自然纺织产业园已部分投产，已投产喷水织机 15000 台。以上 5 个纺织产业园协议总投资 51.5 亿元，拟新上各类织机 3.6 万台，预计全部投产后，年产值可达 80 亿元，年实现税收 3.5 亿元。金寨县吸引了大量来自苏州市吴江区和嘉兴市秀洲区等地的长丝织造企业前来投资创业。

（五）安徽省池州市江南产业集中区

江南产业集中区是安徽省委、省政府根据国务院批复的《皖南城市带承接转移示范区规划》，于 2010 年 6 月，设立的省市共建新区。地处池州市、铜陵两市之间，位于长三角、珠三角、武汉经济圈辐射中心地带。2 小时经济圈覆盖合肥、南京、芜湖、黄山、九江等城市，4 小时经济圈覆盖上海、杭州、南昌、武汉、徐州等城市，500 千米半径范围内聚集了近 5 亿人口，GDP 占全国近 40%。

2018 年起，江南产业集中区开始从嘉兴市等地引进化纤长丝织造产业，规划引进喷水织机 35000 台。截至 2019 年 12 月，已引进化纤长丝织造企业 45 家，已投产喷水织机 13000 台。

　　江南产业集中区的长丝织造企业以坯布销售为主，主要销往江苏和浙江等地，产品以箱包布、里子布、仿真丝面料为主。

行业运行篇

第八章　中国长丝织造行业经济运行分析

一、2019年中国长丝织造行业经济运行分析

2019年，世界经济仍处在国际金融危机后的深度调整期，全球经济贸易增长放缓，动荡源和风险点增多；我国经济结构性、体制性、周期性问题相互交织，"三期叠加"影响持续深化，经济下行压力加大。在此背景下，2019年我国GDP总量达到99.1万亿元，比上年增长6.1%，明显高于全球经济增速，较好完成了主要预期目标。中国纺织人主动适应国内外风险挑战明显上升的复杂局面，承压发展，为我国经济的平稳发展做出了重要贡献。中国长丝织造产业2019年全年经济运行总体平稳，发展质量稳步提升。具体分析如下：

（一）生产平稳增长

据中国长丝织造协会统计，截至2019年底，我国长丝织造行业织机规模达到70万台，其中喷水织机64万台，同比增长10.34%。2019年全年我国化纤长丝织物总产量达到550亿米，同比增长8.27%，增速较去年提高2.88个百分点。见图8-1。

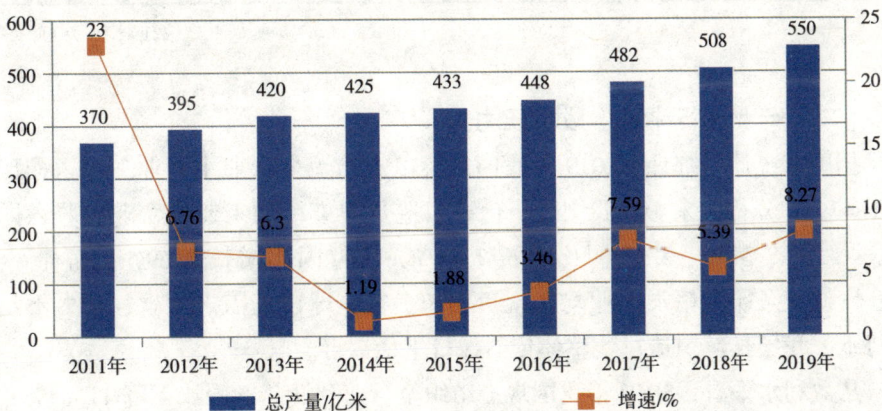

数据来源：中国长丝织造协会

图8-1　2011~2019年中国化纤长丝织物产量及增速

据各集群地区统计，2019 年全年盛泽、长兴、秀洲、龙湖、泗阳、平望、七都、柯桥、大丰小海九地化纤长丝织物产量累计为 330.84 亿米，同比增长 5.96%。盛泽、长兴、秀洲、龙湖、平望、柯桥六地作为传统集群，产量稳中有升，同比增长 4.09%，秀洲、平望地区进一步加快产业调整，积极淘汰落后产能，产量微幅下降；而泗阳、小海等新兴产业集群的产能进一步释放，表现出了较强的生产潜力，尤其是泗阳地区，在产业规划的科学指导下，引进新增喷水织机一万多台，实现产量同比增长 52.2%。整体而言，全国化纤长丝织物产量保持平稳增长。见表 8-1。

表 8-1　2019 年我国主要长丝织造产业集群化纤长丝织物产量表

集群名称	产量/亿米	同比/%
盛泽	98.54	2.07
长兴	85.00	8.97
秀洲	21.29	-0.79
龙湖	35.80	10.51
泗阳	17.21	52.20
平望	46.67	-0.70
七都	2.23	5.19
柯桥	18.86	0.60
小海	5.25	12.44
合计	330.84	5.96

数据来源：各产业集群

（二）行业运行平稳，成本压力大

据国家统计局统计，2019 年我国规模以上纺织全行业主营业务收入同比下降 1.47%。分行业来看，我国规上化纤织造及印染精加工业主营业务收入同比增长 7.21%，其中，织造同比增长 7.33%，染整同比增长 6.69%；而棉、毛、丝、麻纺织及印染精加工业均呈现负增长。在全球市场需求疲软、动力不足的形势下，我国长丝织造行业整体依然保持平稳运行。

从盈利水平看，2019 年我国规上纺织全行业利润总额同比下降 11.65%，利润率为 4.55%。分行业来看，我国规上化纤织造及印染精加工业利润总额同比下降 0.93%，利润率为 3.85%，其中织造利润总额同比下降 2.51%，利润率为

3.56%，染整利润总额同比上升4.18%，利润率为5.14%。

2019年，我国规上化纤长丝织造加工业三费合计为74.10亿元，同比增长9.61%；其中，销售费用和财务费用同比增长10.37%和4.7%，增速较去年同期分别增加4.51个和15.14个百分点。销售费用的增加反映出企业为应对全年整体市场低迷支出了更多的销售成本；而财务费用的增加则体现出企业库存占用增大和一定程度上融资难、融资成本增加的问题。见表8-2。

表8-2 2019年我国化纤长丝织造加工业主要经济指标汇总表（规模以上）

指标名称	2019年累计/亿元	2018年累计/亿元	同比/%
主营业务收入	1395.05	1299.78	7.33
主营业务成本	1255.05	1173.73	6.93
三费合计	74.10	67.61	9.61
利润总额	49.66	50.94	-2.51

数据来源：国家统计局

（三） 长丝织物进出口结构调整

2019年世界经济持续下行，贸易紧张局势加剧，下行压力和消极因素交织，全球贸易陷入疲软态势。受此影响，纺织行业出口持续承压，但产品结构和市场结构不断调整。据中国海关统计，2019年，我国对全球纺织品服装出口额达2807.05亿美元，同比下降1.50%，其中纺织品出口额1272.51亿美元，同比增长1.35%；服装出口额1534.53亿美元，同比下降3.74%。服装出口额下降与中美贸易摩擦导致部分服装订单转移和部分服装加工产能"走出去"有关。优势企业通过海外投资，实现全球资源共享，将推动行业的转型升级和高质量发展。

1. 长丝织物出口量增价跌

据中国海关数据统计，2019年纺织织物累计出口377.85亿美元，同比增长1.53%；实际出口数量324.38亿米，同比增长6.91%；出口平均价格1.16美元/米，同比下降5.69%。2019年，我国化纤长丝织物累计出口153.84亿美元，同比增长11.31%；出口数量171.57亿米，同比增长14.31%，在我国织物出口总数量中占比高达52.89%。从图8-2可知，长丝织物出口量自2009年开始，一直保持较高速度增长，说明全球对化纤长丝织物需求增长较快。

就长丝织造行业出口产品分类来看，2019年，我国锦纶长丝织物累计出口5.59亿米，与去年同期持平；涤纶长丝织物累计出口148.96亿米，同比增长15.02%。

2019年我国化纤长丝织物出口平均价格0.90美元/米，同比下降2.17%，

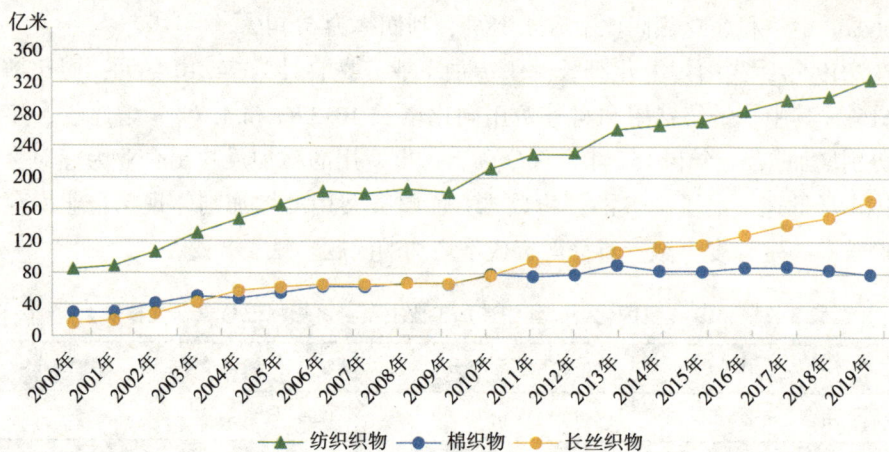

数据来源：中国海关

图 8-2　2000~2019 年我国纺织织物、棉织物、长丝织物出口数量图

其中，涤纶长丝织物出口价格为 0.88 美元/米，同比下降 2.22%；锦纶长丝织物出口价格为 1.32 美元/米，同比下降 2.22%。从图 8-3 中可以看出，2019 年受上游原材料市场的影响，锦纶长丝织物价格波动较大，而涤纶长丝织物单月平均出口价格均较为平稳。

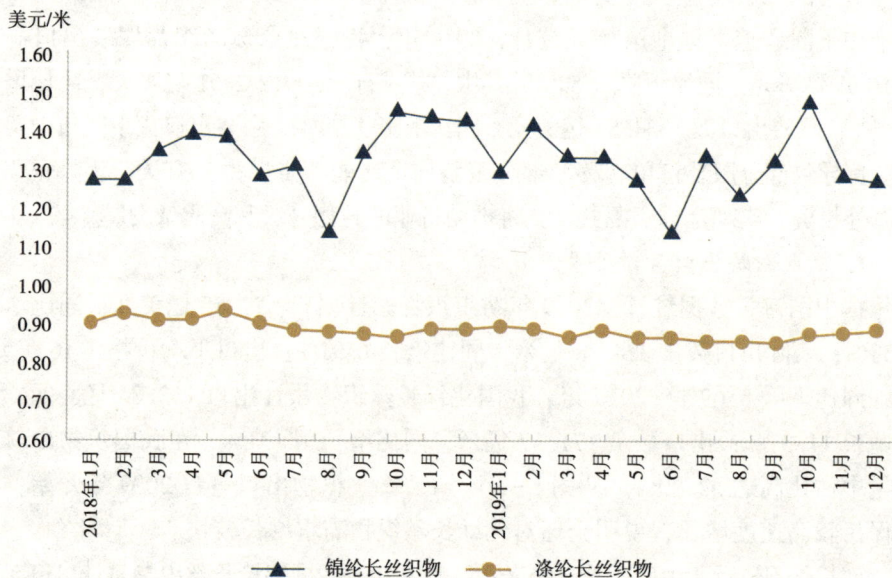

数据来源：中国海关

图 8-3　2018~2019 年我国长丝织物单月平均出口价格走势图

2019 年 8 月初，受中美贸易摩擦的影响，人民币汇率十年来首次跌破"7关口"，之后出现明显的双向波动。2019 年全年人民币对美元汇率贬值 4.1%，如果不考虑汇率影响，我国长丝织物出口价格实际增长可达 1.84%。见表 8-3。

表 8-3　2019 年我国长丝织物累计出口情况表

名称	出口金额/亿美元	金额同比/%	出口数量/亿米	数量同比/%	平均价格/美元/米	价格同比/%
长丝织物	153.84	11.31	171.57	14.31	0.90	-2.17
锦纶长丝织物	7.40	-1.88	5.59	0	1.32	-2.22
涤纶长丝织物	130.51	11.77	148.96	15.02	0.88	-2.22

数据来源：中国海关

2. 我国化纤长丝织物主要出口贸易区发生转移

与 2018 年相比，2019 年我国化纤长丝织物主要出口贸易区出现调整，从表 8-4 可看出，我国化纤长丝织物出口金额排名前十的国家和地区分别是越南、欧盟、印度尼西亚、尼日利亚、巴基斯坦、孟加拉国、阿联酋、缅甸、巴西和印度。美国排名第 11，下降 3 个名次。尼日利亚、巴基斯坦、阿联酋和缅甸均表现出较为强劲的增长态势。我国出口巴基斯坦和缅甸的产品档次有所提升，主要用于中高档床品和服装加工。2013 年"一带一路"合作倡议提出以来，沿线国家在我国化纤长丝织物对外贸易中的市场份额日益扩大、地位日益增强。在出口金额排名前十的国家和地区中，"一带一路"沿线国家占据了七席，出口金额达 54.71 亿美元，较 2013 年增长 75.82%，占我国长丝织物出口总额的 35.58%。

表 8-4　2019 年我国化纤长丝织物主要贸易地区出口情况表

国家或地区	累计金额/亿美元	金额同比/%	累计数量/亿米	数量同比/%	平均价格/美元/米	价格同比/%
越南	14.01	-1.33	11.06	-1.48	1.27	0.16
欧盟	13.08	0.74	12.61	3.62	1.04	-2.77
印度尼西亚	10.34	7.69	11.77	12.42	0.88	-4.21
尼日利亚	9.60	50.61	17.00	42.79	0.56	5.48
巴基斯坦	8.12	59.77	7.40	48.10	1.10	7.88
孟加拉国	7.02	9.00	6.39	8.81	1.10	0.17

国家或地区	累计金额/ 亿美元	金额同比/ %	累计数量/ 亿米	数量同比/ %	平均价格/ 美元/米	价格同比/ %
阿联酋	6.17	53.05	5.86	61.29	1.05	-5.11
缅甸	5.27	34.11	4.58	25.15	1.15	7.15
巴西	4.66	-5.81	6.70	0.83	0.70	-6.59
印度	3.77	12.73	5.08	4.55	0.74	7.82
总计	153.79	11.32	171.52	14.32	0.90	-2.62

数据来源：中国海关

3. 美国市场分析

据美国商务部纺织服装办公室数据显示，2019 年美国从全球进口长丝织物总金额为 7 亿美元，同比下降 5.69%。其中，家用服饰类长丝织物累计进口额为 1.35 亿美元，同比下降 15.83%，降幅较前三季度收窄 2.34 个百分点；产业用类长丝织物累计进口额为 5.65 亿美元，同比下降 2.88%。由此可见，美国市场需求略显不足。

从美国家用服饰类长丝织物的进口市场分布来看，2019 年美国从全球进口额为 1.35 亿美元，从中国进口额为 0.52 亿美元，同比下降 24.09%，增速下降较大，但中国依旧是美国进口此类产品占比第一的国家，占据其市场份额 38.44%，比去年同期减少了 4.18 个百分点，主要分流到土耳其、北美自由贸易区、印度、日本等国家和地区。数据显示，2019 年美国进口此类产品市场份额排名前十的国家和地区中土耳其和印度有小幅增长，其进口金额分别占据美国市场的 9.16% 和 2.59%。

2019 年美国从全球进口产业用类长丝织物金额为 5.65 亿美元，同比下降 2.88%。其中，美国从中国进口此类产品金额累计为 1.06 亿美元，同比下降 33.08%；中国占据美国此类产品市场份额为 18.85%，较去年同期下降 8.51 个百分点，成为美国进口此类产品第二大进口国；美国从印度进口金额累计为 1.24 亿美元，同比增长 0.56%，占据 21.87% 的市场份额，较去年同期增加 0.75 个百分点，印度成为美国进口此类产品第一进口国。此外，欧盟、北美自由贸易区、东盟、沙特阿拉伯、土耳其等国家和地区市场占比也有一定提升。

2019 年是经贸关系晦暗不明的一年，中美贸易摩擦的不确定性对我国长丝织物出口至美国造成了实际伤害，但另一方面也促进了我国长丝织造产业供应链向东南亚扩展，产业国际融合深化。此外，2020 年 1 月 15 日，中美签署第一阶段经贸协议,该协议的达成能使中美经贸关系稳定发展,将有利于增加全球经济发展的稳定性,提振投资者的信心和市场信心。但值得注意的是,中美双方"有限合作、长期竞争、相互依存"的关系并未改变。贸易战是一个历史过程,必将持续引发未来产业格局深度整合,我国长丝织造企业需要做好长期打算,提高产品核心竞争力,练好内功;同时在"一带一路"关键节点发力,调整供应链模式,从容应对复杂的国际贸易环境。

4. 长丝织物进口量跌价涨

据中国海关统计,2019 年我国化纤长丝织物累计进口额 13.74 亿美元,同比下降 9.09%。其中,锦纶长丝织物累计进口 4.04 亿美元,同比下降 13.06%;涤纶长丝织物累计进口 6.13 亿美元,同比下降 8.03%。

从进口价格来看,2019 年我国化纤长丝织物进口价格同比上升 3.33%,略有增长;锦纶长丝织物进口量价齐降,这说明随着我国锦纶生产能力的提升,国内产能基本实现自给自足,锦纶长丝织物产品的数量和质量正在逐步满足国内市场需求。但从涤纶长丝织物来看,2019 年平均进口价格在 2.17 美元/米,而平均出口价格仅为 0.88 美元/米,价格相差大,这表明我国在涤纶高档织物的研究领域仍有较大的提升空间。见表 8-5。

表 8-5 2019 年我国长丝织物累计进口情况表

名称	进口金额/亿美元	金额同比/%	进口数量/亿米	数量同比/%	平均价格/美元/米	价格同比/%
长丝织物	13.74	-9.09	7.39	-11.79	1.86	3.33
锦纶长丝织物	4.04	-13.06	2.94	-10.63	1.37	-2.84
涤纶长丝织物	6.13	-8.03	2.82	-13.25	2.17	5.85

数据来源:中国海关

(四)内销市场稳定

从图 8-4 可以看出,由于季节原因,仿真丝、轻型女装面料等季节敏感型面料价格在 2018 年三四季度到 2019 年一季度有明显波动,从 2019 年二季度开始,我国主要的长丝面料的价格一直比较平稳,内销市场价格稳定。综合市场情况和生产成本可知,虽然主要长丝面料的价格平稳,但是企业盈利能力被削弱。

从图 8-5 可知,我国市场景气指数曲线在经历了波动下滑之后,出现"翘尾",达到 107.88,说明企业家对未来市场信心有所提升。但是受新型冠状肺炎

元/米

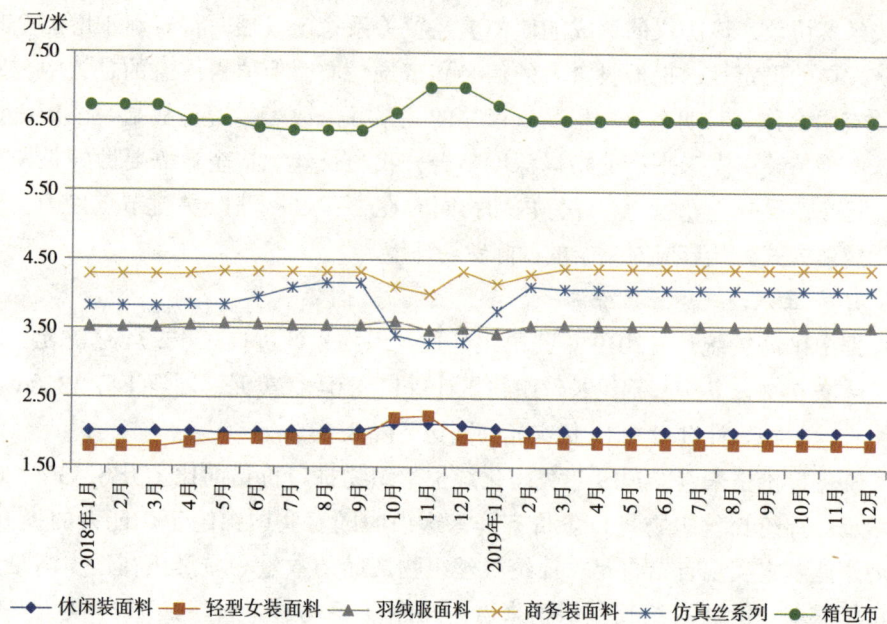

数据来源：中国绸都网

图 8-4　2018~2019 年我国主要长丝面料价格走势图

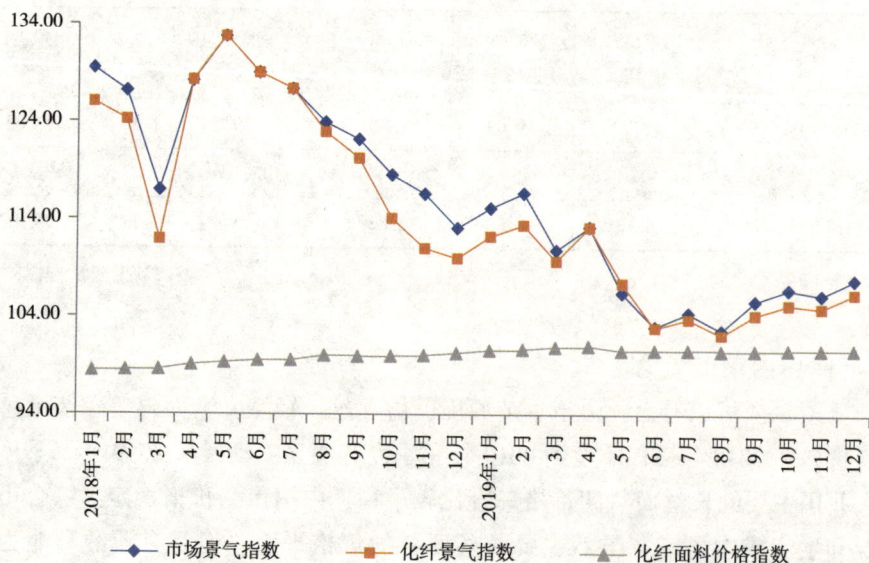

数据来源：中国绸都网

图 8-5　2019 年我国市场景气、化纤景气和化纤面料价格指数走势图

疫情影响，该指数在 2020 年 3 月骤降至 76.72，市场遇冷。化纤景气指数则通过生产成本、产品出口、设备利用率、劳动力需求、固定资产投资、技术进步、原料价格等方面综合测评化纤行业景气程度，基本紧随市场景气指数，说明化纤行业景气程度与市场景气指数息息相关，2020 年 3 月该指数也下降至 78.75，降幅明显。2019 年，我国化纤面料价格指数基本维持在 100，表明我国化纤面料整体价格相对稳定，这在一定程度上也说明了我国化纤面料市场需求疲软，动力不足。2020 年以来，该指数出现微幅下降，位于 99~100 区间，化纤面料价格相对坚挺。据了解，疫情发酵下，目前坯布已进入下跌通道，企业面临库存增加、价格下行压力。

（五）化纤原料价格呈现下降趋势

图 8-6 展示了我国化纤长丝、棉花、PTA 期货及布伦特原油一系列原料的价格走势。布伦特原油 2019 年以来价格一路上涨，在 5 月出现短暂下降，6 月价格略有回升，之后趋向稳定，年末"翘尾"。纵观布伦特原油全年的价格趋势图可知，原油价格整体呈现下降趋势，表明原料市场有回暖迹象。

化纤长丝价格呈现下降态势，下降的原因一方面是受原油价格波动影响，另一方面是受中美贸易摩擦的影响，下游企业下单都比较谨慎，织造企业则根据客户需求采购原料。

2019 年以来，由于棉纺织行业的持续低迷及化纤长丝面料产品的不断发展壮大，棉花的价格较 2018 年呈现明显的下降趋势，下半年表现得尤为明显，这与化纤长丝价格呈现下降态势也有一定关系。

2019 年 12 月，中美双方就第一阶段协议文本达成一致，基本止住长丝价格下跌势头。受春节假期影响，织造企业在放假前会提前购买原料，以供节后开工使用。但是疫情突发打乱了长丝织造行业的应有节奏，织造企业多在 2020 年 2 月底开始复工复产，开机率不高，此时有一定的原料库存，加之后续订单需求偏弱，同时 PX 及聚酯原料价格连续下跌，涤纶长丝工厂预计采取优惠出货、降低库存的政策，这会造成长丝价格继续下跌。

2020 年 3 月以来，国际原油价格暴跌，聚酯市场大幅下挫，PTA 上涨动力缺乏，成本支撑塌陷，涤纶长丝价格一再探底，价格重心不断下滑。由于疫情已在世界范围内蔓延，织造市场行情低迷，接单困难、订单取消、外贸告急等，化纤长丝织造企业后续订单预期不乐观，同时存在"买涨不买跌"的心理，涤纶长丝企业未来一段时间或将进一步延续下跌促销模式。

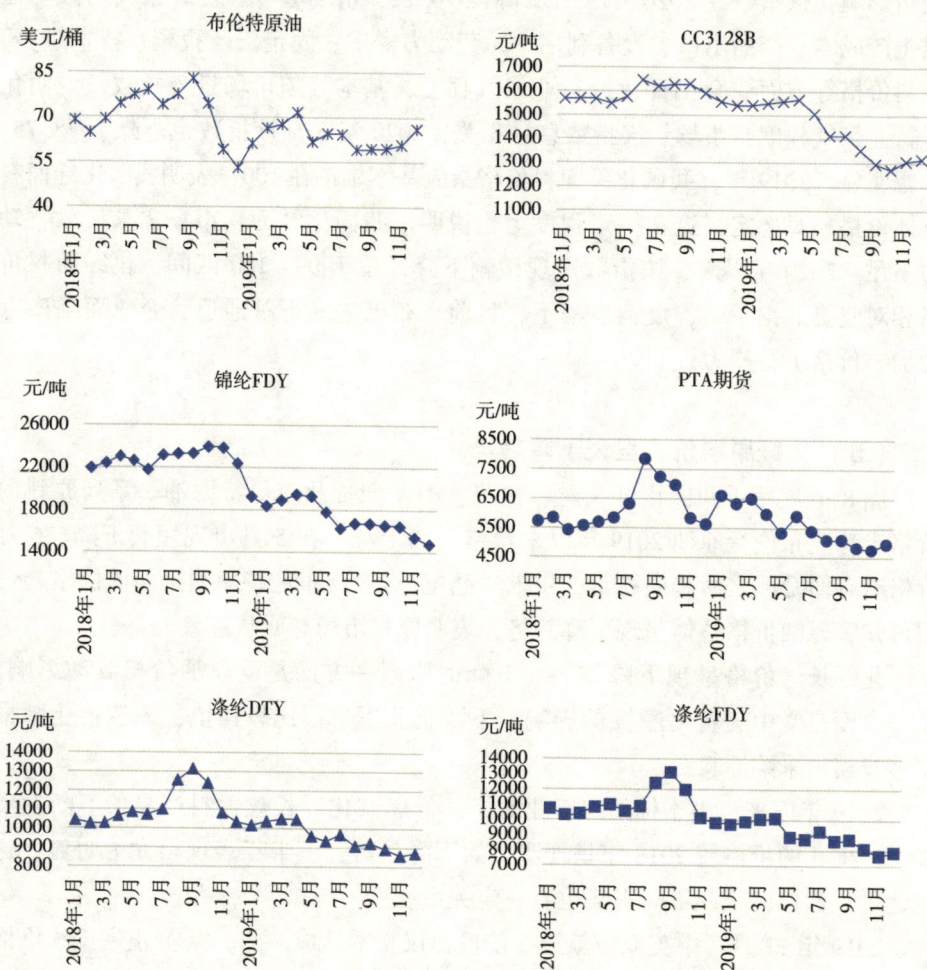

数据来源：中国绸都网

图 8-6 2018~2019 年我国化纤长丝、棉花及布伦特原油价格走势图

二、2020 年中国长丝织造行业发展面临的机遇和风险

2020 年伊始，新冠肺炎疫情突发并在全球蔓延，这对全球经济造成了一定的冲击，全球经济下行压力加大。随着欧美国家成为新冠肺炎重灾区，国内纺织外贸供应链受到严重冲击，大量面料订单被推迟或取消，出口面临重大挑战。2020 年一季度国内终端消费的停滞，叠加海外订单下滑，长丝织造行业企业对二季度订单存在同比明显下降的担忧，旺季大概率落空。

但危中有机，疫情对长丝织造行业的影响主要是生产的临时受挫或延迟，并没有破坏生产能力。虽然面临的形势错综复杂，但经过多年的开拓进取，我国长丝织造产业的基本面良好，制造优势仍然存在。国内市场正逐步回暖，待疫情过去之后，国外市场也会继续选择中国制造。疫情使企业深刻感受到了生产自动化、智能化的必要性和紧急性，迫使企业下定决心，进行生产设备的革新与升级。外贸企业则需要开拓多元化市场、调整产品结构，抓住国内消费恢复的机会，利用好内需市场，同时积极使用现代技术拓展网络订单，拓宽销售渠道。

此外，目前也是企业进行研发和生产的好时机，深化供给侧改革，全面提升产品生产质量和核心竞争力，提高全行业的利润率。在此阶段，更凸显企业生产管理精细化的重要性，企业要顺应时势，积极应对，主动谋划危机之后的生产经营，释放产能，实现全行业的高质量发展！

三、2020 年中国长丝织造行业发展趋势与重点方向

（一）走自主创新之路，实现行业科技发展

当前，世界政治经济格局面临深度调整，发展不稳定、不确定因素增加，科技创新成为大国战略博弈重要战场，全球科技创新进入高度密集活跃期，各层次各领域的技术都在加速突破。长丝织造行业要把握时代脉搏，主动进行科技革新，推动数字化、网络化、智能化与产业融合，实现全行业科技发展。在实际生产中，积极推进各项生产环节的自动化、智能化水平，加快全行业落后设备的淘汰改造步伐，积极借鉴、引进国内外最新的工艺、技术和装备，全面推进技术改造升级，助力行业高质量发展；主动与高校、机械企业等合作，加强硬核创新，实现自主可控，攻克技术难关，开发满足市场需求的先进织造技术。同时加强企业管理，注重人才培养，为长丝织造产业的高质量发展提供真正的智慧原动力。

（二）走清洁生产之路，实现行业绿色发展

随着国家环保政策的完善和趋紧，各级政府和部门普遍加大了对环境排污的治理整顿力度，绿色生产已成为各行各业的大势所趋。近年来我国长丝织造行业绝大多数企业的环保意识普遍增强，逐渐意识到绿色清洁生产是全行业发展的不二选择。江苏、浙江等地的化纤长丝织造集群多是随着市场发展而自发产生的，由于起初缺少统一规划，企业分布比较分散，规模大小不一，基础设施不健全，造成了废水管控困难，管控不到位的情况。总结江浙等地集群的发展教训，今后化纤长丝织造工业新建项目建设之前，应制订系统的工业园区规划，鼓励企业自建污水处理和中水回用系统以及落实园区集中污水处理与中水

回用设施的建设。

另外,面对越来越严峻的环保形势,为实现长丝织造产业的清洁生产,企业除了采用节水型喷水织机和加大污水治理外,还需加大推广车间照明 LED 节能灯、厂房屋顶光伏发电和永磁电动机等一系列清洁生产新技术的力度。积极参与生态文明建设,倡导绿色环保生产,在行业内树立中国纺织生态文明示范企业先进典型,助力全行业绿色环保发展。

(三)走品牌建设之路,实现行业时尚发展

时尚就是与时俱进,产品时尚化就是要满足广大消费者普遍存在,又不断变化的"赶时髦"要求。随着我国长丝织造产业的快速发展,常规化纤产品在产能相对过剩、生产成本上涨等因素的影响下渐渐失去竞争力。长丝织造企业应强化大数据、人工智能等技术与趋势研究分析的结合,研究市场动态与消费需求,主动调整产品结构,着力加大品牌培育力度与品牌建设基础研究力度,主攻优势产品,逐步提高产品质量和附加值,有效规避常规化纤产品的低价竞争,形成自主品牌。围绕树立文化自信,形成有中国特色、世界影响、时代特征的时尚生态。全行业应该积极参与各产业联盟,把跨行业文化创意与本行业优势产品融合发展,促进文化创意在化纤长丝织造产业的萌发,培育引领消费方式及消费习惯的创新企业,为实现全行业的时尚发展做出努力。利用长丝织物的出口优势,打响中国品牌影响力,逐步展现出超强的凝聚力和带动力,来更好地应对国际市场的挑战。

学术成果篇

第九章 学术论文

基于生物基材料的锦涤 T400 织物染整加工

钱琴芳，陈 威

（盛虹集团有限公司，江苏 苏州 215168）

摘 要 为了使染整加工后的生物基锦涤 T400 织物染色效果均匀，无绉印、擦伤等病疵，本文选用高温高液流染色机进行染色加工，通过选取合适的前处理、染色、定型等工序，保证织物开纤充分，染色后的织物满足来样定制需要。生产结果表明，加工后的织物色彩重现性好，手感柔软丰盈，纬向弹力效果明显，且满足相关服用要求。

关键词 生物基；锦涤 T400；差别化纤维；染整；开纤

中图分类号：TS193.4 文献标志码：A

引言

随着纺丝技术的不断改进以及人们对服装要求趋于多样化与舒适性,常规的纤维已经不再能全方位满足人们对高品质生活的需求。作为化学纤维向高技术、高性能、高仿真化方向发展的新合纤典型代表，差别化纤维由于纺丝技术的突破，纤维及相关制品的特性也发生了明显改变，从而有效提高了产品的档次和附加值。目前差别化纤不仅是高档服装、家用纺织品的原料，而且也被广泛应用于航天、生物、医学、电子和水处理等领域[1]。

作为差别化纤维的重要大类，复合纤维一般利用特殊的分配板将两种或者两种以上的高聚物或性能不同的同种聚合物熔体分流，然后在同一个喷丝孔中挤出成形[2-4]。按照纺丝形态，一般可分为共混型、并列型、皮芯型、裂片型、海岛型五大类。

锦涤复合纤维作为纺织行业发展的热点之一，其单丝或者丝束中由于含有两种不同组分，因此可集不同组分间的优点于一身。既具有锦纶的耐磨、高强、易染、吸湿的长处，又有涤纶弹性好、保形性好、挺括、免烫的优点。但采用涤锦复合丝加工的织物，若未经开纤加工，其与常规化纤织物无多大区别[5]。因此选择合适的开纤方式和工艺，不仅能突出锦涤复合纤维的性能优势，而且也能使提升其附加价值。

T400 织物是杜邦旗下英威达公司研发的专利产品，由 PTT 和 PET 两种聚酯纤维通过并列复合加工制得[6-8]。按照 T400 织物中主要成分 PTT 纤维的加工原料来源不同，一般可分为石油基 T400 和生物基 T400。生物基 T400 纤维中的 PTT 组分目前主要是以甘油、葡萄糖或淀粉等可再生物质为原料，通过微生物发酵法生产 1,3-PDO（1,3-丙二醇）聚合单体，然后经 PTA 直接酯化法形成大分子切片，再经熔融纺丝制备成 PTT 长丝或短纤。由于材料先经生物改性，因此在生物相容性和生物降解性方面对环境更加友好。

生物基 T400 织物由于两组分的微观形态结构不同，经湿热处理后，纤维会产生不同程度的收缩，使得其在产生强烈的纵向应力的同时，又产生偏离纵轴的扭转，从而使纤维呈现永久性的立体螺旋卷曲。这种三维卷曲结构，赋予纤维极佳的弹性[9]。由于卷曲由其自身分子结构特性所决定，因此生物基 T400 的弹性和回复性较普通弹性纤维更耐久[10]。

生物基锦涤 T400 织物是由锦涤复合丝和生物基 T400 复合丝交织组成，二者的成功结合不仅使面料本身具有较好弹性以及形变记忆性，而且也赋予了物锦纶涤纶的优点。但在染整加工过程中，由于工艺或者参数使用不当，开纤如果不充分，易导致面料色差、染色不匀、绉印以及手感偏硬等情况，因此需要严格控制生产流程，保证生产质量。

本文选取市场上的生物基锦涤 T400 面料，通过制定合适的前处理、染色以及定型工艺，使得在保证染色质量的前提下，赋予织物较好的弹性和手感，提升其附加价值。

1. 生产加工

1.1 面料规格

生物基锦涤 T400（经向锦涤单丝，Nyl 20 旦/1F × Pol 75 旦/72F；纬向 T400，150 旦/72F，斜纹，幅宽214cm，经纬密度 92×42 根，表面密度 255g/m²）。

1.2 仪器与设备

OS-9V1200 平幅退浆机（鸿荣染整机械股份有限公司）；HLM-2082 冷轧堆机（东盛印染机械厂）；CSF18020 高温高压液流染色机（亚东机械有限公司）；MEGATE 定型机（美光机械株式有限公司）；RVMC-12 玛诺光电整纬机（Mahlo 公司）。

1.3 检测方法

对加工后的织物，摩擦牢度按照 GB/T 3920—2008《纺织品 色牢度试验 耐摩擦色牢度》测定；变色评定按照 GB/T 250—2008《纺织品 色牢度试验 评定变色用灰色样卡》测定；沾色评定按照 GB/T 251—2008《纺织品 色牢度试验 评定沾色用灰色样卡》评定。

1.4 加工流程

根据生物基锦涤 T400 织物的理化特性以及客户来样要求，主要加工流程如下所示：

配桶→白坯退卷→冷堆→平幅退浆→染色→脱水开幅→定型→成品打卷

2. 加工过程与分析

2.1 冷轧堆

对锦涤 T400 织物浸轧下述配方浓度的碱溶液，然后打卷，外部套一层塑料薄膜扎紧密封，使其在常温条件下充分反应。

液碱	8%
长车快速退浆剂 TF-127B	1g/L
温度	常温
时间	36h

锦涤 T400 织物经向的锦涤复合单丝中的锦纶成分，即使是在 100℃ 左右时也无太多变化，因此其强度损伤也可以忽略不计[11]。但涤纶成分由于含有大量的酯键，碱性条件下可以被分解，其碱剥蚀的效果，随着碱液浓度和冷堆的时间变化，也会有一定不同。碱减量的作用可使得锦涤复合丝中锦纶和涤纶剥离，变成异形纤维。这个过程便是锦涤复合丝的开纤[12-14]。由于剥离后的锦和涤比原来的复合丝变得更细，导致比表面积增大，且由于涤纶呈现部分或者全部分解，导致纤维上出现不同程度的凹坑，不仅可使得织物手感变得柔软丰盈，而且有利于后续的染色加工。

由于冷轧堆前处理整个过程中，织物无须特别的温度压力作用，也没有水或其他设备的能源消耗，节能减排效果十分明显。堆置时间一般 36h 足够，可视来样织物的单位密度和客户具对感要求决定，如不够可适当增加，但要注意过渡浸渍碱液会使织物强力有一定损伤。

2.2 平幅退浆

对冷轧堆处理后的织物经平幅退浆机处理，平幅退浆工艺处方如下：

液碱	5%
长车快速退浆剂 TF-127B	1g/L
乳化精练剂 TF-188A	1g/L

三聚磷酸铵	1g/L
温度	98℃
时间	65m/min

生物基锦涤 T400 织物在织造的过程中，经向锦涤单丝受到较大张力和摩擦，易发生断裂，为了减少断裂，提高织造效率和坯布质量，需要对经纱上浆[15]。目前合成纤维所用的主要浆料为聚丙烯酸酯类和聚丙烯醇类，合成浆料的存在虽然能保证织造的顺利进行，但积聚在表面浆膜会阻碍染料向纤维表面吸附和内部扩散。本文选取的 TF-127B 氧化型退浆剂在 98℃ 热碱条件下，具有较好的耐碱稳定性，可以将化纤类织物织造常用的合成浆料大分子氧化分解，变成水溶性较好的小分子链段，黏度迅速降低，进而在物理重力以及槽内溶液动态条件下从织物上脱落下来。为了使浆料退尽且使水解后的浆料不继续沾污在织物上，乳化精练剂 TF-188A 可使浆料在水中溶胀而被乳化呈分散状态，有利于除去。三聚磷酸铵对金属离子具有很好的螯合作用，不仅可以防止脱落浆料反沾污，而且可以软化前处理用水的水质。去油灵 SB-101 存在，也可进一步发挥协同作用，增强对织物的退浆处理。

冷轧堆后的平幅退浆处理，不仅是为了洗去织物前道工序携带的大量碱液，由于机器槽内溶液温度在 98℃ 且含有大量的助剂和表面活性剂，还能使在前道已经得到有效处理的浆料、纺丝油剂、储存运输过程中的污渍得到更加充分的去除。此外高温条件下碱液的作用，还能使经向锦涤复合丝和纬向 T400 复合丝的含有涤纶组分继续分解，使得织物开纤更加充分，进一步提高织物的染色能力和改善手感。

2.3 染色

生物基锦涤 T400 织物主要成分为 PET、PTT 和锦纶，本文选取聚酯类常用的分散染料和聚酰胺类常用的酸性染料，利用高温高压液流染色机（图1）进行一浴法染色加工，但由于客户来样要求套平，因此此类织物双色效应优势未能得到发挥。

图1　高温高压液流染色机

本文客户来样为红色，配方如下：

分散大红 GS	1%（owf）
分散嫩黄 SFN	0.075%（owf）
分散红 19941	1.15%（owf）
酸性红 437	10.3%（owf）
酸性橙 GSN	0.4%（owf）
50%冰醋酸	1g/L
酸性匀染剂 A-1Z	0.5g/L
环保修补剂 STD-2124	0.5g/L
溶液	2500L
浴比	1：6

染色工艺（图2）：

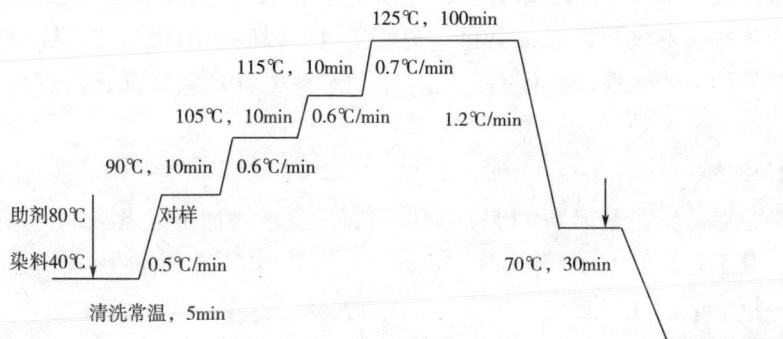

图2 染色升温工艺曲线

生物基锦涤 T400 织物利用高温高压液流染色机进行染色，助剂和染料在染缸内温度达到40℃左右时分开加入。首先加入搅拌均匀的助剂，采用直抽方法快速注入；其次加入酸性染料，待注完后，间隔10min左右，最后加入分散染料，均采用比例注料方式，控制染料注入流速均匀注入。酸性和分散的比例注料时间可分别设置为40min和15min，防止注料过快产生的局部颜色过深等问题。

锦涤 T400 面料中的锦纶组分，其玻璃化温度较低，一般在50~60℃，由于其注料温度在40℃左右，为了防止染液在染缸内扩散不均匀，影响染色效果，需严格控制升温速度，故以较小低温速度进行升温。锦涤类面料选用的酸性染料一般为弱酸性和中性类为主，对锦纶具有较好的亲和力，这也导致了其匀染性和移染性较一般。为了获得均匀的染色效果，需加入酸性匀染剂 A-1Z，其对酸性染料上染锦纶会有一定的"竞染"作用,通过与酸性染料的磺酸基竞争和纤维结合的"染座",可防止染色过快过深。

PTT组分通常又被叫作弹性涤纶,但由于大分子链中重复单元含有的三个亚甲基,使得苯环不能和三个亚甲基处在同一平面,而相邻亚甲基之间的碳碳单键排斥作用,又使三个亚甲基不能呈180°水平排列,这种"奇碳效应"最终导致T400类织物其染色方法较常规PET有所不同。研究表明[9, 16],T400的染色转变温度TD(上染速率显著加快转折点)由于PTT纤维的加入,为70~80℃,较常规PET低10℃左右。因此控制温度升温速率和保温时间,可以使织物获得较好的染色效果。

随着染缸内温度和压力逐渐升高,面料分子链段热运动开始加剧,纤维与纤维之间由于开纤的原因,比表面积较复合单丝更大,染料与纤维之间能得到更加充分的接触,有利于染料的吸附和扩散,随着染色温度升高,染料扩散效果越明显。由于染料在PTT组分上的上染速率对温度变化较敏感,因此要适当降低升温速率,不仅可以保证染色均匀性,也可以防止形成绉印。锦纶组分由于高温的原因,若酸性染料固有的染色不匀和移染性较差等问题,能得到明显的改善[17]。

2.4 定型

对染色后的生物基锦涤T400织物按照客户要求增加抗静电整理,并进行定型加工,其工艺及处方如下:

抗静电剂AN-2502	20g/L
温度	180℃
车速	35m/min
风机转速	1500r/min
正超喂	+3个
门幅	155cm

浸轧过抗静电整理液的生物基锦涤T400织物,在定型机两侧针板拉伸作用下,由于高温作用其取向程度和规整性都能得到有效提高,但应注意温度不宜过高,防止由于取向度和结晶度的改变导致手感过分僵硬。抗静电剂AN-2502为非离子型表面活性剂,由于含有的羟基和氧乙烯基能与水分子形成氢键,增加了纤维的吸湿能力,含水量的提高可降低纤维表面电阻,从而使静电易于消除[18]。

3. 加工效果

3.1 染色效果

加工后的织物效果如图 3 所示：

图 3 生物基锦涤 T400 生产样

由图 3 可看出，经过高温高压液流染色机加工出来的生产样，和客户来样颜色高度重合。且在常温条件下纬向有形状记忆功能，保型性好，弹力效果明显。面料整体手感柔软丰盈，满足服用要求。

3.2 色牢度

对加工后的织物按照 1.3 中对应国标方法评测其色牢度，具体结果如表 1 所示。

表 1 生物基锦涤 T400 色牢度

项目	摩擦牢度		耐洗牢度	
	干摩擦	湿摩擦	变色	沾色
级数	4~5	4	4~5	4

由表 1 可看出，加工处理后的织物，无论是耐干摩擦还是湿摩擦，耐变色以及沾色性能，均具有较高等级，满足客户来样加工要求。

3.3 抗静电效果

对加工后的生物基锦涤 T400 织物，在温度（20 ±2）℃，相对湿度为 35% ± 2% 条件下，平衡 3h，测试其静电压、表面比电阻和半衰期。结果如表 2 所示。

表 2 生物基锦涤 T400 抗静电性能

项目	表面比电阻/Ω	半衰期/s	静电压/V
原样	$2.7×10^{13}$	31	910
生产样	$1.5×10^9$	0.3	130

印染，2009，35（7）：15-17.

[11] 薛元，王潮霞，曹艳，等. 超细涤/锦复合丝剥离机理与工艺研究 [J]. 纺织学报，1998（4）：196-199.

[12] 李志群，施艳秀，郑向红，等. 涤锦复合超细纤维开纤工艺的制定 [J]. 针织工业，2010（6）：39-40.

[13] 刘雁雁，高铭，董瑛，等. PTT/PA6复合超细纤维的开纤工艺 [J]. 印染，2007，33（16）：8-10，33.

[14] 孙曙光. 涤锦复合丝氨纶弹力布的编织及开纤工艺 [J]. 针织工业，2012（6）：8-9.

[15] 阎克路. 染整工艺与原理（上册）[M]. 北京：中国纺织出版社，2009.

[16] 崔浩然. T400纤维织物的染色技术 [C]. 2010年全国针织物及纱线染色技术研讨会，中国江苏苏州，2010.

[17] 赵涛. 染整工艺与原理（下册）[M]. 北京：中国纺织出版社，2009.

[18] 张治国，尹红，陈志荣. 纤维后整理用抗静电剂研究进展 [J]. 纺织学报，2004（3）：121-123.

（本文获得2019年化纤长丝织物产品开发优秀论文一等奖）

陶瓷纤维含量和组织对织物远红外性能的影响研究

王 青[a]，张红霞[a]，吴丽丽[b]

（浙江理工大学，a. 纺织纤维材料与加工技术国家地方联合工程实验室；

b. 材料与纺织学院，杭州，310018）

摘 要 文章探讨了陶瓷纤维的含量和不同的织物组织对机织物远红外功能的影响。经纱采用普通涤纶长丝，纬纱采用远红外涤纶长丝和普通涤纶长丝，设计并制织以不同投纬比和不同组织的两个系列机织物，并测试各个织物的远红外发射率。结果表明：相同组织不同投纬比的机织物，机织物的远红外发射率随着陶瓷纤维含量的增高而增大；投纬比相同组织不同的机织物，织物组织

基金项目：国家国际科技合作专项项目（2011DFB51570）

作者简介：王青（1992— ），女，河南长垣人，硕士研究生，主要从事功能性纺织品、纺织品设计方面的研究。

通信作者：张红霞，E-mail：hongxiazhang8@126.com

对机织物的远红外发射率有一定影响，双层组织远红外发射率最高；在单层组织中平纹组织的远红外发射率相对斜纹和缎纹略高，织物远红外发射率随着织物组织枚数的增大而减小。

关键词　陶瓷纤维；远红外功能；织物组织；远红外发射率

中图分类号：TS155.6　　文献标志码：A

随着经济的发展和科技的进步，人们对自身健康日益关注，保健功能性纺织品以其强大的保健功能而日益突出[1]。伴随着人们对轻暖舒适，保健美观的追求，远红外纺织品应运而生[2]。远红外织物是由日本尤尼吉卡和东丽最早研究出并投入生产的，发展至今不过三十余年，已经成为功能性纺织品的一个重要分支[3]。远红外线是一种人眼不可见光线，极易被人体所吸收，人体吸收后，还能通过水分子产生共振作用，深入皮肤 3~5cm，使机体内部温度上升，毛细血管扩张，血液循环加快，加速组织间的新陈代谢，提高机体免疫能力，具有消除炎症和水肿的效果[4-6]。远红外纳米纺织品能改善人体表微循环，提高体表温度和织物保温性，远红外陶瓷粉中有铁、铝、锰等金属氧化物，能有效抑制细菌的生长和新陈代谢，有抑菌作用[7-9]。

目前，存在许多远红外性能面料的同类研究，但是组织对织物远红外性能的影响研究现在还比较少。与其相比，本文主要探究了纬纱中不同含量的陶瓷纤维以及不同组织对织物远红外性能产生的影响，在探究平纹、2/1 斜纹、菱形破斜纹、五枚纬缎、八枚纬缎这些基本单层组织的基础上，还探究了双层组织相对同类型单层组织对织物远红外性能的影响，试制了 9 种不同比例纬纱的交织面料，以及 6 中不同组织的面料，进行了织物远红外功能的测试与分析，探究了其对织物远红外功能的影响。

1. 原料的选择及织物的制备

1.1　纤维选择

经纱选用普通涤纶长丝，纬纱选用远红外涤纶长丝和普通涤纶长丝。远红外织物中的远红外粒子通过吸收环境和人体电磁辐射的能量后，分子可以从低能级向高能级跃迁，由于高能级是不稳态，分子通过辐射出远红外线从高能级回复到稳态的低能级，远红外织物辐射出的电磁波通过和人体细胞中水分子的共振作用于人体，达到保暖改善人体表面微循环的保健效果。远红外纤维的制备有涂层法和纺丝液法[10]，本实验所选用的远红外涤纶长丝是将远红外纳米陶瓷粉末添加进涤纶纺丝液中制成的，其规格为 16.7tex（96F）。陶瓷纤维横截面为圆形，无明显的孔隙结构，纤维对光线反射作用强烈，织物光泽度较强但不柔和，如图1所示；远红外涤纶中由于混入远红外陶瓷粉末，纤维横截面上有颗粒状突起如图2所示。

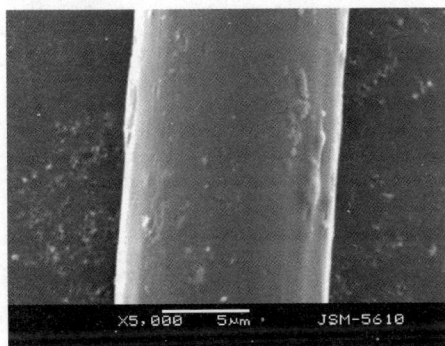

图1 远红外长丝纵面

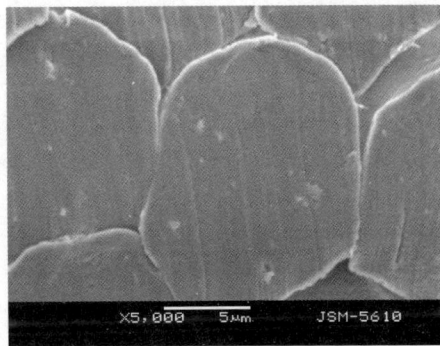

图2 远红外长丝横截面

1.2 织物试样方案的设计与制备

织物是由纱线组成的，要探究陶瓷纤维含量对织物远红外性能的影响，在经纬密度和织物组织相同的条件下，可以通过探讨织物中远红外纱线所占比例来探究织物中陶瓷纤维含量对织物远红外性能的影响。综合考虑试样的织造要求，在其他工艺条件相同的条件下，通过改变远红外纱线投纬比例来改变织物中陶瓷纤维的含量，从而探究织物中陶瓷纤维含量对织物远红外性能的影响。通过以上考虑，设计了A系列试样，A_1~A_9试样选用远红外纱线和普通涤纶以0:1、1:4、1:3、1:2、1:1、2:1、3:1、4:1、1:0的比例进行投纬，A_1~A_9试样经纱都选用的是8.3tex的普通涤纶，纬纱中甲纬选用16.7tex（96F）远红外涤纶长丝，乙纬选用16.7tex普通涤纶，经纬密度相同（织物经密80根/cm、总纬密40根/cm），织物组织都选用5枚缎纹，织物规格如表1所示。

探究织物组织对织物远红外性能的影响，首先要保证织物经纬密度和投纬比相同。常用的织物组织有平纹、斜纹、缎纹和双层组织，这四类组织织物手感和风格也不相同，本文选用平纹、2/1斜纹、菱形破斜纹、五枚纬缎、八枚纬缎这几种有代表性的组织来探究单层组织间织物远红外性能的关系，同时设计了上下层都为平纹的双层组织与单层的平纹组织做对比。通过以上考虑，设计了B系列织物，B_1~B_6试样中经纱都选用的是8.3tex的普通涤纶，甲纬选用16.7tex（96F）远红外涤纶长丝，乙纬选用16.7tex普通涤纶，甲乙纬投纬比为1:1，试样经纬密度都相同（经密80根/cm、纬密40根/cm），采用6种不同的组织试制成织物，其中 B_1 双层织物样品总纬密和总经密与单层织物经纬密度相同，上下两层纬纱排列比例（甲纬：乙纬）都为 1:1，织物规格如表 2 所示。

表 1　A 系列织物规格

试样编号	投纬比例 （甲纬：乙纬）	组织	纬纱中远红外 涤纶含量（%）
A_1	0:1	五枚纬缎	0
A_2	1:4		20
A_3	1:3		25
A_4	1:2		33.33
A_5	1:1		50
A_6	2:1		66.67
A_7	3:1		75
A_8	4:1		80
A_9	1:0		100

表 2　B 系列织物规格

试样 编号	投纬比例 （甲纬：乙纬）	组织	试样 编号	投纬比例 （甲纬：乙纬）	组织
B_1	1:1	双层（上下两层都为平纹）	B_4	1:1	菱形破斜纹
B_2		平纹	B_5		五枚纬缎
B_3		2/1 斜纹	B_6		八枚纬缎

生产工艺流程：

经线：原料检验—倒筒—加捻—定型—倒筒—染色—色检—倒筒—整经—穿结经—织造；

纬线甲：原料检验—倒筒—倒筒—织造；

纬线乙：原料检验—倒筒—倒筒—织造。

2. 远红外性能测试方法

2.1　实验仪器选用

织物的远红外功能检测方法主要有温升法、人体试验法、发射率法 3 种[11]。漆东岳等[12]对于纺织品远红外测试的各种方法进行了分析，认为 CAS 115—2005 和 FZ/T 64010—2000 的远红外法向发射率项目可以较为合理的用于纺织品远红外发射率的衡量。本文选用远红外法向发射率来表征织物远红外性能，实验主要仪器有 YG751B 型电脑式恒温恒湿箱如图 3 所示；EMS-302M 远红外发射率测试仪如图 4 所示。

图 3　YG751B 型电脑式恒温恒湿箱　　　　图 4　EMS-302M 远红外发射率测试仪

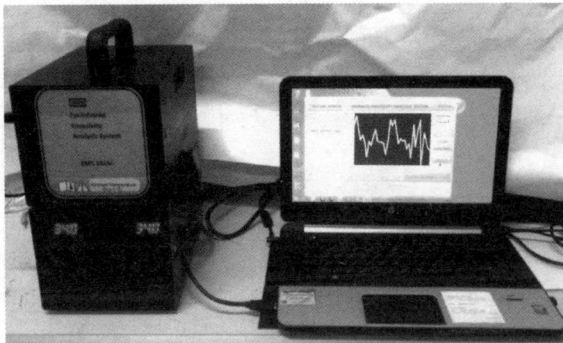

2.2　实验方法

①将每份样品裁剪为直径不小于 60mm 的圆形试样，放入温度为（20±1）℃、湿度为 65%±3% 的恒温恒湿箱中调节 24h；

②开机预热 45min，待腔体内温度稳定在 34℃；

③将标准黑体片放置在下部机台的加热板上，稳定后测定黑体片发射率 I_0；

④将试样放置到加热板上，待样品稳定后记录试样发射率参数 I；

⑤系统根据黑体发射率 I_0、标准黑体发射率以及试样发射率 I，在远红外发射率测试仪配套的电脑上直接读出试样的远红外发射率。

3. 结果与分析

3.1　陶瓷纤维含量对织物远红外效果的影响

表 3 是 A 系列机织物远红外发射率测试结果，图 5 是根据表 3 的测试结果做的折线图。由图 5 可知，随着纬纱中陶瓷纤维含量的增加，织物的远红外发射率不断增大；当织物中不含远红外纱线时，织物远红外发射率最低，当织物纬纱中远红外纱线比例为 20% 时，织物远红外发射率人于 0.8，可以达到 CAS 115—2005 保健功能纺织品评价标准规定的远红外法向发射率指标[13]；纬纱中远红外纱线比例大于 50% 时，织物的远红外发射率增长开始变得缓慢，织物有较好的远红外功能；当纬纱中远红外纱线达到 100% 时，织物的远红外发射率达到峰值。究其原因是温度在绝对零度以上的物体都是会向外辐射红外线，红外线是一种电磁波，物体中的电子通过吸收外界的能量，并受到激发，外层电子

会到较高的能位上，脱离原来的轨道，但是电子在较高的能位上是不稳定的，会通过释放能量回到原来的能位上。远红外陶瓷粉具有较高的远红外辐射能力，可以在常温下吸收太阳光或者人体辐射的能量，并以远红外的形式作用于人体，当织物中不含有远红外纤维时，织物发射远红外的能力较低；当织物中陶瓷纤维含量增加时，织物中远红外陶瓷粉也增加，对于外界和人体辐射的能量吸收量增大，发射出的远红外线也增大，织物的远红外发射率增大。

表3 A系列远红外测试结果

试样编号	纬纱中远红外涤纶含量/%	织物远红外发射率/%	试样编号	纬纱中远红外涤纶含量/%	织物远红外发射率/%
A_1	0	71.2	A_6	66.67	90.7
A_2	20	81.3	A_7	75	92
A_3	25	83.4	A_8	80	92.8
A_4	33.33	86.1	A_9	100	94.8
A_5	50	89.5			

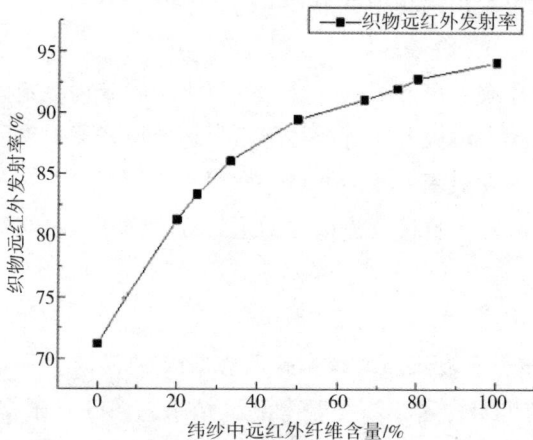

图5 A系列纬向不同含量远红外涤纶与织物的远红外发射率关系

3.2 织物组织对织物远红外效果的影响

表4是B系列机织物远红外发射率测试结果，图6是根据表4的测试结果所作的折线图。由图6可知，组织对远红外发射率影响比较小，投纬相同的情况下，平纹组织的织物略高于斜纹和缎纹。物体的远红外发射率与材料表面的状态有关，材料表面越粗糙，远红外发射率越大[14]。当远红外辐射到物体表面，一部分能量被物体表面吸收，一部分能量会被反射，还有一部分可以穿过物体；

当材料对远红外辐射吸收得越多，它的远红外发射率就越高。随着织物枚数的增大，织物对光线的反射越好，织物表面更加光滑，当外界红外辐射到织物表面时，缎纹织物相对其他组织对红外辐射反射较多，吸收较少，缎纹织物的远红外发射率相对平纹斜纹较低。

表4　B系列远红外测试结果

试样编号	织物组织	织物远红外发射率/%	试样编号	织物组织	织物远红外发射率/%
B$_1$	双层（上下层均为平纹）	91.7	B$_4$	破斜纹	90.2
B$_2$	平纹	91	B$_5$	五枚纬缎	89.5
B$_3$	2/1斜纹	90.6	B$_6$	八枚纬缎	89.1

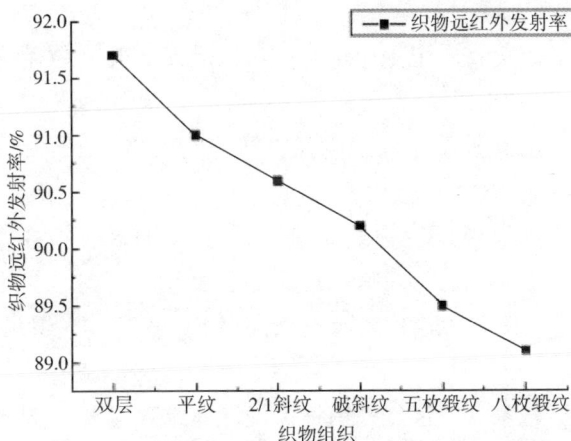

图6　B系列不同组织远红外涤纶与织物的远红外发射率关系

在经纬密度相同、投纬相同的情况下双层组织（上下层均为平纹）比平纹组织发射率高。由于双层组织织物有两层，当外界辐射出来的能量经过织物第一层之后，一部分能量被吸收，另一部分被反射出去，被反射出去的这部分辐射还要经过第二层织物的吸收，这样只有少部分能量被反射出去；双层织物相对于单层的平纹织物对外界远红外辐射吸收率得到明显的提高，双层织物（上下层均为平纹）远红外发射率相对单层的平纹织物的发射率要高。

4. 结语

在经纬密度和织物组织相同条件下，随着纬纱中远红外纱线比例增加，织物中陶瓷纤维含量不断增加，织物的远红外发射率不断增大；当纬纱中远红外纱线比例大于等于 20%时，织物可以达到远红外保健功能纺织品评价标准中规定的远红外法向发射率指标；当纬纱中远红外纱线比例为 50%时，织物远红外发射率达到 89.5%；织物有较高的远红外发射率，当纬纱中远红外纱线比例大于 50%时，织物远红外发射率增长变缓慢，在产品开发中可以有效地利用这一性能，节约生产成本。在经纬密度和投纬比相同条件下，组织不同的机织物中，单层织物中平纹组织织物的远红外发射率相对斜纹和缎纹较高，织物远红外反射率随着织物组织枚数的增大而减小，双层组织织物比同一类型的单层组织织物的远红外发射率有明显提高。

参考文献

［1］郑凯，沈烨. 保健纺织品的发展及应用［J］. 轻纺工业技术，2010，39（6）：50-52.

［2］薛少林，阎玉霄，王卫. 远红外纺织品及其开发应用［J］. 山东纺织科技，2001（1）：48-51.

［3］张兴祥. 远红外纤维和织物及其研究与发展［J］. 纺织学报，1994，15（11）：42-45.

［4］邹其俊. 远红外线生物效应谈［J］. 微循环学杂志，1997，7（4）：39-41.

［5］姚培建. 保暖健身的远红外织物［J］. 纺织服装周刊，2008（2）：40.

［6］张兴祥，赵家祥. 远红外织物保健性能综述［J］. 棉纺织技术，1997（10）：28-30.

［7］梁翠，郑敏. 远红外纳米纺织品的性能测试［J］. 纺织学报，2013（96）：53-57.

［8］毛雷，窦玉坤，王林玉. 远红外保健及加热技术在纺织行业中的应用［J］. 现代纺织技术，2006，14（5）：53-55.

［9］沈国先，赵连英. 远红外材料及纺织品保健功能的实验研究［J］. 现代纺织技术，2012，20（9）：53-57.

［10］刘拥君. 浅谈远红外纤维的开发与应用［J］. 纺织科学研究，1998（3）：15-16.

［11］贺志鹏，杨萍. 远红外纺织品及其测试与评价［J］. 现代纺织技术，2014，22（6）：50-52.

［12］漆东岳，王向钦，袁彬兰，等. 纺织品远红外性能测试方法研究

[J]. 中国纤检, 2016 (6): 90-93.

[13] 保健功能纺织品行业标准. CAS 115-2005 [S]. 北京: 中国标准化协会, 2005.

[14] 左芳芳, 杨瑞斌, 张鹏. 纺织品远红外发射率测试条件 [J]. 中国纤检, 2013 (10): 83-85.

（本文获得 2019 年化纤长丝织物产品开发优秀论文一等奖）

负离子型涤纶面料的研制

郭洪运，李 云，王国和

（苏州大学，江苏苏州，215006）

摘 要 将纳米钛金粉通过涂层的方式添加到涤纶织物表面，制备出负离子型涤纶面料，探讨了胶体浓度、粉体含量、干燥温度与干燥时间等四个因素对涂层质量损失率的影响，确定涂层的最优工艺，并探究其释放负离子的能力。结果表明：涂层的最优工艺为：胶体浓度 6%、粉体浓度 0.20%、温度 180℃、时间 15min；当涂层面料中纳米钛金粉的含量为 0.20%、0.30% 时，负离子释放量大于 700 个/cm^3，含量为 0.40% 时，负离子释放量达到 1000 个/cm^3以上。

关键词 涤纶面料；负离子；涂层；性能

空气中负离子浓度是衡量空气质量好坏的一个重要指标，其含量与空气的洁净程度密切相关[1]。负离子能够促进植物生长，净化、清新空气[2]；当负离子浓度达到 700 个/cm^3 时，会使人感到非常舒适；当负离子浓度达到 1000 个/cm^3 以上时能够对多种疾病有辅助治疗作用[2]。将负离子应用到纺织领域具有很高的研究价值。负离子型面料的制备主要有两种方式：

（1）使用具有释放负离子功能的纤维生产负离子型面料；

（2）通过涂层的方式将产生负离子的粉体固定在织物表面，制备负离子型面料。本文通过涂层的方法制备负离子型涤纶面料，采用正交实验探究负离子型涤纶面料的涂层最优方案，并探讨负离子型涤纶面料的负离子释放性能。

1. 实验材料及仪器

实验材料：聚丙烯酸酯，硅烷偶联剂，纳米钛金负离子粉（自制），消泡剂，去离子水，涤纶面料（白色、平纹）。

实验仪器：电子天平，超声波清洗机，恒温磁力搅拌器，电热鼓风干燥箱，由表 2 可以看出，经过处理后的织物，其表面比电阻由 1013 数量级下降至 109 数量级，半衰期也降低至不足 1s，静电压则降低了 7 倍。织物抗静电性能得到很大提高，满足出厂要求。

4. 结论

（1）对生物基锦涤 T400 织物用高温高压液流染色机进行加工，通过制定合适的染色工艺，可以使加工出来的织物与客户来样具有很好的色彩重现性，可以实现大规模生产。

（2）前处理、染色、后整理全流程工序的合理设计及配合，不仅可以使加工后的生物基锦涤 T400 织物开纤充分，染色布无绉印、擦伤等病疵，而且纬向由于 T400 的作用弹力效果明显。

（3）生物基锦涤 T400 织物经过合理的后整理处理，色牢度和抗静电效果均满足客户要求。

参考文献

[1] 潘小丹，周颖，胡国. 海–岛型聚酯超细纤维的剥离开纤工艺研究 [J]. 现代纺织技术，2006（3）：5-8.

[2] 管翔，顾平. 涤锦超细丝的开发应用 [J]. 丝绸，2006（2）：8-10.

[3] 邓沁兰，梁冬，刘旭峰. 涤锦复合桔瓣超细纤维的生产技术 [J]. 化纤与纺织技术，2018（2）：13-16.

[4] 王延虎，翟回龙，成万辉. 涤锦复合丝高裂离缩纤技术及应用 [J]. 针织工业，2012（6）：25-29.

[5] 王平，康青成，范雪荣. 涤锦复合细旦丝针织物开纤工艺研究 [J]. 印染，2008（7）：12-14.

[6] 季莉. T400 分散染料碱性染色性能研究 [J]. 纺织科技进展，2014（3）：10-12.

[7] 陈从阳，刘锦辉. T-400 与氨纶交织面料的染整工艺探讨 [J]. 染整技术，2006（6）：20-22.

[8] 兰峰，李军. 棉/T-400 交织弹力面料的生产实践 [J]. 染整技术，2005（1）：30-31.

[9] 白小静，赵俐. 双组分 PTT 和 T400 的对比 [J]. 国际纺织导报，2005（4）：51-52.

[10] 缪勤华，徐善如. Coolplus/Richcel T400 交织弹力织物染整加工 [J].

烧杯,空气离子检测仪（COM-3200PRO II）。

2. 负离子型涤纶面料涂层的最优工艺探究

影响负离子粉体涂层效果的主要因素有胶体浓度、粉体含量、干燥温度与干燥时间。本文选择四因素、四水平正交试验探讨各因素对负离子型涤纶面料水洗后的质量变化率的影响,如表 1 所示,确定负离子涂层的最优工艺。根据预实验结果,胶体浓度分别选用 3%、4%、5% 及 6%,粉体含量分别为 0.10%、0.20%、0.30% 及 0.40%,干燥温度分别为 120℃、140℃、160℃ 及 180℃,干燥时间分别为 5min、10min、15min 及 20min。

2.1 负离子涂层液的制备

负离子涂层液由负离子悬浊液与聚丙烯酸酯胶体两部分组成。

负离子悬浊液的制备:在烧杯中加入水和硅烷偶联剂,再将纳米钛金负离子粉加入到混合溶液中,用保鲜膜将烧杯封口,放入超声波振荡器中振荡 20min,温度加热至 40℃。

聚丙烯酸酯胶体的制备:在烧杯中加入水、聚丙烯酸酯与消泡剂,避免搅拌过程中出现泡沫,然后将混合液放置在恒温磁力搅拌器上搅拌,温度为 40℃,搅拌时间为 30min。

在烧杯中加入水、聚丙烯酸酯与消泡剂,避免搅拌过程中出现泡沫,然后将混合液放置在恒温磁力搅拌器上搅拌,温度设置为 40℃,搅拌 30min,聚丙烯酸酯胶液制备完成。

将上述制备好的纳米钛金负离子悬浊液与聚丙烯酸酯胶体混合均匀,静置备用。

2.2 负离子型涂层面料的制备

将涤纶面料放入 80℃ 的恒温水浴锅中浸渍 1h,每隔 5min 搅拌一次。经过 1h 后取出,在电热鼓风干燥箱中（温度 80℃±2℃）烘干。将处理后的涤纶面料裁剪出 16 块 10cm×10cm 大小的试样备用,编号 1~16,分别称重,记作 M_0。

将上述预处理过的涤纶面料,分别浸渍在制备好的涂层液中 2min,进行烘干处理,并将干燥的涂层面料称重,记作 M_1。

2.3 负离子型涤纶面料涂层的质量损失率测试

参照国家标准 GB/T 8629—2001《纺织品试验用家庭洗涤和干燥程序》[3],采用 A 型洗衣机,将上述制备好的 16 块涂层涤纶面料,进行水洗 20 次,测试水洗前后涂层面料的质量差 ΔM,根据质量变化率来反映涂层效果的优劣。质量变化率计算公式如公式（1）所示:

$$C = \frac{\Delta M}{M_1 - M_0} \tag{1}$$

测试结果如表 1 所示。

2.4　涂层面料的质量变化数据及其极差、方差分析

16 块负离子型涤纶涂层面料的质量变化率与极差分析结果如表 1 所示。

表 1　涂层质量变化率与极差分析结果

序号	A 胶体浓度	B 粉体浓度	C 温度	D 时间	质量变化率 C/%
1	1	1	1	1	62.77%
2	1	2	2	2	56.54%
3	1	3	3	3	26.73%
4	1	4	4	4	24.71%
5	2	1	2	3	47.47%
6	2	2	1	4	69.42%
7	2	3	4	1	22.60%
8	2	4	3	2	27.75%
9	3	1	1	4	24.59%
10	3	2	4	3	15.94%
11	3	3	1	2	65.21%
12	3	4	2	1	63.21%
13	4	1	4	2	24.87%
14	4	2	2	4	26.92%
15	4	3	2	4	48.23%
16	4	4	1	3	65.71%
$\bar{K}_1$	42.69%	39.93%	65.78%	43.88%	
$\bar{K}_2$	41.81%	42.21%	53.86%	43.59%	
$\bar{K}_3$	42.24%	40.69%	26.50%	23.11%	
$\bar{K}_4$	41.43%	45.35%	22.03%	41.74%	
R	1.26%	5.42%	43.75%	20.77%	

质量变化率越小说明涂层剂黏着越牢固，涂层效果越好，利用直观分析法从 16 个处理中直观地找出最优处理组合为（10）号组合，即 $A_3B_2C_4D_3$。根据极差 R 的大小，进行因素的主次排序。R 越大，表示该因素的水平变化对实验

的影响越大，由表 1 可知 $R_C > R_D > R_B > R_A$，即温度对质量变化率的影响最明显。然后利用 SPSS 对试验结果进行方差分析，分析结果如表 2 所示。

表 2　涂层质量变化率方差分析

项目	Ⅲ型平方和	df	均方	F	Sig.
校正模型	0.551a	12	0.046	12.09	0.032
截距	2.828	1	2.828	743.98	0
胶体浓度	0	3	0	0.031	0.991
温度	0.538	3	0.179	47.185	0.005
粉体浓度	0.007	3	0.002	0.605	0.655
时间	0.006	3	0.002	0.538	0.688
误差	0.011	3	0.004		
总计	3.391	16			
校正的总计	0.563	15			

只有温度因素的 Sig. 值小于 0.05，其他因素的 Sig. 值均大于 0.05，说明温度（C）是对试验结果有显著影响，而其他因素对试验结果影响次之（A、B、D 因素对实验结果影响差异不显著）。由表 1 和表 2 可以获知：涂层的最优工艺为胶体浓度 5%、粉体浓度 0.20%、温度 180℃、时间 15min，通过以上工艺涂层的方式能够有效地将纳米钛金负离子粉体固定在涤纶织物的表面。

3. 负离子释放能力测试

为了更好地探究负离子型涤纶面料的负离子释放性能，在胶体浓度 6%、温度 160℃、时间 15min 的条件下，选取含量为 0.00%、0.20%、0.30% 及 0.40% 的纳米钛金负离子粉制备出纳米钛金负离子型涤纶面料，分别编号为①、②、③、④。

3.1 负离子释放量的测试

在恒温恒湿室内，将试样水平放置在绝缘密闭的测试箱（尺寸：560mm×300mm×210mm）内，试样距离空气离子测试仪 5cm，静置 15min 后开始测试，每次测试前需对测试箱进行换气，并将空气离子测试仪调零[4,5]。本实验参照 GB/T 30128—2013《纺织品负离子发生量的监测与评价》[6] 中的数据处理方法，每组数据选取 5 个峰值并计算平均值作为负离子释放量测试的结果，测试结果如表 3 所示。

表 3　四种涂层面料负离子释放量的测试结果

试样编号	①	②	③	④
1	242	830	872	1924
2	250	880	900	1618
3	272	938	1126	1690
平均值	255	881	966	1744

3.2　负离子释放量测试结果与分析

按照标准 GB/T 30128—2013《纺织品负离子发生量的监测与评价》[6]中的评价方法，可知试样②、③的负离子释放量大于 700 个/cm³，达到了中等水平，能够给在此环境中的人带来比较舒适的感觉，而试样④的负离子释放量大于 1000 个/cm³，达到了较高水平。利用 SPSS 软件将测得数据进行进一步分析，负离子释放量（C）和纳米钛金负离子粉含量（$X\%$）的相关系数为 0.953，两者为正相关，负离子释放量随着纳米钛金粉含量的增加而增加，通过曲线拟合两者之间的方程为 $C=3437X-49$（C 为负离子释放量，$X\%$ 为纳米钛金负离子粉含量），$R^2=0.908>0.7$，方程拟合良好，为负离子型涤纶面料的研发提供理论支撑。

4. 结论

（1）采用涂层的方式制备纳米钛金负离子型涤纶面料，根据多次洗涤后纳米钛金负离子粉质量变化率，可得到最优的制备工艺为：胶体浓度 6%、粉体浓度 0.20%、温度 180℃、时间 15min。

（2）负离子型涤纶面料能够有效地释放出负离子，当纳米钛金负离子粉的含量为 0.20%、0.30% 时，负离子释放量大于 700 个/cm³，能够给此环境中的人带来比较舒适的感觉，当纳米钛金负离子粉的含量为 0.40% 时，负离子释放量可达 1000 个/cm³ 以上，能够对多种疾病有辅助治疗作用。负离子释放量与纳米钛金负离子粉含量的拟合方程为 $C=3437X-49$（C 为负离子释放量，$X\%$ 为纳米钛金负离子粉含量）。

参考文献

[1] 张延奎，张粉霞，熊杨凯，等. 生态负氧离子健康内墙涂料的研制

[J]. 广州化学, 2018 (4).

[2] 邵海荣, 贺庆棠. 森林与空气负离子 [J]. 世界林业研究, 2000, 13 (5): 19-23.

[3] GB/T 8629—2001《纺织品试验用家庭洗涤和干燥程序》[S].

[4] 张小霞, 吴虹晓, 李云, 等. 纺织品负离子发生量测试方法研究 [J]. 丝绸, 2016, 53 (10): 17-22.

[5] 张小霞, 吴虹晓, 李云, 等. 负离子聚丙烯熔喷法非织造材料的制备及性能 [J]. 现代丝绸科学与技术, 2016, 31 (5): 161-165.

[6] GB/T 30128—2013.《纺织品负离子发生量的监测与评价》[S].

（本文获得 2019 年化纤长丝织物产品开发优秀论文一等奖）

PHA 长丝织物的性能与风格

宋开梅, 眭建华

（苏州大学纺织与服装工程学院, 江苏苏州, 215100）

摘 要 为研究聚羟基脂肪酸酯（PHA）长丝织物的性能与风格, 选用 1/166.7dtex/48F PHA 长丝作经、纬线, 配置不同的经纬密度及组织, 制成 3 种不同经纬密度规格的平纹和 1 种缎纹组织坯布, 经过精练后制成样品, 测试样品织物服用性能、热学性能、通透性、手感风格和视觉风格。试验结果表明：PHA 长丝织物的抗起毛起球性能为 4-5 级, 平纹织物中, 织物总盖覆系数越大, 织物拉伸性能、悬垂性越好, 透气性、保温率分别下降 2.61% 和 2.15%, 接触冷暖感相差不大, 织物的滑爽度、柔顺度分别下降 2.24 和 1.75, 平展度上升 1.63 , 织物光泽减弱。与平纹织物相比, 缎纹织物的拉伸性能、抗皱性、透气性和保温性更好, 接触暖感较平纹样品增加约 700mm/s, 透湿性为 1686.14g/ (m² · d)、热传导率为 9.831W/ (cm · ℃ · 10⁴), 动和静悬垂系数均低于平纹织物、悬垂性较好, 织物丰满度、滑爽度、柔顺度均优于平纹织物, 硬挺度略高于盖覆紧度相近的平纹织物, 平展度较差, 在 7 左右, 光泽与盖覆紧度相近的平纹织物接近。

关键词 PHA 长丝；织物；性能；风格

聚羟基脂肪酸酯（polyhydroxyalkanoates, 简称 PHA）是许多微生物在氮、碳营养不平衡条件下合成的作为能源和碳源存储的一种细胞内聚酯, 是羟基脂肪酸类聚合物的统称[1, 2], 其产品具有可再生性、生物可降解性、生物相容性等优良性质，有望代替以石油为原料生产的部分产品，缓解世界石油资源压力。随着世界污染的日益严重，生活、产业用废弃物等越积越多，PHA 作为一种生物可降解性的新型环保材料而受到重视，其性质及应用受到广泛研究。本文选用 PHA 长丝制成织物，结合不同的经纬密度与组织，研究 PHA 长丝织物的性能与风格。

1. 试验

1.1 试验材料

采用 1/166.7dtex/48F PHA 长丝作经、纬线，配置不同的经纬密度及组织，设计 4 块纯 PHA 织物，实验室 ASL 2000-3000 型剑杆自动织机制成坯布。

进一步精练制成成品。工艺流程：

精练→水洗（50℃，15min）→水洗（25~35℃，15min，两遍）→水洗（常温，15min）→烘干（HD101A-2 型电热鼓风烘箱，45℃~65℃，60~90min）。其中精练工艺：精练剂 3g/L，纯碱 1.5g/L，硅酸钠 2g/L，pH 值 10.5，时间 45min，浴比 1:50，温度 95℃。

试样经精练后的成品规格如表 1 所示。

表 1　PHA 长丝织物规格

样号	组织	经密/（根/10cm）	纬密/（根/10cm）	平方米克重/（g/m²）
1*	平纹	337	256	72
2*	平纹	363	344	83
3*	平纹	404	371	91
4*	五枚缎纹	478	314	116

1.2 试验内容与方法

测试前所有试样按标准 GB/T 6529—2008《纺织品 调湿和试验用标准大气》进行调温调湿［温度（20±2）℃，湿度 65%±3%］，平衡 24h，并在此大气环境下进行测试。

1.2.1 织物服用性能测试

（1）断裂强度。织物在使用过程中会因受到机械外力的作用而被破坏，包括一次性机械力破坏的拉伸断裂、撕裂、顶破和反复多次破坏下的磨损、疲劳，织物的拉伸断裂性能按照标准 GB/T 3923.1—2013《纺织品 织物拉伸性能 第 1 部分：断裂强力和断裂伸长率的测定（条样法）》测定。采用 Instron3365 万能材料试验机（美国 INSTRON 公司），试样尺寸 50mm×300mm，预加张力 2N，夹持距离 200mm，拉伸速度 100mm/min。测取断裂强力 G（单位 N）和断裂伸长率 ε，经纬向各测 3 次，取平均值。

（2）折皱回复角。织物的抗皱性主要受纤维拉伸弹性与初始模量、纱线捻度、织物紧度及组织的影响[3]。按照标准 GB/T 3819—1997《纺织品 织物折痕回复性的测定 回复角法》中的水平法测试织物的折皱回复性能，试样受压负荷为（10±0.05）N，加压时间 5min±5s，急弹性回复时间（15±1）s，缓弹性回复时间 5min±5s，每种试样沿经纬向各测试 5 次，求平均值，获得急弹性回复角 β_j 和缓弹性回复角 β_h。

（3）抗起毛起球性能。影响长丝织物抗起毛起球性的因素有纤维横截面形状与拉伸断裂性能、纱线捻度与条干均匀性、织物密度与组织等。根据标准 GB/T 4802.2—2008《纺织品 织物起毛起球性能的测定 第 2 部分：改型马丁代尔法》，采用宁波纺织仪器厂生产的 YG401G 型织物平磨仪（马丁代尔仪）进行测试，使用羊毛磨料，平磨 2000 次，与原样对比评级，记作 X，每种试样测试 3 次，取平均值。试样尺寸直径 14cm 的圆。

1.2.2 织物热学性能测试

（1）接触冷暖感。当织物两边存在温差时，热量会从高温端向低温端传递，人体皮肤接触织物后，由于热量的传递使人产生冷或暖的感觉，即为织物的接触冷暖感。以瞬间接触冷暖感 Q_{max} 值（单位 W/cm²）来衡量织物接触冷暖感，Q_{max} 值越大，则织物接触冷感越强，反之，则织物暖感越强。

在 KES-F7 型精密瞬间热物性测试仪（日本加多技术有限公司）上测试织物的接触冷暖感，试样尺寸 10cm×10cm，试验时，将试样置于定温台上，定温台温度为 20℃，当 T-BOX 和 BT-BOX 达到热平衡后（温度 30℃），迅速将 T-BOX 平移到试样上，传导热量曲线的峰值即为 Q_{max} 值。每种试样测试 5 次，试验结果取其平均值。

（2）热传导率。在 KES-F7 型精密瞬间热物性测试仪（日本加多技术有限公司）上测试织物的热传导率，试样尺寸 10cm×10cm，试验时，将试样置于定温台上，定温台温度为 20℃，将 BT-BOX（温度 30℃）倒扣在试样上，这时 BT-BOX 会因热损失而温度下降，调节 BT-BOX 温度，使其恢复到 30℃，达到热平衡后，进行 60s 积分，记录热传导率 K 值［单位 W/（cm·℃·10⁴）］。每种试样测试 5 次，取其平均值。

（3）保温率。在 KES-F7 型精密瞬间热物性测试仪（日本加多技术有限公司）上测试织物的保温性，试样尺寸 20cm×20cm，GUARD TEMP 温度 30.3℃，

BT TEMP 温度 30℃，试验前先进行空板测试，热平衡后积分，将 Ave. $W_{值}$ 值输入 W_0 窗口，贴试样，达到热平衡后积分，记录保温率值。

1.2.3　织物通透性测试

（1）透气性能测试。影响织物透气性的因素有很多，最主要的是织物的密度和厚度[4]。依据标准 GB/T 5453—1997《纺织品　织物透气性的测定》，使用 YG461E-Ⅲ型全自动透气量仪测试，测试面积为 20cm^2，所受压降为 100Pa，每组织物样品不同位置测试 10 次，取平均值，计算透气率 Q（单位 mm/s）。

（2）透湿性能测试。透湿性是表征织物服用热湿舒适性的一项重要物理指标，具有良好透湿的织物能及时吸收或运输人体表面的水分并将其散发到大气中，使人体与织物之间的微气候环境保持相对舒适[5,6]。依据标准 GB/T 12704.2—2009《纺织品　织物透湿性实验方法 第 2 部分：蒸发法》，采用 FX3150 型全自动织物透湿量测试仪（瑞士纺检公司 TEXTEST）测试，温度（38±2）℃，相对湿度 50.0%±2.0%，试样是直径为 7cm 的圆，每种样品测试 3 次，取平均值。透湿量 M，单位 g/（m^2·d）。

1.2.4　织物手感风格测试

织物的手感风格是指织物固有的性能作用于人的手掌而产生的综合反映[7]，织物手感风格的评价方法有主观评价和客观评价两种[8]，主观评价是最原始、最基本的评价方法，但其具有不可避免的主观随意性，客观评价是使用仪器测试与织物风格有关的物理特征值，利用物理特征值与风格的数学关系对织物的手感风格进行评价。

在日本 KATO 公司生产的 KES-FB-AUTO 系列织物风格仪上测试织物的拉伸线性度 LT、拉伸比功 WT、拉伸回弹性 RT、剪切刚度 G、剪切滞后量 $2HG$、剪切滞后量 $2HG5$、弯曲刚度 B、弯曲滞后量 $2HB$、压缩线性度 LC、压缩比功 WC、压缩功回复率 RC、厚度 T_0、克重 W、平均摩擦系数 MIU、摩擦系数平均偏差 MMD、表面粗糙度 SMD 等 15 项物理指标，试样尺寸 20cm×20cm，每组试样分别沿经纬向各测 3 次，试验结果取 6 次试验数据的平均值。在 BSA224S 型电子天平上测得织物平方米克重值。

由于样品丌发主要用于春夏季轻薄型女士外衣，按照川端的面料评价系统中轻薄型女士外衣面料的客观评价公式[9]进行计算，将上述 16 项物理指标值转化为丰满度、滑爽度、硬挺度、柔顺度和平展度等 5 项织物基本风格值；风格值范围为 1~10，1 最弱，10 最强。

1.2.5　织物视觉风格测试

（1）织物悬垂性测试。研究发现织物的悬垂性与织物的剪切特性和弯曲特性有关[9]。根据标准 GB/T 23329—2009《纺织品 织物悬垂性的测定》，在 YG811E 型织物动态悬垂性风格仪（宁波纺织仪器厂）上进行测试，试样剪成直径 24cm 的圆，测量织物的静态悬垂系数和动悬垂系数，每种试样测定三次，取平均值。进一步根据 KES 测试指标值加以分析。

（2）织物光泽测试。织物光泽综合表现了织物表面光亮度及在各个方向上光亮度的分布关系和色散关系[10-13]。纤维结构、纱线结构、织物结构及后整理都能影响织物的关泽[14,15]。根据纺织行业标准 FZ/T 01097—2006《织物光泽测试方法》，在日本 Murakami 色彩研究实验室生产的 GP-200 型可变角光泽仪上进行测试。每种织物沿经纬方向取样，试样尺寸 7cm×10cm，入射角固定为 60°，反射角接受范围为 -90° ~ 90°，试验前经过预实验将电压选定为 515kV。试验结束可得到织物经（纬）向的接收角与光泽度之间的关系曲线，另外，为更好地比较各试样之间的光泽情况，选取各条光泽曲线正反射角为 60° 时的光泽度值 I_m、法线位置的光泽度 I_0、I_m 及 I_0 的比值 G 进行比较分析。

2. 结果与讨论

试验结果如表 2~ 表 5 所示。

表 2 织物服用性能指标值

样号	G/N		ε/%		β_j	β_j	X	Q_{max}/	K/[W/(cm·	保温率/	Q/	M/[g/
	经	纬	经	纬	(°)	(°)		(W/cm²)	℃·10⁴)]	%	(mm/s)	(m²·d)]
1*	270.8	259.7	10.6	15.6	254	279	4-5	0.185	12.831	46.34	280.39	1700.72
2*	311.8	266.4	16.9	19.3	264	244	4-5	0.185	11.986	46.34	226.43	1663.24
3*	346.8	270.3	22.0	17.9	247	282	4-5	0.167	13.697	44.19	237.78	1749.21
4*	437.0	272.5	25.2	15.4	308	329	4-5	0.129	9.831	52.50	952.72	1686.14

表 3 织物 KES 指标值

样号	LT	WT/ (cN·cm/cm²)	RT/ %	G/ [cN/cm·(°)]	2HG/ (cN/cm)	2HG5/ (cN/cm)	B/ (cN·cm²/cm)	2HB/ (cN·cm/cm)
1*	0.582	6.64	72.91	1.010	1.898	4.660	0.0318	0.0425
2*	0.596	6.17	71.31	1.202	1.848	5.415	0.0555	0.0327
3*	0.669	5.78	71.53	2.640	5.080	10.105	0.0555	0.1030
4*	0.556	4.77	73.22	0.352	0.668	0.947	0.0429	0.0253

续表

样号	LC	WC/ (cN · cm/cm²)	RC/ %	T₀/ mm	W/ (mg/cm²)	MIU	MMD	SMD/ μm
1*	0.123	0.138	66.06	0.716	9.75	0.2135	0.0219	6.5125
2*	0.186	0.224	72.03	0.670	11.18	0.2663	0.0145	4.3225
3*	0.115	0.189	53.43	0.928	12.15	0.1775	0.0173	3.4183
4*	0.129	0.153	45.98	0.842	12.90	0.2927	0.0101	2.3867

T_0 栏 mm，W 栏 (mg/cm²)，WC 栏 (cN·cm/cm²)，SMD 栏 μm。

表4　织物风格指标值

样号	丰满度	滑爽度	硬挺度	柔顺度	平整度	悬垂系数/%	
						动态	静态
1*	5.56	3.36	5.48	3.42	6.93	51.23	58.33
2*	7.03	2.45	6.43	2.83	8.23	49.19	58.13
3*	6.21	1.12	5.71	1.67	8.56	68.91	71.95
4*	7.98	3.02	6.01	4.35	7.62	37.85	47.10

表5　织物镜面光泽度和对比光泽度值

样号	经向			纬向		
	I_0	I_m	G	I_0	I_m	G
1*	29.17	36.52	1.25	20.87	23.73	1.14
2*	21.95	33.03	1.50	21.63	42.60	1.97
3*	19.73	33.15	1.68	20.02	35.47	1.77
4*	24.22	31.88	1.32	23.90	33.84	1.42

2.1　织物服用性能

2.1.1　拉伸断裂强力与伸长

织物经向断裂强力介于 270.8~437.0N，纬向断裂强力介于 259.7~272.5N，经向断裂伸长介于 10.6%~25.2%，纬向断裂伸长介于 15.4%~19.3%；平纹织物中，随着织物交织密度增加，经向断裂强力增大，经向断裂伸长增大，经向断裂强力、断裂伸长相近；缎纹织物经向断裂强力明显大于密度相近的平纹织物，纬向断裂强力、经纬向断裂伸长相近。

2.1.2　抗皱性

织物的抗皱性主要受纤维拉伸弹性与初始模量、纱线捻度、织物紧度与组织的影响[3]。可以看出：样品的急弹性折皱回复角介于247°~308°，缓弹性折皱回复角介于244°~329°之间；同一样品的急、缓弹性折皱回复角相近；当前经纬密度规格下，平纹织物的急、缓弹性折皱回复角基本相近；缎纹织物急、缓弹性折皱回复角均明显大于平纹组织织物。

2.1.3 抗起毛起球性能

所有样品的抗起毛起球评级都为4-5级，可见织物的抗起毛起球性都较好，与织物组织结构、交织密度关系不大。

2.1.4 热学性能

织物的热学性能是影响织物服用舒适性的一项重要指标，影响织物热传输性能的因素主要有纤维的导热性、织物体积重量、表面粗糙程度、厚度、织物含水量等[16-18]，表征织物热传输性能的指标有接触冷暖感、热传导率和保温率。

（1）织物接触冷暖感：Q_{max} 值介于 0.129~0.185W/cm^2 之间；平纹织物 Q_{max} 值相差不大；缎纹织物 Q_{max} 值较小，织物暖感较平纹织物好。

（2）织物热传导率：K 值介于 9.831~13.697W/（cm·℃·10^4）；平纹织物 K 值差异不明显；缎纹织物 K 值平纹织物小。

（3）织物保温率：保温率值介于44%~53%；平纹织物保温率相差不大；缎纹织物保温率值明显优于平纹织物。

2.1.5 通透性

（1）透气量：平纹织物 Q 值在 226.43~280.39mm/s 范围内，不同规格样品 Q 值差异不明显；缎纹织物 Q 值达到 952.72mm/s，远高于平纹织物。

（2）透湿量：M 值介于 1663~1750g/（m^2·d）之间，不同组织结构、不同经纬密度规格样品差别不大。

2.2 织物手感风格特征

根据测试并计算得到各试样织物的 5 项手感基本风格值如图 1 所示。

2.2.1 丰满度

丰满度指织物具有的压缩弹性并且温暖的手感，织物的丰满度主要和纤维品种、纱线中纤维间的空隙以及织物中的空隙有关[19]。如图 1（a）所示，试样织物的丰满度值在 5.56~7.98 范围。平纹织物丰满度值 2* > 3* > 1*，分析认为，2* 织物的压缩比功 WC 和压缩线性度 LC 最大，克重 W 较大，三者与织物丰满度成正相关关系，织物厚度 T_0 最小且与织物丰满度呈负相关，故 2* 织物的丰满度最大。与平纹织物相比，4* 缎纹织物丰满度较大，这主要是因为缎纹织物的克重 W 高于平纹织物，压缩比功 WC 与压缩线性度 LC 较大，且压缩功回复率 RC 低于平纹织物，故缎纹织物的丰满度较高。

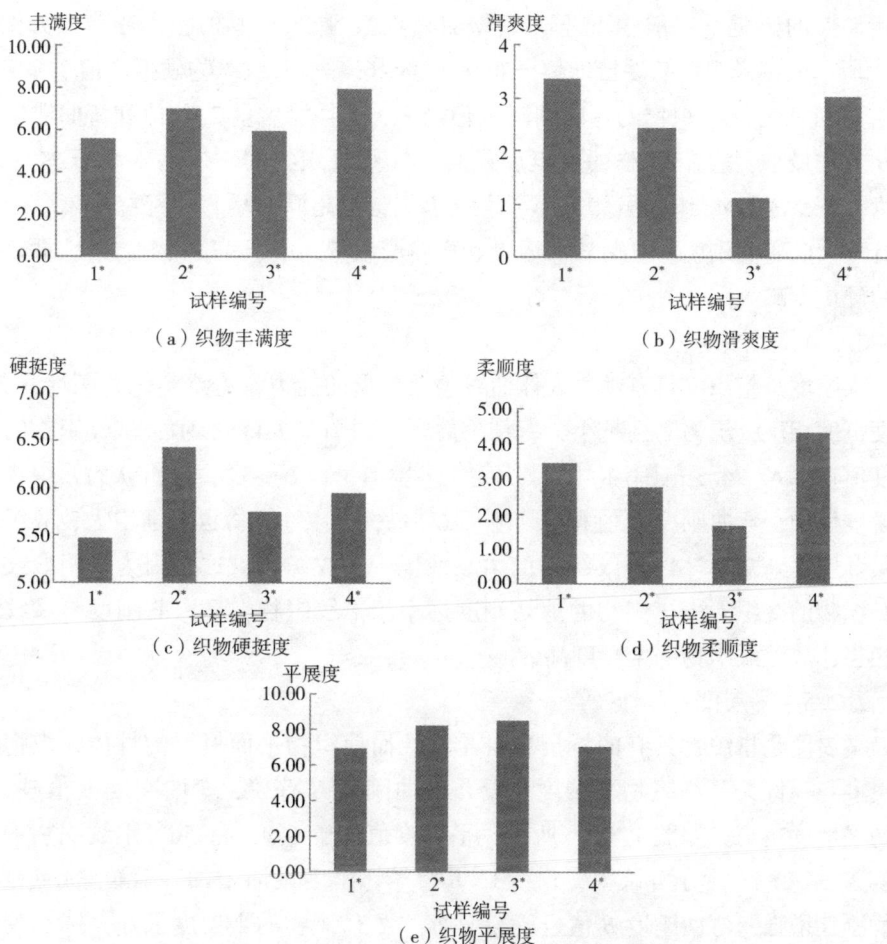

图1　PHA长丝织物手感基本风格值特征

2.2.2　滑爽度

织物的滑爽度是指由于纤维粗硬及纱线高捻度在织物表面产生的手感，织物整体的刚性越强，织物越滑爽。如图1（b）所示，试样织物的滑爽度值介于1.12~3.36。平纹织物滑爽度值1#>2#>3#，分析认为，1#~3#织物的表面摩擦系数偏差MMD值逐渐减小，剪切刚度G值逐渐增大，且织物表面摩擦系数偏差与织物滑爽度呈正相关关系，剪切刚度与滑爽度呈负相关关系，故1#织物的滑爽度最高，3#织物的滑爽度最低。4#缎纹织物的滑爽度远高于盖覆紧度相近的3#平纹织物，分析原因认为是4#织物的剪切刚度G值远小于3#织物，且其织物表面摩擦系数偏差MMD值相近，故4#缎纹织物的滑爽度较高。

2.2.3　硬挺度

硬挺度是当人手触摸面料时，面料产生的反作用力、人手感受到的可挠曲性和弹性的感觉，一般情况下，织物交织点数越少，织物越柔软[20]。如图 1 (c) 所示，试样织物的硬挺度值分布在 5.48~6.43。平纹织物硬挺度值 2# > 3# > 1#，分析认为，2# 织物的弯曲刚度 B 值最大，剪切滞后量 $2HG$ 值和弯曲滞后量 $2HB$ 值均最小，故 2# 织物的硬挺度最大。4# 缎纹织物的硬挺度略高于 3# 平纹织物，这是因为 4# 织物虽然采用了缎纹组织，但是同时增大了经纬密度，织物具有较大的弯曲刚度，且剪切滞后量和弯曲滞后量远小于 3# 织物，故 4# 缎纹织物的硬挺度略大。

2.2.4 柔顺度

柔顺度是指织物具有随着人体曲线柔软变形的能力，主要与织物刚性有关，与硬挺度相反，织物刚性越小，织物越柔顺。如图 1 (d) 所示，试样织物的柔顺度值在 1.67~4.3 范围内。平纹织物柔顺度值 1# > 2# > 3#，分析认为，织物盖覆紧度增加，弯曲刚度 B 值和剪切刚度 G 值从 1#~3# 织物也逐渐增大，故织物的柔顺度逐渐减小。4# 缎纹织物的柔顺性优于平纹织物，这是因为采用缎纹组织，织物的交织点少，织物的剪切刚度远小于平纹织物，且弯曲刚度与平纹织物相当，故缎纹织物的柔顺度高。

2.2.5 平展度

平展度是指织物具有的抵抗自身悬垂性而使织物平面挺展的性能，织物的平展度与弹性无关，织物平展度主要与弯曲刚度 B 有关，弯曲刚度 B 值越大，织物平展度越高。如图 1 (e) 所示，平展度值介于 6.93~8.56。平纹织物平展度值 3# > 2# > 1#，分析认为，1#~3# 织物经纬密度逐渐增加，盖覆紧度递增，织物刚性增强，弯曲刚度 B 值也逐渐增加，故 3# 织物的平展度最好，1# 织物最差。4# 缎纹织物的平展度略低于 3# 平纹织物，分析认为这是因为虽然 4# 织物的盖覆紧度较高，但是采用缎纹组织使织物刚性下降，弯曲刚度 B 值较低，故 4# 缎纹织物的平展性较差。

2.3 织物视觉风格

2.3.1 悬垂性

样品织物的静悬垂系数介于 37.85%~68.91%，动悬垂系数介于 47.1%~71.95%。动、静态悬垂系数对比如图 2 所示。

由图 2 可知：平纹织物的悬垂系数：3# > 1# > 2#，其中 1# 与 2# 织物的悬垂系数相差不大。结合表 3 结果分析，3# 织物的剪切刚度 G、弯曲刚度 B、剪切滞后量 $2HG$、$2HG5$ 和弯曲滞后量 $2HB$ 均为最大，故其动悬垂系数和静悬垂系数都为最大，悬垂性最差。4# 缎纹织物的动悬垂系数和静悬垂系数均低于平纹织物，这是因为缎纹织物的剪切刚度 G、剪切滞后量 $2HG$、$2HG5$ 和弯曲滞后量 $2HB$ 均

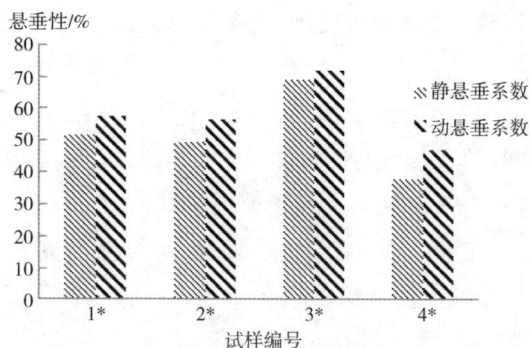

图 2 织物悬垂系数

为最小，弯曲刚度 B 较小，故织物的悬垂系数小，悬垂性好。

2.3.2 光泽

依据表 5 所作织物光泽曲线如图 3 所示。

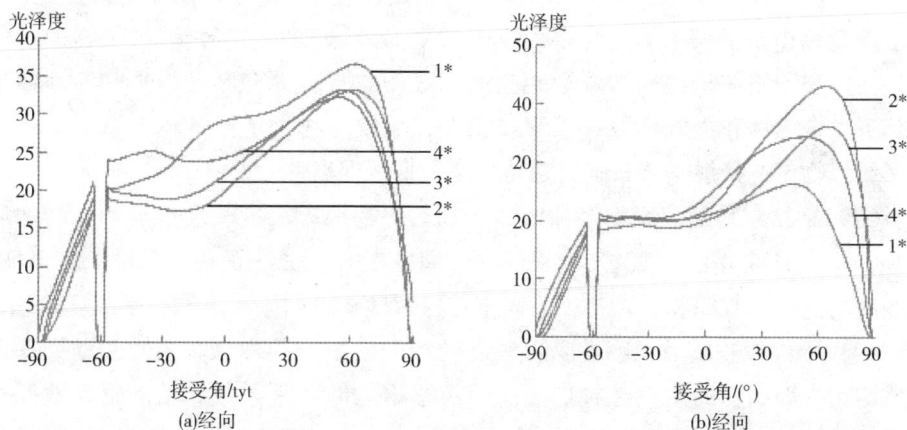

图 3 织物光泽曲线

由图 3 可知：

织物经向和纬向光泽曲线的形状相似，均在 60°附近有明显峰值，其中纬向的峰形比经向明显、光泽度较高，这说明当光线照射纯 PHA 织物时，织物在 60°方向上的反射光较强，光泽强，且织物纬向的光泽比经向强。

经向光泽：平纹织物的经向镜面光泽度 I_m：1* >3* >2*，经向对比光泽度 G：3* >2* >1*，其中 1* 织物的经向光泽相对较强，而 2* 和 3* 织物的光泽曲线相近，镜面光泽度相差不大，视觉效果相似，分析认为 1* 织物的盖覆紧度较低，经纬纱弯曲程度较小，光线照射时漫反射减弱，正反射增加，故织物光泽较强，而 2* 和 3* 织物的盖覆紧度相近，织物中经纬纱弯曲状态相似，光线照射时反射情况相近，故光泽相差不大。4^*缎纹织物的光泽曲线与2^*、3^*平纹织物接近，镜面光泽度I_m低于平纹织物，对比光泽度G低于2^*和3^*织物，这是因为虽然4^*织物采用缎纹组织，经纬纱交织次数减少，纱线弯曲次数减少，正反射增加，但是同时增加了经纬纱密度，纱线弯曲程度增大，漫反射增加，故织物光泽减弱。

纬向光泽：平纹织物的纬向镜面光泽度I_m和纬向对比光泽度G：$2^*>3^*>1^*$，光线照射2^*织物时会在$60°$方向有亮光，而1^*织物纬向光泽较为柔和、偏暗，可见随着织物盖覆紧度的增加，织物纬向光泽先增强后减弱。4^*缎纹织物的视觉效果与3^*平纹织物接近，光泽相对柔和。

3. 结论

（1）PHA长丝织物的抗起毛起球性能均较好；平纹织物中，随着织物交织紧密度增加，织物经向断裂强力和断裂伸长逐渐增大，纬向断裂强力和断裂伸长先增大后减小，抗皱性先增大后减小，透气性下降，透湿性先下降后上升，接触冷暖感相差不大，热传导率先下降后上升，保温率下降；缎纹织物的经向断裂强力和断裂伸长比盖覆系数相近的平纹织物大，纬向断裂强力和断裂伸长率相近，抗皱性和透气性要优于平纹织物，缎纹织物的透湿性比盖覆系数相近的平纹织物差，接触暖感较强，热传导率较低，保温性较好。

（2）平纹织物随着织物经纬密的增加，织物的丰满度、硬挺度均先增加后减小，织物的滑爽度、柔顺度均下降，平展度上升；缎纹织物丰满度、滑爽度、柔顺度均优于平纹织物，硬挺度略高于盖覆紧度相近的平纹织物，平展度较差。

（3）平纹织物随着织物总盖覆紧度的增大，织物的静悬垂系数和动悬垂系数均增大，即织物的悬垂性越好，而缎纹织物的静悬垂系数和动悬垂系数低于平纹织物，悬垂性较差。

（4）平纹织物当光线以固定角度照射织物时，随着织物总盖覆紧度的增加，织物经向光泽下降，纬向光泽先增加后减小，缎纹织物的光泽与盖覆紧度相近的平纹织物接近。

参考文献

［1］李爱萍，李光吉. 聚羟基脂肪酸酯生物合成的研究进展［J］. 高分子通报，2004（5）：20-27.

［2］尹进，陈国强. 蓝水生物技术——聚羟基脂肪酸酯的产业发展［J］. 新材料产业，2016（2）：16-20.

［3］陈鸿斌，张才前. 面料抗皱性能规律研究［J］. 上海纺织科技，2012

（4）：31-32.

［4］张建祥，王桂芝，崔金德．纺织品透气性测试［J］．印染，2009（23）：38-40.

［5］Hsieh. Liquid transport in fabrics structure［J］.1995, 5（65）：299-307.

［6］陈天文，李秀艳，傅吉全．织物的透湿性及液态水传递研究［J］．北京服装学院学报，2005（1）：25-30.

［7］郭燕蕾．棉型男士衬衫面料手感风格与舒适性能测试与评价［D］．苏州，苏州大学，2009.

［8］孙晶晶，成玲，张代荣．织物手感风格客观评价方法的比较［J］．现代纺织技术，2010（2）：55-60.

［9］王府梅．服装面料的性能设计［M］．上海：东华大学出版社，2006：51-90.

［10］徐士欣．织物光泽及织物光泽仪的研究［J］．纺织学报，1988（5）：5-8+3.

［11］姚穆，潘雄琦，吕明哲．织物光泽客观测试的研究［J］．西北纺织工学院学报，2001. 15（2）：66-69.

［12］吕明哲，姚穆．织物的光泽与光泽感［J］．西北纺织工学院学报，2001, 15（2）：77-81.

［13］刘晨.Morphotex 纤维织物光泽性能研究［J］．上海纺织科技，2011（2）：49-51.

［14］王运利，姚金波．浅谈织物的光泽［J］．染整技术，2006（2）：11-13+53.

［15］张辉．棉织物透气性和光泽的测试分析［J］．棉纺织技术，2006（2）：13-16.

［16］姚穆，王晓东．论织物接触冷暖感［J］．西北纺织工学院学报，2001, 15（2）：37-41.

［17］杨晓琴，孙玉钗，孙鹏．织物组织结构与接触冷感关系探讨［J］．山东纺织科技，2007（6）：51 53.

［18］李丽，肖红，程博闻．织物接触冷暖感的影响因素及研究现状［J］．棉纺织技术，2016（1）：80-84.

［19］于湖生．服装面料及其服用性能［M］．北京：中国纺织出版社，2003.

［20］潘志娟.PTT/绢丝混纺织物的风格及服用性能［J］．纺织学报，2014

（8）：163-168.

　　（本文获得"牛牌杯"2019 年中国长丝织造行业技术创新优秀论文一等奖）

SAFIR S30 与 HDS 6800 型自动穿经机使用对比分析

刘小南，王星华，颜媛，钮春荣，徐金兰，罗艳，李春林，李小涛，李小芳

（江苏德华纺织有限公司，江苏宿迁，223800）

　　摘　要　本文重点介绍了瑞士史陶比尔（STAUBLI）公司 SAFIR S30 型自动穿经机和深圳市海弘装备（HAYHON）公司 HDS 6800 型自动穿经机结构、配置参数和生产工艺流程，并结合公司生产实践，对两种自动穿经机在生产效率、操作方法、维修保养复杂性、经济效益等方面进行对比分析，凸显各自设备的主要特点和优势。

　　关键词　自动穿经机；生产效率；维修保养；操作方法；经济效益

　　近年来，随着技术不断进步，纺织设备不断地更新换代，自动化程度逐步提升，各种织机速度提升尤为明显。但织造准备工序的穿经作业仍以人工穿经为主，存在穿经效率低、周期长、工作环境恶劣、工作内容机械性强、枯燥乏味等问题，无法适应小批量、定制化市场需求[1]，手工穿经速度已不能适应现代高速高效喷气、喷水织机的生产和订单需求。一个现代化的纺织企业，单纯地靠手工穿经，对现在的订单形势已造成制约，严重影响了纺织企业的市场竞争力。面对日益提高的人工费用和用工压力，应用先进设备降低生产成本已成为公司管理者普遍关心的问题，纺织企业对用高自动化设备来代替人工生产的需求也越来越强烈。采用穿经机来提高穿经工序的效率和质量变得非常必要[4]，为此，自动穿经机的使用是必然趋势。

　　自动穿经机是一种新型的自动化程度很高的智能设备，它的穿经速度和质量对比手工穿经优势突出，同时也契合了现代纺织行业的发展需求。自动穿经机在发达地区纺织企业应用有 20 多年历史[2]，代表机型有瑞士史陶比尔（STAUBLI）公司生产的 SAFIR 系列自动穿经机、意大利 EL&M 公司的 Vega 穿经机等；随着技术的不断进步，近几年国产自动穿经机发展迅猛，技术进步明显，相继有多家企业研发、生产自动穿经机，如永旭晟机电科技生产的 YXS-A 型自动穿经机、深圳市海弘装备（HAYHON）公司 HDS 6800 型自动穿经机等。本文着重对 SAFIR S30 型和 HDS 6800 型自动穿经机工作原理和生产效率、操作方法、维修保养、经济效益等方面进行对比分析。

1. 设备介绍

1.1　SAFIR S30 型自动穿经机

如图1所示是瑞士史陶比尔（STAUBLI）公司制造的 SAFIR S30 型自动穿经机构造图（图1）。

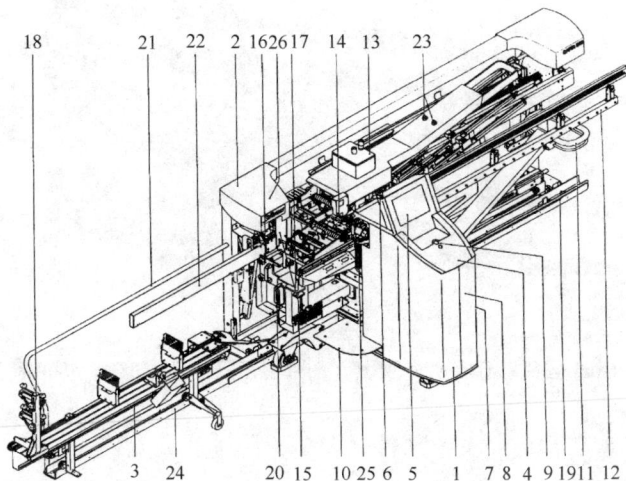

图1　SAFIR S30 型自动穿经机构造图（图片引用操作系统 SAFIR S30 操作说明书）

SAFIR S30 型自动穿经主要部件见表1。

表1　SAFIR S30 型自动穿经机系统概览

序号	组件名称	序号	组件名称
1	穿经机 SAFIR S30 机型	14	穿综模组
2	纱架（固定）	15	纱线模组
3	综条车（移动）	16	分纱模组
4	操作平台	17	综条车的机器连接点
5	触摸屏	18	综条车的夹紧装置
6	紧急停机按钮	19	机台导轨
7	电源主开关和压缩空气主阀	20	综条车上的电源结合处
8	操作台	21	纱架扶手
9	机台控制按钮	22	卸载撑杆
10	操作工作员平台	23	综丝库关闸的开关
11	按钮操纵杆	24	综条车导轨
12	带有钢筘的钢筘运输架	25	已穿纱线的吸风口
13	综丝模组	26	纱架的张紧棘轮

1.2　HDS 6800 型自动穿经机

如图 2 所示是深圳市海弘装备（HAYHON）公司 HDS 6800 型自动穿经机外观图。

图 2　HDS 6800 型自动穿经机外观图（图片引用操作系统 HDS 6800 使用说明书）

HDS 9800 型自动穿经主要部件见表 2。

表 2　HDS 6800 型自动穿经机系统概览

序号	组件名称	序号	组件名称
1	穿经机 HDS 6800 机型	11	操作台
2	梳线架	12	触摸屏显示器
3	出料架	13	钢筘固定座
4	出料串杆夹	14	主机升降开关
5	取纱模组	15	急停按钮
6	出料架与主机连接组件	16	进综串杆夹开关
7	出料串杆夹开关	17	主机导轨
8	钢筘位置调节开关	18	主机把手
9	操作人员平台	19	进综模组
10	主电路开关	20	出综模组

由表 1、表 2 数据和图 1、图 2 可知，两种自动穿经机各主要部件位置基本相同，HDS 6800 型自动穿经机构造相对简单，外观中规中矩，无明显特色；相比之下 SAFIR S30 型自动穿经机构造精密，外观设计美观，配色合理，符合欧美企业设计理念。

1.3 自动穿经机主要技术数据

SAFIR S30 型和 HDS 6800 型自动穿经机的主要技术参数对比见表 3。

表 3 穿综系统的技术数据

主要项目	HDS 6800 型	SAFIR S30 型
最大经轴尺寸	2300mm	2300mm
纱线强度	20~250dtex/20~600 旦	22~250dtex/20~600 旦
综丝型号	O 型综丝	O 型刚综或塑料综丝单丝综或双综丝
综丝规格	长度：220~330mm、厚度：0.25~0.65mm	长度：220~330mm、厚度：0.25~0.65mm
综丝传送轨道	综眼：最小 1.2mm×5.5mm、综眼偏移：最大 10mm	综眼：最小 1.2mm×5.5mm、综眼偏移：最大 10mm
钢筘型号及尺寸	最多 16 根、尺寸：1.5mm×9mm 平筘或曲型筘最大宽度 250mm 筘密 20~350 个缝/dm 钢筘高：80~150mm、钢筘平面高度：40~100mm	最多 16 根、尺寸：1.5mm×9mm 或 1.5mm×10mm 平筘或曲型筘最大宽度 2500mm 筘密 20~350 个缝/dm 钢筘高：80~150mm、钢筘平面高度：40~100mm
电气要求	电压：220VAC/50Hz、功率：约 2.0kVA	单项保护接地 100~240VAC，50/60Hz、功率：1.0kVA
气压要求	压力：0.6~0.8MPa，无油无杂质 耗气量：约 1.5m³/min	压力：0.5~1MPa，无油无杂质 耗气量：约 1m³/min
环境要求	温度：18~25℃、相对湿度：50%~70%	温度：18~40℃、相对湿度：30%~95%
地基特性	最大高度差：±10mm、表面粗糙度：<3mm	最大高度差：±15mm、表面粗糙度：<3mm

由表 3 可见：两种型号的自动穿经机在生产辅件上，如综丝、钢筘、轨道和纱支要求等需求基本相同，在电气、环境要求上也相差不大。

1.4 生产工艺流程

SAFIR S30 和 HDS 6800 型自动穿综机除个别流程有些不同外，其工作原理基本相同，穿经流程主要分六步完成：经轴准备→搭纱架→机头装入→开机准备→开机运转→了机处理。

2. 生产质量效率

2.1 穿综效率

经过一段时间的运转磨合,两种型号的自动穿综机生产运转情况已基本趋于稳定,相比 DELTA 110 型穿经机最高穿经速度 140 根/min[5],SAFIR S30 型自动穿经机正常运转速度为 190~200 根/min,HDS 6800 型自动穿经机正常运转速度为 195~210 根/min。表 4 是连续四个月对两种型号自动穿综机生产情况的数据汇总,由表 4 可知每月正常开机天数在 27.5 天左右,每月实际产量在 609 万根左右,平均日产 22 万根,加上停台保养时间平均速度为 155 根/min。两种自动穿综机在整体运转效率上相差较小,扣除特殊因素外效率偏差率在 2 个百分点之内。

表 5 是对两种自动穿综机生产的相同品种进行的测定,分别对多头份、中等头份、小头份、加捻和上浆品种的测试数据,由表 5 可知在做多头份品种 1 时(纱线细度 48 旦),由于 HDS 6800 型平均车速稍高一些,故 HDS 6800 型自动穿经机比 SAFIR S30 型自动穿经机的穿综效率要高,平均高出近 2 个百分点。在做中等头份品种 2(纱线细度 60 旦)和小头份品种 3(纱线细度 30 旦)时,由于 HDS 6800 型和 SAFIR S30 型自动穿经机在无经丝时前行运动方式不同,HDS 6800 型是皮带式匀速前行,而 SAFIR S30 型是锯齿形跨步前行,后者要比前者移动速度快,加上两种机型的设备配件精细度差异,SAFIR S30 型要比 HDS 6800 型自动穿经机穿经运转效率要高。总经根数越小、旦数越小,相比之下,SAFIR S30 型的穿综效率要高。在做品种 4(纱线细度 50 旦)时通过数据可知,在做上浆品种时 SAFIR S30 型的穿综效率稍高,对于上将品种的适用性方面,SAFIR S30 型的优势较明显一点,HDS 6800 型后续还需要进一步改进完善。

表 4 机台运转数据

月份	SAFIR S30 型				HDS 6800 型			
	轴数/只	总经根数/根	开机天数/天	效率/%	轴数/只	总经根数/根	开机天数/天	效率/%
5 月	457	5812854	26.93	78.88	440	5562614	26.0	78.20
6 月	446	6077613	27.8	79.9	435	5958298	28.0	77.78
7 月	468	6406965	28.7	81.69	497	6873930	29.3	85.65
8 月	450	6066918	26.3	84.21	437	5965687	26.0	83.86
均值	455	6091087	27.43	81.15	452	6090132	27.33	81.44

表 5 不同品种测试数据

品种	总经根数/根	SAFIR S30 型			HDS 6800 型		
		运转时间/min	停台次数	效率/%	运转时间/min	停台次数	效率/%
1	16386	88.51	38	93.22	85.36	21	95.79
1	16386	91.31	37	90.20	92.01	36	90.32
1	16386	94.11	51	88.45	92.06	42	89.18
1	16386	89.09	24	93.35	91.44	44	90.69
1	16386	90.28	47	92.22	90.1	31	93.05
2	13420	74.40	35	90.57	70.18	20	93.37
2	13420	73.53	52	91.43	75.50	55	86.63
2	13420	74.4	36	91.71	80.36	67	82.43
2	13420	76.2	50	88.92	82.26	73	80.81
2	13420	73.25	24	92.11	78.45	65	84.05
3	8828	57.15	34	75.43	57.51	45	76.44
3	8828	56.52	60	77.72	60.54	63	72.10
3	8828	51.29	22	84.76	56.19	62	78.55
3	8828	57.20	34	76.63	62.49	76	69.84
3	8828	54.70	63	81.16	62.51	78	69.83
4	16136	92.21	35	88.11	98.49	54	82.24
4	16136	90.33	41	89.63	94.26	43	85.42
4	16136	88.00	20	91.91	102.24	47	79.53
4	16136	89.54	21	90.09	94.59	47	85.38
4	16136	91.11	55	89.15	93.15	32	86.79

备注：品种 1 为公司在做品种 HL50D 纬弹缎（DK0018），加捻丝头份为 16386 根，塑料综；品种 2 为 HL2026 复合海岛缎，加捻丝头份为 13420 根，塑料综；品种 3 为 30 旦顺纤绉（WK0007），加捻丝头份为 8828 根，塑料综；品种 4 为 HL50D 纬弹缎，上浆丝头份为 16136 根，钢综。

2.2 穿综质量

对于一台自动穿经机来说，借助技术成熟的模块和先进的监控传感器，使用者期望它的穿经质量越高越好，甚至近乎 100%[3]，但在现实使用中，由于各种干扰因素，实际上穿经质量要比预期的低稍许。通过对 7 月和 8 月两种机型的穿经质量进行记录（每天有专人记录两种自动穿经机的断经、多头、错穿、双经等总体穿经质量情况，表6）可知：由于两种机型所穿品种有一些差距，个别品种难度较大的，纱线较细的穿经错误率偏高，扣除挡车工人为因素的影响，SAFIR S30 型和 HDS 6800 型自动穿经机的总体穿经好轴率基本相同，问题轴区间占比在 1 个百分点左右。

表6　SAFIR S30 型和 HDS 6800 型质量对比

质量情况	SAFIR S30 型（7月、8月）				HDS 6800 型（7月、8月）			
	经轴数	百分率/%	经轴数	百分率/%	经轴数	百分率/%	经轴数	百分率/%
好轴	400	85.47	382	84.89	426	85.71	370	84.67
错穿（1~3根）	47	10.04	45	10.00	49	9.86	50	11.44
错穿（3~10根）	15	3.21	19	4.22	18	3.62	15	3.43
错穿（10根以上）	6	1.28	4	0.89	4	0.8	2	0.46
总轴数	468		450		497		437	

3. 操作与维修保养

自动穿经机是目前纺织机器中自动化发展程度比较高的机器之一，其在软件控制、电气设备、模块管理等方面技术水平较高，所以对操作者的技能水平要求也较高，越简单明了的操作系统对于操作者来说操作越方便，生产质量、效率方面也越高。

3.1　操作方法

SAFIR S30 型和 HDS 6800 型自动穿经机采用两种不同的操作系统，前者采用较成熟的 DOS 系统，其模块化精细度较高，系统内容量大，细节问题标注明确，员工在操作过程中遇到故障问题时，系统以图片形式提示较准确，处理问题较快。但在使用过程中发现存在的问题时，反馈后系统技术升级较缓慢；后者采用自动化设备主流控制 WINDOWS 系统，系统界面简洁明了，同样便于员工操作，但其内容方面没有很好细分，在遇部分问题故障时，系统主要以文字形式提示，根据提示内容不能很快排除故障，但在使用过程中对问题改善速度快，系统技术更新升级快。

图3 和图4 是 SAFIR S30 型自动穿经机的断纱时，操作平台界面显示画面，可以看出在出现故障报警时，点击如图3所示界面后会自动跳出如图4所示界面，清楚显示出故障问题，并给出解决方法建议，操作者可根据故障问题和建议快速解决故障，工作效率较高。图5 为同样问题时 HDS 6800 型自动穿经机显

示界面，只显示出故障问题文字提示，并没有给出解决办法和明确故障问题，操作者需逐一排查，工作效率偏低。并且如果在正常运转中突然断电，而非人为关电，HDS 6800 型自动穿经机系统再次通电后无法衔接断电前操作内容，需剪轴重新穿经，相反 SAFIR S30 型有自动记忆功能，再次通电后仍可继续操作，无须从头开始。

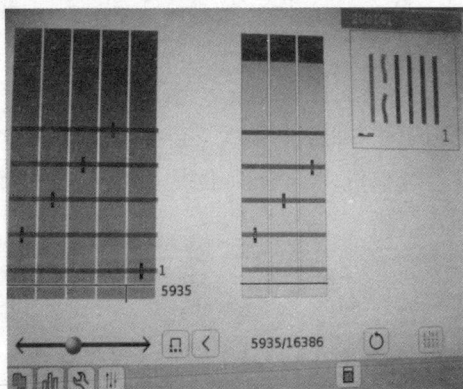

图 3　SAFIR S30 型自动穿经机断纱
操作平台界面显示界面

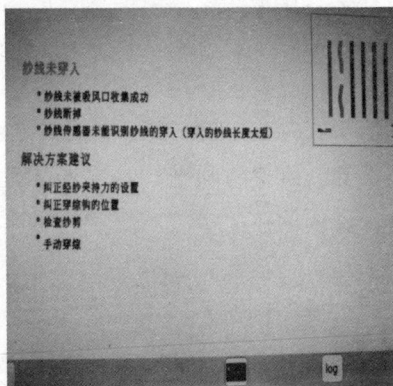

图 4　SAFIR S30 型自动穿经机故障
原因显示界面

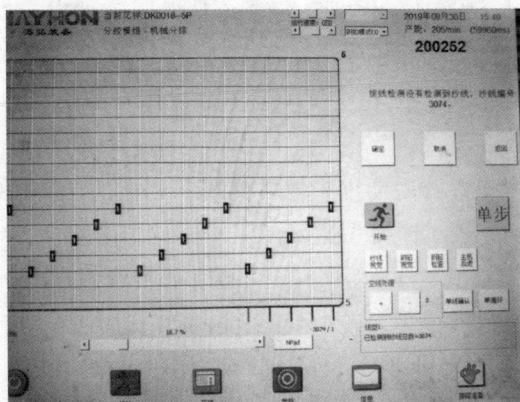

图 5　HDS 6800 型自动穿经机显示界面

3.2　维修保养

自动穿经机因其自动化水平、科技含量和精密度高，设备零配件数目多且设计复杂，任何配件出现问题都有可能造成机器停台，影响产量和质量。自动穿经机的维修保养要求较高，需要配备经过培训的熟练操作和电气、机械维修保养人员，进行定期维修并及时排除故障，才能保证正常生产和提高自动穿经机的穿经效率。

SAFIR S30 型自动穿经机延用史陶比尔较为先进的工业设计理念，设备配件大量使用钣金件降低设备重量，使设备看起来简洁轻便，相同使用时间内表面要比 HDS 6800 型自动穿经机整洁利落，但 SAFIR S30 型整机的零部件无论从种类还是数目上都要比 HDS 6800 型多很多，在平时的维修保养相对烦琐，消耗的时间要长许多。以分组模块为例：HDS 6800 型只需清理气缸、擦干净光源、花键加黄油即可，无须任何拆卸，简化了保养步骤，尽可能地避免保养过后装不到位的情况发生；相反 SAFIR S30 型需要将模组配件拆下一一清理保养。正常情况下，SAFIR S30 型每周需对一些易磨损的配件如：蘑菇头、箝刀等进行一次小保养，维护时间平均在 2.5h/次，半年需对整机进行全面维护；HDS 6800 型小保养周期在 20 天左右，维护时间为 2h/次。

4. 经济效益

自动穿经机的应用为穿经工序提高了穿经质量、减少了用工，降低了生产成本，缩短了交货期，保证了经轴的质量，相比手工穿经，自动穿经机每轴费用比人工成本低 100~120 元[2]，随着人工成本的增加，设备耗用的减少，成本降低还会更多，平均每个可经轴节约时间 6h。

由表 3 可知，因 SAFIR S30 型自动穿经机采用特种电机及自主集成驱动控制，而 HDS 6800 型自动穿经机采用市场主流国产电机配套，电机数量、功率均比 SAFIR S30 型要多和高，故在电气能耗上面，国产 HDS 6800 型比进口 SAFIR S30 型自动穿经机要高出许多，电耗上高出约 1 倍，气耗要高出 50%。但 SAFIR S30 型电气设备价格昂贵，后期维护成本高昂，相比之下 HDS 6800 型电气设备价格低，市场易采购，后期维护成本低廉。

由表 7 可知，HDS 6800 型部分配件如轨道、气缸等使用周期要比 SAFIR S30 型的短，其价格要低很多。表中 HDS 6800 型直接取消使用分离销，这是对分综拨爪的优化升级，直接减少 11 个零件，每年可节省大概 5000 元的维护成本，同时设备对综丝适应性也得到极大的提升。通过对比可以发现，整体维修成本 HDS 6800 型要比 SAFIR S30 型要偏低，可节约 1/3 以上。

表 7　SAFIR S30 型和 HDS 6800 型主要配件使用周期和价格对比

配件名称	SAFIR S30 型		HDS 6800 型	
	使用周期/天	价格（含税）/元	使用周期/天	价格（含税）/元
分离销	20	360	取消	无

续表

配件名称	SAFIR S30 型		HDS 6800 型	
	使用周期/天	价格（含税）/元	使用周期/天	价格（含税）/元
轨道（钢综/塑料）	60/180	1735	30/120	1695
蘑菇头	60	2756	120	1622
剑带	30	339	30	170
挂针（钢综/塑料）	1 年/3 年	157	半年/2 年	192
1.6/2.0 箔刀	15	91/89	15	101/90
出综气缸	180	704	180	192
综眼叉气缸	1 年	704	180	204

5. 结语

通过对两种自动穿经机的对比可以看出，SAFIR S30 型和 HDS 6800 型自动穿经机在使用中均存在长处和短处，各有各自的特点，史陶比尔公司作为老牌的欧美企业，生产的 SAFIR S30 型自动穿经机在工艺设计、设备外观、电气控制上面具有极大优势。但在操作系统上可能受限与前期研发限制，后续系统更新复杂，市场客户调研服务稍差，初期成本高，后期维护成本高昂。相比海弘装备是国内首先自主研发穿经设备的厂家，生产的 HDS 6800 型自动穿经机选用主流的 WINDOWS 系统，后期开发便捷。同时市场反馈服务、设备定制化高及维护成本低廉。但在外观设计上中规中矩无特色，电气控制、部分配件质量略差于史陶比尔 S 系列。后续国产自动穿经机发展前景广阔，软硬件方面有待提升的空间巨大，相信不久，国产自动穿经装备水平会不断超越进口设备。

参考文献

［1］徐盼盼，永旭晟．打造国产自动穿经机第一品牌［J］．创新商业，2018（2）：74-75.

［2］赵关红，杨旭东．自动穿经机和手工穿经对比分析［J］．纺织导报，2010（7）：84-85.

［3］FURRER R，WOLF M. Delta 100/110 穿经机的使用经验［J］．国际纺织导报，2002（3）：34-39.

［4］颜鹏，刘光新，刘进球．穿经机自动分纱器控制系统设计［J］．毛纺技术，2019（3）：57-60.

［5］魏巍，刘华艳，徐芳，等．DELTA 110 型穿经机的使用及故障排除［J］．棉纺织技术，2011（11）：57-59.

（本文获得"牛牌杯"2019 年中国长丝织造行业技术创新优秀论文一等奖）

基于液体分散染料的涤纶织物免水洗印花技术的研究

蒋慧，蒋志新，张超民，蒋谨繁，蒋圣

（莱美科技股份有限公司，浙江 长兴，313102）

摘　要　针对涤纶织物传统的分散染料印花工艺高能耗、高污染的问题，采用液体分散染料、增稠剂进行免水洗印花，研究了染料用量对印花性能的影响，优化了液体分散染料在深色印花时的免水洗工艺。结果表明：染料用量 1.5% 以下时，仅需液体分散染料和增稠剂即可实现免水洗印花。染料用量 1.5% 以上时，要满足深色印花要求，需要加入黏合剂 VPA，优化工艺为 VPA 用量 12%，焙烘温度 190℃，焙烘时间 3min。深色印花时，液体分散染料免水洗印花后织物性能基本达到了粉体分散染料水洗后的效果，且得色量更高。

关键词　液体分散染料；免水洗；印花；色牢度；黏合剂；涤纶

涤纶印花主要有分散染料印花和涂料印花两种。分散染料直接印花时，色浆染料大多是粉体分散染料，大部分通过热熔的方式发色，然后水洗除去各种残留助剂及染料。该工艺对水资源消耗巨大及后续废水排放对环境污染严重。而涂料印花由聚丙烯酸酯乳液作为黏合剂在高温下将与纤维无亲和力的颜料颗粒包覆在纤维表面，具有印制完成后无须水洗的优点，但是存在湿牢度低，为了提高湿牢度而黏合剂用量较大导致手感不佳的问题。

当下时代提倡绿色环保理念，分散染料印花过程中存在高能耗、高污染等问题，所以对于印花行业的发展急需转型。国内研究人员提出了类似于涂料印花的分散染料免水洗印花工艺，以此来实现印花过程高效、节能、无废水排放的目的[1-4]。粉状分散染料因含有大量分散剂，影响聚丙烯酸酯乳液稳定性，且配制色浆时所需的增稠剂量大，基本无法实现免水洗印花。而液体分散染料因采用高聚物型分散剂，分散剂用量少，对增稠剂影响小，印花时具有增稠剂用量低，免水洗印花时不影响织物手感，理论上可实现免水洗印花[5-10]。

目前，市场上已推出液体分散染料，结合本厂生产加工的龙头产品——涤纶家纺面料，采用筛选的增稠剂进行免水洗印花技术研究，为涤纶织物免水洗印花的产业化应用提供参考。

1. 试验部分

1.1　材料与仪器

材料：液体分散蓝 WCD-HGL 和粉体分散蓝 HGL（工业级，浙江龙盛集团有限公司）；黏合剂：氟硅改性聚丙烯酸酯乳液 VPA（浙江某公司）；增稠剂 LM-3D（浙江某公司）。

仪器：RW-20 数显电动搅拌机（IKA 集团）；Minmdf-767 型磁棒印花机（Zimmer 公司）；Vertex70 型傅立叶红外光谱仪（Bruker 公司）；K-AlphaX 型射线光电子能谱仪（Thermo Fisher Scientific 公司）；M-6 型连续式定性烘干机（三锦科技有限公司）；SF600 型测色配色仪（Datacolor 公司）；Y571C 型耐摩擦色牢度仪（宁波纺织仪器厂）；PhabrOmeter 型织物智能风格仪（Nu Cybertek 公司）。

1.2　实验方法

1.2.1　涤纶织物印花方法

印花色浆配方：液体分散蓝 WCD-HGL $X\%$，增稠剂 LM-3D 2%，VPA 乳液 $X\%$，机械搅拌均匀后待用；粉体分散蓝 HGL 2%，增稠剂 LM-3D 4%，VPA 乳液 $X\%$，机械搅拌均匀后待用。

液体分散蓝 WCD-HGL 免水洗印花流程：磁棒印花→预烘（90℃，5min）→高温焙烘（190℃，3min）。

粉体分散蓝 HGL 印花流程：

磁棒印花→预烘（90℃，5min）→高温焙烘（190℃，3min）→还原清洗（NaOH 1g/L，保险粉 2g/L，95℃，10min）→水洗→烘干

1.2.2　测试方法

印花织物的表面得色量 K/S 值测试：采用 Datacolor SF600 测色配色仪测定印花织物表面的 K/S 值，不同位置测试五次，取平均值。

印花织物的耐摩擦色牢度测试：根据《GB/T 3920—2008 耐摩擦色牢度标准》，测试印花织物耐摩擦色牢度。

柔软值：按照 AATCC TM 202—2014《纺织品相对手感值 仪器评价法》标准测试五次，取平均值。

2. 结果与讨论

2.1　液体分散染料免水洗印花性能

采用不同用量的液体分散蓝 WCD-HGL 进行免水洗印花，印花结果如表 1 所示。

表 1 液体分散蓝 WCD-HGL 染料用量对印花性能的影响

染料用量/%	0	0.5	1	1.5	2
K/S 值	—	7.9	12.1	15.2	16.6
耐干摩擦色牢度/级	—	45	4	3-4	3
耐湿摩擦色牢度/级	—	4	4	3	2-3
柔软值	70.2	68.8	68.7	68.3	68.2

从表 1 可以看出，液体分散蓝 WCD-HGL 在染料用量 1.5% 以下时，印制产品的耐摩擦色牢度都在 3 级以上，手感柔软，柔软值基本接近原布。染料用量超过 1.5% 后，印制产品手感基本没有下降，虽然得色量提高明显，但色牢度下降较大，染料用量在 2% 时，耐湿摩擦色牢度仅为 2-3 级，达不到 GB 18401—2010 中 B 类纺织品的标准。因此，基本判断，浅色织物仅需液体分散染料和选用增稠剂即可实现免水洗印花，如果进行深色印花，可能还需要添加黏合剂，但传统的丙烯酸酯类黏合剂存在其用量少色牢度差，用量大色牢度提高但手感不佳的问题。氟硅改性聚丙烯酸酯乳液兼有氟和硅的优点，既能提高胶膜疏水性又降低胶膜溶解度参数及折射率，有助于兼顾手感和色牢度[5,6]。因此，研究了氟硅改性聚丙烯酸酯乳液 VPA 用于液体分散蓝 WCD-HGL（染料用量 2%）免水洗印花，探讨了工艺因素对印花性能影响。

2.2 VPA 乳液用于液体分散染料免水洗印花工艺的优化

将 VPA 乳液应用于液体分散染料免水洗印花中，探讨了 VPA 乳液用量，焙烘温度和焙烘时间对涤纶印花织物 K/S 值和耐摩擦色牢度的影响，优化了印花工艺。

2.2.1 VPA 乳液用量对印花织物 K/S 值和耐摩擦色牢度的影响

VPA 乳液用量对印花织物的 K/S 值和耐摩擦色牢度的影响如表 2 所示。

表 2 VPA 乳液用量对印花织物 K/S 值和耐摩擦色牢度的影响

VPA 乳液用量/%	0	4	8	10	12	15	20
K/S 值	16.6	17.3	18.6	19.2	19.8	19.6	19.7
耐干摩擦色牢度/级	3	3	3	3-4	4	4	4
耐湿摩擦色牢度/级	2-3	2-3	3	3-4	3-4	3-4	3-4

从表 2 可知：在印花色浆中加入 VPA 乳液可以明显提高印花织物 K/S 值，耐摩擦色牢度随着 VPA 乳液用量的增加也逐渐提高。当乳液用量为 12% 时，

K/S值可高达 19.8，耐干摩擦色牢度达到 4 级，耐湿摩擦色牢度达到 3-4 级；继续增加乳液用量，K/S 值和耐摩擦色牢度几乎不变趋向于定值。分析认为：乳液在预烘时会形成胶膜，该胶膜能将分散染料和增稠剂包裹在涤纶表面，经高温焙烘后，胶膜中交联的氟硅链段促进分散染料向涤纶织物内部无定形区扩散并发色，同时氟硅的低折光指数降低了胶膜的反射率，实现了织物的增深。而未交联的氟硅链段迁移至胶膜表面提高了疏水性，进而提高了织物耐色摩擦牢度。当乳液用量达到 12% 时，胶膜已经足够完整包覆分散染料和增稠剂，继续增加乳液用量，K/S 值和耐摩擦色牢度提升不明显，还会使织物手感变硬。综合分析，乳液用量选择 12%。

2.2.2 焙烘温度对印花织物 K/S 值和耐摩擦色牢度的影响

焙烘温度对印花织物的 K/S 值和耐摩擦色牢度影响如表 3 所示。

表 3 焙烘温度对印花织物 K/S 值和耐摩擦色牢度的影响

焙烘温度/℃	160	170	180	190	200	210
K/S 值	16.9	17.4	18.4	19.8	19.5	19.4
耐干摩擦色牢度/级	3	3	3-4	4	4	4
耐湿摩擦色牢度/级	2-3	2-3	3	3-4	3-4	3-4

随着焙烘温度逐渐升高，印花织物的 K/S 值和耐摩擦色牢度也逐渐提高，在 190℃时 K/S 值达到 19.8，耐干摩擦色牢度达到 4 级，耐湿摩擦色牢度达到 3-4 级；继续提高焙烘温度，印花织物的 K/S 值和耐摩擦色牢度基本不变。分析认为：随着焙烘温度的升高，VPA 胶膜中的分子链在高温下运动速度加快，促进了包裹在涤纶表面的分散染料更快向涤纶无定形区扩散发色；而分子链中未交联的氟硅链段可以更快向空气—胶膜界面迁移，提高了疏水性，印花织物的耐摩擦色牢度得到提升。但是，当温度超过 190℃时，胶膜中氟硅链段已经迁移完全形成阶梯分布，大部分分散染料已经进入涤纶内部，纤维表面的分散染料很少，继续提高温度对印花织物 K/S 值和耐摩擦色牢度的影响不大，趋于恒定值，而且温度过高会对涤纶造成一定损伤。综合考虑，选择焙烘温度 190℃比较适宜。

2.2.3 焙烘时间对印花织物 K/S 值和耐摩擦色牢度的影响

焙烘时间对印花织物的 K/S 值和耐摩擦色牢度影响如表 4 所示。

表4　焙烘时间对印花织物 K/S 值和耐摩擦色牢度的影响

焙烘时间/min	0.5	1	2	3	4	5
K/S 值	18.4	19.1	19.3	19.8	19.7	19.6
耐干摩擦色牢度/级	3	3-4	4	4	4	4
耐湿摩擦色牢度/级	2-3	3	3	3-4	3-4	3-4

随着焙烘时间的增加,印花织物的 K/S 值和耐摩擦色牢度逐渐提高,焙烘3min 后继续增加焙烘时间印花织物 K/S 值和耐摩擦色牢度趋于稳定。分析认为:焙烘时间少于 3min 时,分散染料在胶膜中有一定残留,未扩散进入涤纶的无定形区,同时未交联氟硅链段也未迁移完全,所以织物的 K/S 值和耐摩擦色牢度不佳。当焙烘时间大于 3min 时,继续提高焙烘时间对印花织物 K/S 值和耐摩擦色牢度的影响较小,但焙烘时间过长会降低印花效率,且织物手感变差。因此,综合考虑,焙烘时间 3min 比较适宜。

2.3 不同印花工艺比较

采用优化的液体分散蓝 WCD-HGL 免水洗印花工艺(免水洗色浆分添加VPA 乳液和不添加 VPA 乳液两类)和粉体分散蓝 HGL 印花工艺(印花后水洗)对涤纶织物进行印花,对比印花效果。其印花效果如图1和表5所示。

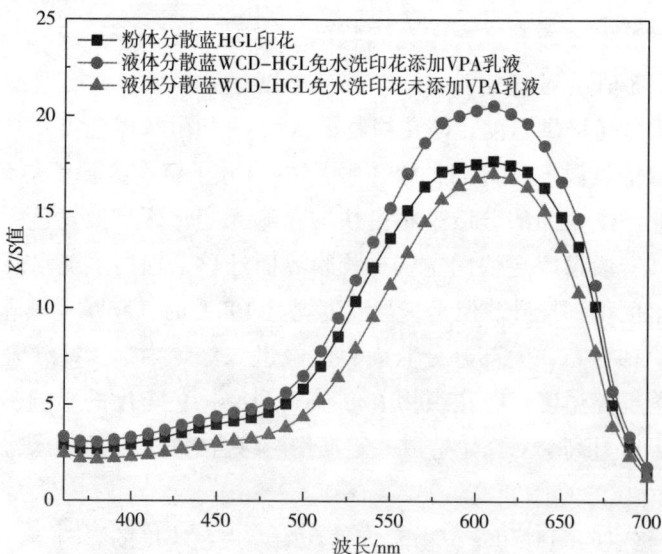

图1　印花织物的 K/S 值曲线

表5 不同印花工艺对印花织物性能影响

项目	K/S 值	耐干摩擦色牢度/级	耐湿摩擦色牢度/级	柔软值
液体分散蓝 WCD-HGL 免水洗印花中未添加 VPA 乳液	17.0	3	2-3	68.2
液体分散蓝 WCD-HGL 免水洗印花中添加 VPA 乳液	20.6	4	3-4	66.3
粉体分散蓝 HGL 印花	17.7	4-5	4	68.7

从图1和表5可以看出,所有织物表面染料的最大吸收波长均没有发生改变,且色光没有发现明显的变化。未添加 VPA 乳液的液体分散蓝 WCD-HGL 免水洗印花的表面得色量与粉体分散蓝 HGL(水洗)得色量相近且手感柔软,但其耐摩擦色牢度较差。添加 VPA 乳液后,得色量提高两成左右,且耐摩擦色色牢度达到了 3-4 级符合 GB 18401—2010 中 B 类纺织品要求,但因纤维表面包裹一层胶膜,所以织物厚度会略有增加,手感柔软值略有下降。

采用液体分散染料免水洗印花工艺,基本能实现稳定生产 5 万米/天,由于省去了水洗工序,每米生产成本平均下降 15% 左右,节能减排效果明显,经济效益显著。

3. 结论

(1)市售液体分散染料印制浅色织物时,仅需染料和增稠剂即可实现免水洗印花;印制深色织物时,需添加氟硅改性聚丙烯酸酯类黏合剂 VPA,优化工艺为 VPA 用量 12%,190℃ 焙烘时间 3min。

(2)涤纶家纺面料采用液体分散染料免水洗印花,缩短了工艺流程,经生产测试,加工织物指标符合 GB 18401—2010 中 B 类纺织品要求,节能减排效果显著。

参考文献

[1] 王兆锋. 涤纶免水洗印花工艺 [J]. 印染, 2019, 45 (10): 33-35.

[2] 魏奕雯. 涤纶织物分散染料免蒸洗印花工艺 [J]. 印染, 2019, 45 (9): 24-27.

[3] 王鹏, 王小林, 郝凤来, 等. 染涂一体色浆的应用性能研究 [J]. 染料与染色, 2017, 54 (6): 33-36.

［4］阮光栋．分散染料在实际应用中的现状分析［J］．化工设计通讯，2018（2）：252-252.

［5］周庆权，王云云，张奇鹏，等．改性聚丙烯酸酯乳液在分散染料免水洗印花中的应用［J］．浙江理工大学学报（自然科学版），2019（5）：572-578.

［6］艾丽，曹红梅，朱亚伟，等．基于液体分散染料的微量印花技术［J］．纺织学报，2018，39（9）：77-83.

［7］张澍声．直接制备液体分散染料［J］．染料与染色，1981（1）：57-58.

［8］龙湘，蔡苏英，眭光．印染企业节能减排技术应用效果的探讨［J］．轻纺工业与技术，2011，40（1）：36-38+42.

［9］高建波．基于微量印花系统的液体分散染料的商品化技术研究［D］．苏州：苏州大学，2016.

［10］丁志平，苗海青．分散染料免蒸洗印花工艺研究［J］．现代丝绸科学与技术，2011，26（6）：220-222.

（本文获得"牛牌杯"2019 年中国长丝织造行业技术创新优秀论文一等奖）

产业政策篇

第十章 产业政策

一、国家调整的重大技术装备进口税收政策有关目录

根据近年来国内装备制造业及其配套产业的发展情况，在广泛听取产业主管部门、行业协会、企业代表等方面意见的基础上，财政部、工业和信息化部、海关总署、税务总局、能源局决定对重大技术装备进口税收政策有关目录进行修订，发布了《关于调整重大技术装备进口税收政策有关目录的通知》（财关税〔2019〕38号）。

（一）《国家支持发展的重大技术装备和产品目录（2019年修订）》（表10-1）和《重大技术装备和产品进口关键零部件、原材料商品目录（2019年修订）》（见表10-2）自2020年1月1日起执行，符合规定条件的国内企业为生产本通知表10-1所列装备或产品而确有必要进口表10-2所列商品，免征关税和进口环节增值税。表10-1、表10-2中列明执行年限的，有关装备、产品、零部件、原材料免税执行期限截至该年度12月31日。

表10-1 国家支持发展的重大技术装备和产品目录（2019年修订）

编号	名称	技术规格要求	销售业绩要求	执行年限	修订说明
十三	新型纺织机械				
（一）	自动络筒机	卷绕规格≥2100m/min	年销售≥50台	2022	调整
（二）	高效现代化成套棉纺设备				
1	清梳联合机（梳棉机）	最高产量≥120kg/h	持有合同订单	2021	
2	精梳机	纺棉钳次≥480 纺化纤钳次≥300	年销售量≥50台	2021	
3	全自动转杯纺纱机	1. 转杯转速≥18×10^4r/min； 2. 纺纱速度≥300m/min	年销售量≥30台	2022	新增
（三）	非织造布成套设备				
	纺熔复合非织造布成套设备	幅宽≥1.6m	持有合同订单	2022	调整

编号	名称	技术规格要求	销售业绩要求	执行年限	修订说明
(四)	染色机				
	高温高压溢流染色机	浴比≤1：4.5，设计温度≥140℃，设计压力≥0.3MPa（3.0bar）	持有合同订单	2021	调整

表 10-2　重大技术装备和产品进口零部件、原材料商品目录（2019 年修订）

设备名称	一级部件	单机免税用量（供参考）	税则号列（供参考）	执行年限
十三	新型纺织机械			
（一）自动络筒机	电子清纱器	60~72 件	84483920	2022
	空气捻接器	60~72 件	84483930	2022
	机械捻接器	60~72 件	84483990	2022
	槽筒	60~72 件	84483990	2022
	超高速长度测量装置	60~72 件	90314990	2022
（二）高效现代化成套棉纺设备				
1. 清梳联合机（梳棉机）	钢丝针布	110kg	84483100	2021
2. 精梳机	锡林	8 套	84483200	2021
	顶梳	8 套	84483200	2021
3. 全自动转杯纺纱机	单锭纺纱磁悬浮电机	24~768 件	85013100	2022
	纺杯	24~768 件	84483910	2022
	单锭驱动分梳辊	24~768 件	84483990	2022
	转杯纺用电子清纱器	24~768 件	84483920	2022
	单锭驱动卷绕筒	24~768 件	84483990	2022
	单锭驱动导纱装置	24~768 件	84483990	2022
	落纱装置	2~6 件	84482090	2022
（三）非织造布成套设备				
纺熔复合非织造布成套设备	熔喷纺丝装置	1~2 套	8448 8449	2022
（四）染色机				
高温高压溢流染色机	不锈钢板	7.5~58t	7219 7222 7223	2021

（二）《进口不予免税的重大技术装备和产品目录（2019 年修订）》（表 10-3）自 2020 年 1 月 1 日起执行。对 2020 年 1 月 1 日以后（含 1 月 1 日）批准的按照或比照《国务院关于调整进口设备税收政策的通知》（国发〔1997〕37 号）有关规定享受进口税收优惠政策的下列项目和企业，进口表 10-3 所列自用设备以及按照合同随上述设备进口的技术及配套件、备件，一律照章征收进口税收：

表 10-3　进口不予免税的重大技术装备和产品目录（2019 年修订）

编号	税则号列	设备名称	技术规格	修订说明
十三、新型纺织机械				
1	84451111	棉纺清梳联合机	单机产量≤120kg/h	
2	84451112	往复式抓棉机	所有规格	
3	84451310	棉纺并条机	所有规格	
4	84451310	棉纺精梳机	生产速度≤500 钳次	
5	84451321	棉纺粗纱机	所有规格	
6	84451900	开棉机	所有规格	
7	84451900	混棉机	所有规格	
8	84451900	清棉机	所有规格	
9	84451900	清梳联棉箱	单机产量≤100kg/h	
10	84452041	棉纺环锭细纱机	所有规格	
11	84454010	自动络筒机	所有规格	
12	84463050	喷气织机	所有规格	
13	84440090	氨纶卷绕机	所有规格	
14	84400900	纺熔复合非织造布纺丝、牵伸机	所有规格	
15	84452031	全自动转杯纺纱机	所有规格	新增

1. 国家鼓励发展的国内投资项目和外商投资项目；

2. 外国政府贷款和国际金融组织贷款项目；

3. 由外商提供不作价进口设备的加工贸易企业；

4. 中西部地区外商投资优势产业项目；

5. 《海关总署关于进一步鼓励外商投资有关进口税收政策的通知》（署税

〔1999〕791 号）规定的外商投资企业和外商投资设立的研究中心利用自有资金进行技术改造项目。

为保证《进口不予免税的重大技术装备和产品目录（2019 年修订）》调整前已批准的上述项目顺利实施，对 2019 年 12 月 31 日前（含 12 月 31 日）批准的上述项目和企业在 2020 年 6 月 30 日前（含 6 月 30 日）进口设备，继续按照《财政部 发展改革委 工业和信息化部 海关总署 税务总局 能源局关于调整重大技术装备进口税收政策有关目录的通知》（财关税〔2018〕42 号）附件 3 和《财政部 国家发展改革委 海关总署 国家税务总局关于调整<国内投资项目不予免税的进口商品目录>的公告》（2012 年第 83 号）执行。

自 2020 年 7 月 1 日起对上述项目和企业进口《进口不予免税的重大技术装备和产品目录（2019 年修订）》中所列设备，一律照章征收进口税收。为保证政策执行的统一性，对有关项目和企业进口商品需对照《进口不予免税的重大技术装备和产品目录（2019 年修订）》和《国内投资项目不予免税的进口商品目录（2012 年调整）》审核征免税的，《进口不予免税的重大技术装备和产品目录（2019 年修订）》与《国内投资项目不予免税的进口商品目录（2012 年调整）》所列商品名称相同，或仅在《进口不予免税的重大技术装备和产品目录（2019 年修订）》中列名的商品，一律以《进口不予免税的重大技术装备和产品目录（2019 年修订）》所列商品及其技术规格指标为准。

（三）自 2020 年 1 月 1 日起，《财政部 发展改革委　工业和信息化部 海关总署 税务总局　能源局关于调整重大技术装备进口税收政策有关目录的通知》（财关税〔2018〕42 号）予以废止。

二、鼓励外商投资产业目录（2019 年）（节选）

2019 年 6 月 30 日，国家发展改革委、商务部发布了《鼓励外商投资产业目录（2019 年版）》，自 7 月 30 日开始施行。

《鼓励外商投资产业目录（2019 年版）》是新时期我国外商投资促进工作的重要依据。从内容上看，它包括两个子目录：一是全国鼓励外商投资产业目录，适用于全国，是外商投资产业促进政策。二是中西部地区外商投资优势产业目录，主要适用于中西部地区、东北地区，是外商投资区域促进政策。

（一）全国鼓励外商投资产业目录

1. 纺织业

（1）采用编织、非织造布复合、多层在线复合、长效多功能整理等高新技术生产轻质、高强、耐高/低温、耐化学物质、耐光等多功能化的产业用纺织品。

（2）采用先进节能减排技术和装备的高档织染及后整理加工。

（3）符合生态、资源综合利用与环保要求的特种天然纤维（包括山羊绒等特种动物纤维、竹纤维、麻纤维、蚕丝、彩色棉花等）产品加工。

（4）废旧纺织品回收利用。

2. 纺织服装、服饰业

（1）采用计算机集成制造系统的服装生产。

（2）功能性特种服装生产。

3. 化学原料和化学制品制造业

（1）差别化、功能性聚酯（PET）的连续共聚改性 [阳离子染料可染聚酯（CDP、ECDP）、碱溶性聚酯（COPET）、高收缩聚酯（HSPET）、阻燃聚酯、低熔点聚酯等]。

（2）熔体直纺在线添加等连续化工艺生产差别化、功能性纤维（抗静电、抗紫外、有色纤维等）。

（3）智能化、超仿真等差别化、功能性聚酯（PET）及纤维生产。

（4）腈纶、锦纶、氨纶、粘胶纤维等其他化学纤维品种的差别化、功能性改性纤维生产。

4. 化学纤维制造业

（1）差别化化学纤维及芳纶、碳纤维、高强高模聚乙烯、聚苯硫醚（PPS）等高新技术化纤（粘胶纤维除外）生产。

（2）纤维及非纤维用新型聚酯生产：聚对苯二甲酸丙二醇酯（PTT）、聚萘二甲酸乙二醇酯（PEN）、聚对苯二甲酸环己烷二甲醇酯（PCT）、二元醇改性聚对苯二甲酸乙二醇酯（PETG）。

（3）利用新型可再生资源和绿色环保工艺生产生物质纤维，包括新溶剂法纤维素纤维（Lyocell），以竹、麻等为原料的再生纤维素纤维、聚乳酸纤维（PLA）、甲壳素纤维、聚羟基脂肪酸酯纤维（PHA）、动植物蛋白纤维等。

（4）尼龙11、尼龙12、尼龙1414、尼龙46、长碳链尼龙、耐高温尼龙等新型聚酰胺开发、生产。

（5）子午胎用芳纶及帘线生产。

（二）中西部地区外商投资优势产业目录

1. 山西省、内蒙古自治区、辽宁省、吉林省、安徽省、江西省、河南省、湖北省、湖南省、广西壮族自治区、四川省、贵州省、云南省、陕西省、新疆维吾尔自治区（含新疆生产建设兵团）：棉、毛、麻、丝、化纤的高档纺织、针织及服装加工生产和相关产品的研发、检测。

2. 内蒙古自治区：棉、毛、绒、麻、丝、化纤的高档纺织、针织及服装生产加工和相关产品的研发、检测。

三、产业发展与转移指导目录（2018版）（纺织部分）

2018年，为贯彻落实党中央、国务院关于高质量发展和区域协调发展的决策部署，深入推进产业有序转移和转型升级，工业和信息化部对《产业转移指导目录（2012年本）》进行了修订，发布了《产业发展与转移指导目录（2018年本）》。

（一）全国区域工业发展总体导向

牢固树立新发展理念，以供给侧结构性改革为主线，发挥市场在资源配置中的决定性作用，更好发挥政府作用，走中国特色新型工业化道路。贯彻国家区域协调发展战略，深入实施主体功能区战略，统筹协调西部、东北、中部、东部四大板块，发挥区域比较优势，推进差异化协同发展，综合考虑能源资源、环境容量、市场空间等因素，促进生产要素有序流动和高效集聚，推动产业有序转移，构建和完善区域良性互动、优势互补、分工合理、特色鲜明的现代化产业发展格局。

1. 西部地区

西部地区包括内蒙古、广西、重庆、四川、贵州、云南、西藏、陕西、甘肃、青海、宁夏、新疆6省5区1市及新疆生产建设兵团。西部地区具有广阔的发展空间、巨大的市场潜力和突出的资源优势，是我国重要的战略资源接续地和产业转移承接地。

西部地区是产业转移的重要承载区，也是重点生态保护地区，要大力实施优势资源转化战略，加快沿边开发开放，建设国家重要的能源化工、资源精深加工、新材料和绿色食品基地，以及区域性的高技术产业和先进制造业基地。

重点承接发展的产业方向：

消费品工业：依托特色资源优势和边境区位优势，西北地区提升毛纺产业链制造水平，支持新疆纺织服装产业发展，重点发展服装服饰、家纺、针织等劳动密集型产业，建设国家重要棉纺产业基地、西北地区和丝绸之路经济带核心区服装服饰生产基地与向西出口集散中心；西南地区大力发展少数民族纺织传统工艺和旅游纺织品。

2. 东北地区

东北地区包括辽宁、吉林、黑龙江 3 省。东北地区是中国工业的摇篮，拥有一批关系国民经济命脉和国家安全的战略性产业，区位条件优越，沿边沿海优势明显。

东北地区要加快传统优势产业升级，完善现代产业体系，建成向北开放的重要窗口和东北亚地区合作的中心枢纽，打造具有国际竞争力的装备制造业基地、国家新型原材料基地、重要的技术研发与创新基地。

重点承接发展的产业方向：

消费品工业：利用汉（亚）麻纤维、化纤等原料资源，开发纺织服装精深加工产品，适度发展产业用纺织品。

3. 中部地区

中部地区包括山西、安徽、江西、河南、湖北、湖南 6 省。中部地区承东启西、连接南北，生产要素富集、产业门类齐全、工业基础坚实、市场潜力广阔，具备较强的承接产业转移能力。

中部地区要加快承接国际和东部发达地区的产业转移，建设全国重要能源原材料基地、现代装备制造和高技术产业基地，打造全国重要先进制造业中心。

重点承接发展的产业方向：

消费品工业：打造武汉纺织服装时尚创意中心，建设大同、郑州、襄阳、荆州、株洲、安庆、赣州、九江、南昌等一批现代纺织产业基地。

4. 东部地区

东部地区包括北京、天津、河北、上海、江苏、浙江、福建、山东、广东、海南 7 省 3 市。东部地区区位条件优越，面向国际、辐射中西部，是全国工业经济发展的重要引擎。

东部地区要率先实现产业转型升级，积极承接国际高端产业转移，推动传统产业向中西部地区转移。要依托雄厚的产业基础和相对完善的市场机制，建设有全球影响力的先进制造业基地和全国科技创新与技术研发基地，成为我国先进制造业的先行区、参与经济全球化的主体区。

重点承接发展的产业方向：

消费品工业：以提升科技含量和打造品牌为重点，推动上海、江苏、浙江、山东、广东、福建，建设具备国际先进水平的纺织服装技术研发中心、时尚创意中心、高端制造中心和生产性服务体系，率先建设纺织、食品智能制造示范基地，培育世界级纺织服装产业集群。

（二）西部地区优先承接发展的产业

1. 新疆维吾尔自治区

（1）优质棉纱、棉布及棉纺织品（阿克苏地区、巴音郭楞州、喀什地区、和田地区、克孜勒苏州、吐鲁番市、昌吉州、伊犁州直）。

（2）驼绒、山羊绒、亚麻、罗布麻等特色纺织品（伊犁州直、阿克苏地区、巴音郭楞州）。

（3）服装服饰（昌吉州、喀什地区、伊犁州直、阿克苏地区、和田地区、巴音郭楞州）。

（4）家用纺织品（喀什地区、阿克苏地区、巴音郭楞州、和田地区、克孜勒苏州）。

（5）产业用纺织品（喀什地区、阿克苏地区、巴音郭楞州、和田地区、克孜勒苏州）。

（6）功能性、差别化纤维（巴音郭楞州、昌吉州、阿克苏地区、塔城地区）节能环保智能染纱等印染（阿克苏地区、库尔勒市、巴音郭楞州）。

（7）针织产品（伊犁州直、巴音郭楞州、阿克苏地区、喀什地区）。

2. 云南省

纺织服装（昆明市、保山市、红河州、文山州、德宏州）。

3. 陕西省

（1）高品质纱线及纺织品（西安市、宝鸡市、咸阳市、渭南市）。

（2）高档丝绸面料及制品（安康市、汉中市）。

（3）中高档精品服装（西安市、宝鸡市、咸阳市、渭南市）。

（4）运动休闲服装、功能性服装（西安市、宝鸡市、咸阳市、渭南市）。

（5）高品质家用纺织品（西安市、咸阳市、汉中市、安康市）。

（6）产业用纺织品（西安市、咸阳市）。

（三）中部地区优先承接发展的产业

1. 安徽省

（1）高品质纱线（安庆市、芜湖市、阜阳市、蚌埠市、淮北市）。

（2）中高档服装和家用纺织品（安庆市、合肥市、芜湖市、阜阳市、六安市）。

（3）高品质纺织面料及功能性纺织面料（安庆市、宣城市、芜湖市、阜阳市、蚌埠市）。

（4）产业用纺织品（合肥市、芜湖市、安庆市、宣城市、阜阳市）。

（5）节能环保智能染纱（淮北市）。

2. 江西省

（1）高品质纱线、混纺纱线、特种纱线（九江市、新余市、宜春市、上饶市）。

（2）高品质纺织面料（抚州市、南昌市）。

（3）中高档服装、服饰、苎麻等特色家用纺织品（南昌市、九江市、赣州市、宜春市、新余市）。

（4）功能性过滤材料、土工合成材料、篷盖材料等产业用纺织品（南昌市、吉安市、上饶市、九江市）。

（5）废旧纺织品回收利用（宜春市）。

（6）特种动物纤维、麻纤维、竹原纤维、桑蚕丝、彩色棉花等天然纤维纺织产品（新余市、宜春市、上饶市、九江市）。

（7）节能环保智能染纱（南昌市）。

3. 河南省

（1）非棉天然纤维和差别化纤维等新型纤维、高品质纱线和织物等特色产品（鹤壁市、新乡市、南阳市、商丘市、信阳市）。

（2）高品质纺织面料（南阳市、商丘市、信阳市、周口市、驻马店市）。

（3）品牌服装，中高档休闲、时尚、运动服装（郑州市、商丘市、信阳市、新乡市、鹤壁市）。

（4）老粗布、地毯及特色家用纺织品（商丘市、鹤壁市、驻马店市、信阳市、南阳市）。

（5）土工与建筑用纺织品、高端医用防护纺织品、交通工具用纺织品、安全防护用纺织品等产业用纺织品（郑州市、新乡市、南阳市、平顶山市）。

（6）功能性合成纤维、高性能纺织纤维（新乡市、平顶山市）。

（7）节能环保智能染纱（安阳市）。

4. 湖北省

（1）棉及化纤纺织（武汉市、襄阳市、黄石市、荆州市、孝感市）。

（2）特色丝绸纺织（黄冈市）。

（3）家用纺织品（襄阳市、荆州市、荆门市、黄冈市、天门市）。

（4）产业用纺织品（襄阳市、荆州市、荆门市、孝感市、仙桃市）。

（5）品牌服装、中高档服装（武汉市、襄阳市、黄石市、荆州市、十堰市）。

（6）生物基纤维及制品（襄阳市、十堰市、荆门市）。

（7）纤维素纤维原料及纤维（襄阳市、十堰市、荆门市）。

（8）合成纤维（襄阳市、宜昌市、荆门市）。

5. 湖南省

（1）高品质麻纤维纱线及制品（衡阳市、益阳市）。

（2）服装、服饰（株洲市、长沙市、衡阳市、益阳市、常德市）。

（3）床上用品（长沙市、张家界市）。

（4）毛巾类制品（益阳市、常德市、长沙市、岳阳市）。

（5）窗帘、布艺类产品（永州市、衡阳市）。

（6）产业用纺织品（永州市、益阳市、长沙市）。

（7）功能性合成纤维（永州市、衡阳市、郴州市）。

（四）东部地区

1. 天津市

（1）品牌服装设计加工、功能性特种服装（武清区、滨海新区）。

（2）高性能防护服装材料、功能性篷盖材料、汽车用纺织品、卫生用纺织品等产业用纺织品（滨海新区、武清区）。

（3）生物质纤维、新型聚酯及纤维（滨海新区、武清区）。

（4）高品质针织制品（津南区）。

2. 河北省

（1）特种纤维、功能性纤维的纱线和面料（石家庄市、邯郸市、唐山市、邢台市、保定市）。

（2）功能性、优质服装和家用纺织品（石家庄市、邯郸市、保定市、邢台市、沧州市）。

（3）产业用纺织品（石家庄市、邯郸市、邢台市、衡水市）。

（4）毛皮服装加工（石家庄市、衡水市、邢台市、沧州市、辛集市）。

3. 上海市

（1）品牌服装、特种防护服装、智能服装（宝山区、松江区）。

（2）高附加值产业用纺织品（奉贤区、松江区）。

（3）高仿真纤维（浦东新区）。

4. 江苏省

（1）品牌服装和家用纺织品（苏州市、南通市、无锡市、常州市、宿迁市）。

（2）毛纺织及服装（苏州市、南通市、无锡市、常州市、宿迁市）。

（3）产业用纺织品（苏州市、南通市、无锡市、常州市、宿迁市）。

（4）节能环保智能染纱（盐城市、南通市、宿迁市）。

5. 浙江省

（1）非棉天然纤维、功能性和差别化纤维、特种纤维的纱线及面料（绍兴市、嘉兴市、金华市、温州市）。

（2）针织或钩针编织物织造（绍兴市、嘉兴市）。

（3）高品质纺织面料及制成品（绍兴市、金华市、温州市、杭州市、嘉兴市）。

（4）高档丝绸面料、高品质服装服饰（杭州市、绍兴市、嘉兴市、湖州市）。

（5）品牌高品质家用纺织品（杭州市、宁波市、温州市、嘉兴市、绍兴市）。

（6）节能环保智能染纱（绍兴市、嘉兴市）。

6. 福建省

（1）高品质纺织面料（福州市、厦门市、泉州市、莆田市、三明市）。

（2）品牌服装、家用纺织品（泉州市、福州市、三明市、南平市、龙岩市）。

（3）产业用纺织品（三明市、南平市、厦门市、泉州市、漳州市）。

（4）生物质纤维（泉州市、福州市）。

（5）智能染纱等印染节能减排新技术及设备（福州市、泉州市、三明市）。

7. 山东省

（1）高品质毛、麻纺纱线及制品（泰安市、淄博市、威海市、德州市、潍坊市）。

（2）高品质纺织面料（淄博市、济宁市、滨州市、潍坊市）。

（3）高品质家用纺织品（淄博市、烟台市、威海市、滨州市、潍坊市）。

（4）运动服装、休闲服装（青岛市、淄博市、潍坊市）。

（5）服饰（青岛市、烟台市、威海市）。

（6）节能环保智能染纱（泰安市、淄博市、枣庄市、潍坊市、滨州市、聊城）。

8. 广东省

（1）混纺纱线及制品（江门市、汕头市、揭阳市、韶关市、清远市）。

（2）功能性和差别化化纤面料、新型丝绸面料等高品质纺织面料（佛山市、中山市、东莞市、江门市、汕头市）。

（3）品牌家用纺织品（清远市、江门市、汕头市、揭阳市、潮州市）。

（4）高品质产业用纺织品（佛山市、中山市、东莞市、江门市、汕头市）。

（5）品牌服装（中山市、东莞市、汕头市、揭阳市、潮州市）。

（6）节能环保智能染纱（东莞市、佛山市）。

四、国家鼓励的工业节水工艺、技术和装备目录（2019 年）

为贯彻落实《国家节水行动方案》，加快工业高效节水工艺、技术和装备的推广应用，提升工业用水效率，促进工业绿色发展，工业和信息化部、水利部编制完成了《国家鼓励的工业节水工艺、技术和装备目录（2019 年）》，纺织部分见表 10-4。

表 10-4 国家鼓励的工业节水工艺、技术和装备目录（2019 年修订）（节选）

序号	工艺、技术和装备名称	工艺、技术和装备内容	适用范围	目前推广比例	预计推广比例	节水能力（万立方米/年）
					未来五年节水潜力	
1	MBR+反渗透印染废水回用技术	该技术采用膜生物反应器（MBR）及反渗透（RO）组合技术处理印染废水，回用率可达到60%左右。MBR系统采用了第四代中空纤维膜—砼式复合膜，具有强度高、通量大、抗污染性强、寿命长等特点	适用于印染废水深度处理及回用	15%	40%	25000
2	喷水织造废水处理回用技术	该技术集成生物流化床反应器、沼气净化贮存、回用水深度处理等单元，较好去除喷水织造废水中主要污染物，保证回用水水质满足要求，回用率达到90%，节水效果显著	适用于喷水织造废水处理回用	<1%	60%	15000
3	化学纤维原液染色技术	该技术着色剂（或色母粒）可在单体聚合时加入、也可在聚合物溶解（或熔融）前或后加入，再匹配三原色配色技术，可极大丰富纱线色彩。传统染色工序相比，省去了上浆、染色等环节，吨纱节水120m^3，染色成本降低10%~20%	适用于化纤企业熔体直纺和切片纺纤维在线添加	10%	30%	12000

续表

序号	工艺、技术和装备名称	工艺、技术和装备内容	适用范围	目前推广比例	未来五年节水潜力	
					预计推广比例	节水能力（万立方米/年）
4	印染废水膜处理回用技术	该技术采用超滤和反渗透双膜法，有效降低废水中有机物浓度，去除微米级、亚微米级颗粒；同时，高抗污染反渗透系统利用浓水内循环、膜管两侧分时进水、大流量错流冲洗膜侧污染物等方式，大幅度降低了反渗透膜表面污染程度。保证系统长期高效稳定运行，实现印染、电镀废水处理回用	适用于印染、电镀废水处理回用	<15%	25%	6250
5	高温高压气流染色技术	该技术依据空气动力学原理，由高压风机产生的气流经特殊喷嘴后形成高速气流，牵引被染织物进行循环运动。同时染液以雾状喷向织物，使得染液与织物在很短时间内充分接触，以达到匀染的目的	适用于印染企业各种绳状织物，特别是高档织物的染色加工	15%	35%	4000
6	浆纱机湿分绞用水回收利用技术	该技术通过加装循环泵与水箱，实现了湿分绞工艺用水的回收再利用。浆纱机设备的每个浆槽与烘房之间配置一根湿分绞机构，湿分绞棒由烘筒链条传动，在分绞棒内通入冷水，由于冷水和环境温度的差异，使分绞棒外表面处在一种水雾状的工作状态下，既利于分绞，避免湿分绞棒表面粘浆、起皮，又能保持纱线表面浆膜完整、光滑	适用于浆纱机湿分绞用水的回收利用	70%	100%	10

五、产业结构调整指导目录（2019年本）

2019年10月30日，国家发展和改革委员会发布了《产业结构调整指导目录（2019年本）》，并自2020年1月1日起施行。根据《国务院关于发布实施〈促进产业结构调整指导目录〉》（国发［2005］40号），《产业结构调整指导目录（2019年本）》（以下简称《目录》）是引导投资方向、政府管理投资项目，制定实施财税、信贷、土地、进出口等政策的重要依据。

《目录》（2019年本）共涉及行业48个，条目1477条，由鼓励、限制和淘汰三类组成，不属于以上三类，且符合国家有关法律、法规和政策规定的为允许类，允许类不列入《目录》。

（一）鼓励类

鼓励类主要是对经济社会发展有重要促进作用，有利于满足人民美好生活需要和推进高质量发展的技术、装备、产品、行业。纺织业的鼓励类为：

（1）差别化、功能性聚酯（PET）的连续共聚改性［阳离子染料可染聚酯（CDP、ECDP）、碱溶性聚酯（COPET）、高收缩聚酯（HSPET）、阻燃聚酯、低熔点聚酯、非结晶聚酯、生物可降解聚酯、采用绿色催化剂生产的聚酯等］；阻燃、抗静电、抗紫外线、抗菌、相变储能、光致变色、原液着色等差别化、功能性化学纤维的高效柔性化制备技术；智能化、超仿真等功能性化学纤维生产；原创性开发高速纺丝加工用绿色高效环保油剂。

（2）聚对苯二甲酸丙二醇酯（PTT）、聚萘二甲酸乙二醇酯（PEN）、聚对苯二甲酸丁二醇酯（PBT）、聚丁二酸丁二酯（PBS）、聚对苯二甲酸环己烷二甲醇酯（PCT）、生物基聚酰胺、生物基呋喃环等新型聚酯和纤维的开发、生产及应用。

（3）采用绿色、环保工艺与装备生产新溶剂法纤维素纤维（Lyocell）、细菌纤维素纤维，以竹、麻等新型可再生资源为原料的再生纤维素纤维、聚乳酸纤维（PLA）、海藻纤维、壳聚糖纤维、聚羟基脂肪酸酯纤维（PHA）、动植物蛋白纤维。

（4）高性能纤维及制品的开发、生产、应用［碳纤维（CF）（拉伸强度≥4200MPa，弹性模量≥230GPa）、芳纶（AF）、芳砜纶（PSA）、超高分子量聚乙烯纤维（UHMWPE）（纺丝生产装置单线能力≥300吨/年，断裂强度≥40cN/dtex，初始模量≥1800cN/dtex）、聚苯硫醚纤维（PPS）、聚酰亚胺纤维（PI）、聚四氟乙烯纤维（PTFE）、聚苯并双噁唑纤维（PBO）、聚芳噁二唑纤维（POD）、玄武岩纤维（BF）、碳化硅纤维（SiCF）、聚醚醚酮纤维（PEEK）、高强型玻璃纤维（HT-AR）、聚（2,5-二羟基-1,4-亚苯基吡啶并二咪唑）（PIPD）纤维等]。

（5）符合环保要求的特种动物纤维、麻纤维、桑柞茧丝、彩色棉花、彩色桑蚕丝类天然纤维的加工技术与产品。

（6）建立智能化纺纱工厂，采用智能化、连续化纺纱成套装备（清梳联、粗细联、细络联及数控单机及喷气涡流纺、高速转杯纺等短流程先进纺纱设备），生产高品质纱线；采用高速数控无梭织机、自动穿经机、全成形电脑横机、高速电脑横机、高速经编机等新型数控装备，生产高支、高密、提花等高档机织、针织纺织品。

（7）采用数字化智能化印染技术装备、染整清洁生产技术（酶处理、高效短流程前处理、针织物连续平幅前处理、低温前处理及染色、低盐或无盐染色、低尿素印花、小浴比气流或气液染色、数码喷墨印花、泡沫整理等）、功能性整理技术、新型染色加工技术、复合面料加工技术，生产高档纺织面料；智能化筒子纱染色技术装备开发与应用。

（8）采用非织造、机织、针织、编织等工艺及多种工艺复合、长效整理等新技术，生产功能性产业用纺织品。

（9）智能化、高效率、低能耗纺织机械，关键专用基础件、计量、检测仪器及试验装备开发与制造。

（10）高档地毯、抽纱、刺绣产品生产。

（11）数字化、网络化、智能化服装生产技术和装备开发、应用。

（12）纺织行业生物脱胶、无聚乙烯醇（PVA）浆料上浆、少水无水节能印染加工、"三废"高效治理与资源回收再利用技术的推广与应用。

（13）废旧纺织品回收再利用技术、设备的研发和应用，利用聚酯回收材料生产涤纶工业丝、差别化和功能性涤纶长丝、非织造材料等高附加值产品。

（二）限制类

限制类主要是工艺技术落后，不符合行业准入条件和有关规定，禁止新建扩建和需要督促改造的生产能力、工艺技术、装备及产品。纺织行业限制类的目录如下：

1. 单线产能小于20万吨/年的常规聚酯（PET）连续聚合生产装置
2. 常规聚酯的对苯二甲酸二甲酯（DMT）法生产工艺
3. 半连续纺黏胶长丝生产线
4. 间歇式氨纶聚合生产装置

5. 常规化纤长丝用锭轴长 1200mm 及以下的半自动卷绕设备

6. 黏胶板框式过滤机

7. 单线产能≤1000t/年、幅宽≤2m 的常规丙纶纺粘法非织造布生产线

8. 25kg/h 以下梳棉机

9. 200 钳次/min 以下的棉精梳机

10. 5 万转/min 以下自排杂气流纺设备

11. FA502、FA503 细纱机

12. 入纬率小于 600m/min 的剑杆织机，入纬率小于 700m/min 的喷气织机，入纬率小于 900m/min 的喷水织机

13. 采用聚乙烯醇浆料（PVA）上浆工艺及产品（涤棉产品，纯棉的高支高密产品除外）

14. 吨原毛洗毛用水超过 20t 的洗毛工艺与设备

15. 双宫丝和柞蚕丝的立式缫丝工艺与设备

16. 绞纱染色工艺

17. 亚氯酸钠漂白设备

18. 普通涤纶载体染色

（三）淘汰类

淘汰类主要是不符合有关法律法规规定，不具备安全生产条件，严重浪费资源、污染环境，需要淘汰的落后工艺、技术、装备及产品。纺织业淘汰类的目录如下：

（1）使用时间达到 30 年的棉纺、毛纺、麻纺设备、机织设备。

（2）辊长 1000mm 以下的皮辊轧花机，锯片片数在 80 以下的锯齿轧花机，压力吨位在 400t 以下的皮棉打包机（不含 160t、200t 短绒棉花打包机）。

（3）ZD647、ZD721 型自动缫丝机，D101A 型自动缫丝机，ZD681 型立缫机，DJ561 型绢精纺机，K251、K251A 型丝织机等丝绸加工设备。

（4）Z114 型小提花机。

（5）GE186 型提花毛圈机。

（6）Z261 型人造毛皮机。

（7）未经改造的 74 型染整设备。

（8）蒸汽加热敞开无密闭的印染平洗槽。

（9）R531 型酸性黏胶纺丝机。

（10）4 万吨/年及以下黏胶常规短纤维生产线。

（11）湿法氨纶生产工艺。

（12）二甲基甲酰胺（DMF）溶剂法氨纶及腈纶生产工艺。

（13）硝酸法腈纶常规纤维生产工艺及装置。

（14）常规聚酯（PET）间歇法聚合生产工艺及设备。

（15）常规涤纶长丝锭轴长900mm及以下的半自动卷绕设备。

（16）使用年限超过15年的国产和使用年限超过20年的进口印染前处理设备、拉幅和定形设备、圆网和平网印花机、连续染色机。

（17）使用年限超过15年的浴比大于1∶10的棉及化纤间歇式染色设备。

（18）使用直流电动机驱动的印染生产线。

（19）印染用铸铁结构的蒸箱和水洗设备，铸铁墙板无底蒸化机，汽蒸预热区短的L型退煮漂履带汽蒸箱。

（20）螺杆挤出机直径小于或等于90mm，2000t/年以下的涤纶再生纺短纤维生产装置。

六、促进制造业产品和服务质量提升的实施意见

提高制造业产品和服务质量水平，是深化供给侧结构性改革，满足人民日益增长的美好生活需要的重要举措，是促进我国产业迈向全球价值链中高端的必然要求。为深入贯彻落实《中共中央 国务院关于开展质量提升行动的指导意见》（以下简称《指导意见》），加快提升制造业产品和服务质量，推动制造业高质量发展，工业和信息化部发布了《关于促进制造业产品和服务质量提升的实施意见》。

《指导意见》全面贯彻党的十九大和十九届二中、三中全会精神，牢固树立新发展理念，坚持以供给侧结构性改革为主线，以提高制造业质量和效益为目标，落实企业质量主体责任，增强质量提升动力，优化质量发展环境，培育制造业竞争新优势，为实施制造强国、质量强国战略奠定坚实基础。

在促进制造业产品和服务质量提升中，要"坚持质量提升与满足需求相结合""坚持企业主体与营造环境相结合""坚持技术创新与管理创新相结合"和"坚持全面推进与分业施策相结合"为基本原则。

《指导意见》从"落实企业质量主体责任""增强质量提动力""优化质量发展环境""加快重点产业质量提升"和"保障措施"五个方面，分别提出了要求。

《指导意见》提出，到2022年，制造业质量总体水平显著提升，质量基础支撑能力明显提高，质量发展环境持续优化，行业质量工作体系更加高效。建

设一批国家标准、行业标准与团体标准协调配套的标准群引领行业质量提升，推动不少于 10 个行业或领域建立质量分级工作机制，完善重点产品全生命周期的质量追溯机制，提高企业质量和品牌的竞争力。

《指导意见》提出，要加强全面质量管理。明确企业质量方针目标，建立覆盖全员、全过程的质量管理体系，持续提高质量管理体系运行的有效性，确保持续稳定地提供满足法律法规和顾客需求的产品和服务，优化顾客体验，提高顾客满意度。加强供应链质量管理，建立完善第二方质量审核制度，对重要供应商的质量、技术、工艺、设备和人员等进行指导和监督。积极应用卓越绩效模式、六西格玛管理、精益生产等方法，开展质量风险分析与控制、质量成本管理、质量管理体系升级等活动，全面提高企业质量管理能力。

《指导意见》提出，要推进质量文化建设。树立质量为先、信誉至上的诚信经营理念，强化全员质量意识，提升员工岗位技能，把质量诚信落实到企业生产经营的全过程。大力弘扬优秀企业家精神和工匠精神，加强企业社会责任建设，培育精益求精、追求卓越的质量文化。鼓励设立首席质量官，积极组织开展质量管理小组、班组管理、质量攻关、合理化建议等群众性质量活动，加强优秀质量成果的内部推广和外部交流，持续改进质量管理。

发挥标准带动作用。发挥标准对行业质量提升的支撑与引领作用，提高上下游产业标准的协同性和配套性，推动建立覆盖全产业链和产品全生命周期的标准群。加快重点领域质量安全标准、绿色设计与生产标准制定，推动标准实施。鼓励地方结合本地区自然条件等特殊要求组织制定地方标准，服务地方特色产业发展。鼓励企业和社会团体制定满足多层次市场需求和创新需求的标准，支持具有创新性、先进性和国际性的团体标准应用示范，支持地方开展标准领航质量提升工作，支持行业和企业参与国际标准化工作，与国际先进水平对标，推动行业高质量发展。

发挥品牌促进作用。引导企业建立以质量为基础的品牌发展战略，丰富品牌内涵，提升品牌形象。鼓励行业协会、专业机构建立健全品牌培育专业化服务体系，制定宣贯品牌培育管理体系标准，完善品牌培育成熟度评价机制，以品牌培育推动企业从"质量合格"向追求"用户满意"跃升。推动产业集群区域品牌建设，引导集群内企业标准协调、创新协同、业务协作、资源共享，发挥龙头企业带动作用，推动产业链提质升级。加强品牌宣传推广，引领消费需求，增强消费信心，促进企业加快质量升级。

优化市场环境。加强质量诚信体系建设，建立消费者投诉、产品召回等信息共享机制，引导行业对共性质量问题进行警示和改进。配合有关部门打击侵犯知识产权和制售假冒伪劣商品行为，联合惩戒严重质量违法失信行为，推动构建公平、公正、开放、有序的市场竞争环境。引导地方和行业制定区域、行业质量提升计划，积极开展质量兴业、质量比对、品牌培育等工作，总结中国优秀工业设计、单项冠军、质量标杆、专精特新"小巨人"、产业集群区域品牌建设等各类活动中的好经验好做法，加大宣传推广力度。

促进消费品工业提质升级。贯彻落实《关于开展消费品工业"三品"专项行动 营造良好市场环境的若干意见》。制定发布升级和创新消费品指南，推动轻工纺织等行业的创新产品发布。培育壮大个性化定制企业和平台，推动企业发展个性定制、规模定制、高端定制。持续开展纺织服装创意设计园区（平台）试点示范工作，提高创意设计水平，推动产品供给向"产品+服务"转变，促进消费升级。支持重点产品与国外产品质量及性能实物对比，支持临床急需药品先进技术应用和质量提升，开展婴幼儿配方乳粉等关键领域质量安全追溯体系建设，提供信息实时追溯和查询服务，让消费者放心消费。

七、2019 年度国家新型工业化产业示范基地

按照《关于深入推进新型工业化产业示范基地建设的指导意见》（工信部联规〔2016〕212 号）和《国家新型工业化产业示范基地管理办法》（工信部规〔2017〕1 号，以下简称《管理办法》），工业和信息化部办公厅发布了《关于组织申报 2019 年度国家新型工业化产业示范基地的通知》（工信厅函〔2019〕145 号）。

通知指出，示范基地申报分两个系列，即规模效益突出的优势产业示范基地和专业化细分领域竞争力强的特色产业示范基地。本年度申报领域主要包括：装备制造业、原材料工业、消费品工业、电子信息产业、软件和信息服务业，以及新兴产业领域。

优先支持符合国家重大生产力布局要求及落实国家有关重大决策措施成效明显、国家明确予以表扬激励地方的申报对象。支持工业互联网、数据中心、大数据、云计算、产业转移合作等新兴领域产业集聚区积极创建示范基地。鼓励中外产业合作园区、国家级经济技术开发区等积极创建示范基地，打造制造业高质量发展载体。

通知要求，申报对象须满足《管理办法》所规定的条件，且未出现以下情况：1. 近三年发生重大或特别重大生产安全事故；2. 近三年发生 II 级或 I 级突发环境污染事件；3. 申报对象在国务院及有关部委相关督查工作中发现存在严重问题。

申报对象需地理范围清晰、产业相对集中、管理主体明确，原则上不跨地市行政区域。申报材料要真实、准确，一旦发现虚假填报，取消本年度示范基地申报资格。

各地要按照《管理办法》，坚持好中选优推荐申报对象。各省（区、市）报送的示范基地数量不超过 3 个，其中可通过省级通信管理局报送的数量不超过 1 个。计划单列市、新疆生产建设兵团单独报送，名额单列且不超过 1 个。优势产业示范基地数量不超过 1 个，原则上应从省级示范基地中优选产生。

现有示范基地因示范内容或所在地区域发生重大变化需调整更名的，由省级主管部门提出变更申请，示范基地根据实际情况重新申报，名额单列。

通知指出，各地通过示范基地在线报送系统（以下简称报送系统，http：//sfjdsbxt. miit. gov. cn/sfjd）进行申报。由申报对象按照《管理办法》有关要求，通过报送系统填报相关材料；省级主管部门组织省内审核，并将审核同意的申报对象材料和省级主管部门推荐文件通过报送系统报送（具体填报请参见报送系统主页上的说明文档）。省级主管部门推荐文件一式两份报送工业和信息化部（规划司）。

2019 年的申报截止日期为 7 月 31 日。

八、2019 年国家技术创新示范企业

为深入实施创新驱动发展战略，强化企业技术创新主体地位，根据《技术创新示范企业认定管理办法（试行）》（工信部联科〔2010〕540 号，以下简称《管理办法》）要求，工业和信息化部办公厅发布了《关于组织推荐 2019 年国家技术创新示范企业的通知》（工信厅科函〔2019〕97 号）。

通知指出，各地工业和信息化主管部门负责本地企业的遴选和推荐报送工作，中央管理企业负责其下属企业的遴选和推荐报送工作。申请认定国家技术创新示范企业应在制造业重点领域具有关键核心技术攻关及产业化突出成果，企业应具备的基本条件和申报材料编写要求按《管理办法》有关规定执行。

各地工业和信息化主管部门、中央管理企业对企业申报材料进行审查和推荐。原则上，各省、自治区、直辖市择优推荐不超过 3 家，已开展省级技术创新示范企业认定的省、自治区、直辖市择优推荐不超过 4 家；各计划单列市、新疆生产建设兵团、中央管理企业择优推荐 1 家。

通知要求，请各地工业和信息化主管部门、中央管理企业于 6 月 3 日前将推荐文件、推荐企业汇总表及企业申报材料（格式见附件，纸质版一式三份，电子版光盘一份）报工业和信息化部，材料收集工作委托机械工业信息研究院战

略与规划研究所受理。

九、促进大中小企业融通发展三年行动计划

为贯彻落实《国务院关于推动创新创业高质量发展打造"双创"升级版的意见》（国发〔2018〕32号）提出的实施大中小企业融通发展专项行动计划，工业和信息化部、国家发展和改革委员会、财政部、国资委联合发布了《关于印发〈促进大中小企业融通发展三年行动计划〉的通知》（工信部联企业〔2018〕248号）。

通知指出，大中小企业融通发展是落实党中央、国务院为中小企业发展创造更好条件、推动中小企业创新发展的决策部署，贯彻创新驱动发展战略、建设制造强国和网络强国、推动经济高质量发展、促进大企业创新转型、提升中小企业专业化能力的重要手段。为营造大中小企业融通发展产业生态，鼓励大中小企业创新组织模式、重构创新模式、变革生产模式、优化商业模式，进一步推动大中小企业融通发展，制定该行动计划。

计划提出，要以习近平新时代中国特色社会主义思想为指导，全面贯彻党的十九大精神，统筹推进"五位一体"总体布局和协调推进"四个全面"战略布局，以构建大企业与中小企业协同创新、共享资源、融合发展的产业生态为目标，着力挖掘和推广融通发展模式。通过夯实融通载体、完善融通环境，发挥大企业引领支撑作用，提高中小企业专业化水平，培育经济增长新动能，支撑制造业创新，助力实体经济发展。

用三年时间，总结推广一批融通发展模式，引领制造业融通发展迈上新台阶；支持不少于50个实体园区打造大中小企业融通发展特色载体；围绕要素汇聚、能力开放、模式创新、区域合作等领域培育一批制造业"双创"平台试点示范项目；构建工业互联网网络、平台、安全三大功能体系；培育600家专精特新"小巨人"和一批制造业单项冠军企业。到2021年，形成大企业带动中小企业发展，中小企业为大企业注入活力的融通发展新格局。

计划还提出了"挖掘和推广融通发展模式""发挥大企业引领支撑作用""提升中小企业专业化能力""建设融通发展平台载体""优化融通发展环境"五大主要行动。进一步提出了"强化组织保障""营造公平市场环境""加大财政支持""加大融资支持""加强宣传推广"等保障措施。

十、推进金融支持县域工业绿色发展工作

为全面贯彻落实党的十九大精神，增强金融服务实体经济能力，促进工业

绿色低碳循环发展，推进县域工业绿色转型升级，工业和信息化部发布了《关于推进金融支持县域工业绿色发展工作的通知》（工信部联节［2018］247号）。

通知指出，要充分认识金融支持县域工业绿色发展的重要意义。推进县域工业绿色发展，是贯彻落实绿色发展理念的重要着力点，是深入推进供给侧结构性改革的重要内容，是全面建设现代化经济体系、提升经济发展质量的重要举措。近年来，随着制造强国建设、生态文明建设的不断深化，县域工业绿色转型取得积极进展，经济效益和环境效益显著提升，但同时当前县域工业绿色发展短板依然存在，还面临许多发展不平衡、不充分的问题。充分发挥金融支持在推动县域工业绿色发展中的作用，进一步推进金融服务实体经济，既是各级工业和信息化主管部门转变政府职能、创新服务理念的具体体现，也是金融机构贯彻中央战略部署、实现业务转型升级的必然选择，对推动工业高质量发展具有重要意义。

各级工业和信息化主管部门与农业银行要进一步增强工作的责任感和使命感，凝聚共识、深化合作，发挥与县域经济联系紧密的优势，增加工业绿色发展的资金供给，补齐绿色发展短板，培育县域工业发展新动能，扎实推进县域工业绿色发展，加快构建科技含量高、覆盖范围广、可持续的县域工业绿色发展产业体系和金融服务体系。

通知指出了"加快制造业绿色改造升级""强化绿色制造技术创新""积极构建绿色制造体系""培育壮大绿色环保产业"等支持县域工业绿色发展的重点领域。

通知还指出，各级工业和信息化主管部门与农业银行要根据本地区经济特点、产业特色和金融需求，积极开拓创新，加强沟通协作，共同推进金融服务县域工业绿色发展。从"创新绿色金融产品""完善信贷支持政策""建立多方合作金融服务模式""提高金融服务效率"等方面加强金融创新支持。

十一、专精特新"小巨人"企业培育工作

为进一步推动民营经济和中小企业高质量发展，提高企业专业化能力和水平，按照《工业强基工程实施指南（2016—2020年）》《促进中小企业发展规划（2016—2020年）》（工信部规［2016］223号）和《关于促进中小企业"专精特新"发展的指导意见》（工信部企业［2013］264号）要求，工业和信息化部发布了《关于开展专精特新"小巨人"企业培育工作的通知》（工信厅企业函［2018］381号），决定在各省级中小企业主管部门认定的"专精特新"中小企业及产品基础上，培育一批专精特新"小巨人"企业。

通知指出，专精特新"小巨人"企业是"专精特新"中小企业中的佼佼者，是专注于细分市场、创新能力强、市场占有率高、掌握关键核心技术、质量效益优的排头兵企业。工业和信息化部计划利用三年时间（2018—2020年），培育600家左右专精特新"小巨人"企业。其中，2018年培育100家左右专精特新"小巨人"企业，促进其在创新能力、国际市场开拓、经营管理水平、智能转型等方面得到提升发展。

通知指出，2019年被推荐的专精特新"小巨人"企业应符合以下条件：

1. 基本条件

（1）在中华人民共和国境内工商注册登记、连续经营3年以上并具有独立法人资格的中小企业，符合《中小企业划型标准规定》（工信部联企业〔2011〕300号）规定，属于各省级中小企业主管部门认定的（或重点培育）的"专精特新"中小企业或拥有被认定为"专精特新"产品的中小企业，以及创新能力强、市场竞争优势突出的中小企业。

（2）坚持专业化发展战略，长期专注并深耕于产业链中某个环节或某个产品，能为大企业、大项目提供关键零部件、元器件和配套产品，以及专业生产的成套产品。企业主导产品在国内细分行业中拥有较高的市场份额。

（3）具有持续创新能力，在研发设计、生产制造、市场营销、内部管理等方面不断创新并取得比较显著的效益，具有一定的示范推广价值。

（4）管理规范、信誉良好、社会责任感强，生产技术、工艺及产品质量性能国内领先。企业重视并实施长期发展战略，重视人才队伍建设，核心团队具有较好的专业背景和较强的生产经营能力，有发展成为相关领域国际领先企业的潜力。

有下列情况之一的企业，不得被推荐：在申请过程中提供虚假信息；近三年发生过安全、质量、环境污染事故；有偷漏税和其他违法违规、失信行为的。

2. 重点领域

专精特新"小巨人"企业的主导产品应符合《工业"四基"发展目录》所列重点领域，从事细分产品市场属于制造业核心基础零部件、先进基础工艺和关键基础材料；或符合制造强国战略明确的十大重点产业领域，属于重点领域技术路线图中有关产品；或属于国家和省份重点鼓励发展的支柱和优势产业。结合产业发展实际，后续将逐步扩大行业领域范围。

3. 专项指标

（1）经济效益。上年度企业营业收入在1亿~4亿元之间，近2年主营业务收入或净利润的平均增长率达到10%以上，企业资产负债率不高于70%。

（2）专业化程度。企业从事特定细分市场时间达到 3 年及以上，其主营业务收入占本企业营业收入的 70% 以上，主导产品享有较高知名度，且细分市场占有率在全国名列前茅或全省前 3 位（如有多个主要产品的，产品之间应有直接关联性）。

（3）创新能力。近 2 年企业研发经费支出占营业收入比重在同行业中名列前茅，从事研发和相关技术创新活动的科技人员占企业职工总数的比例不低于 15%，至少获得 5 项与主要产品相关的发明专利，或 15 项及以上实用新型专利、外观设计专利。近 2 年企业主持或者参与制（修）订至少 1 项相关业务领域国际标准、国家标准或行业标准。企业具有自主知识产权的核心技术和科技成果，具备良好的科技成果转化能力。企业设立研发机构，具备完成技术创新任务所必备的技术开发仪器设备条件或环境（设立技术研究院、企业技术中心、企业工程中心、院士专家工作站、博士后工作站等）。

（4）经营管理。企业有完整的精细化管理方案，取得相关质量管理体系认证，采用先进的企业管理方式，如 5S 管理、卓越绩效管理、ERP、CRM、SCM等。企业实施系统化品牌培育战略并取得良好绩效，拥有自主品牌，获得省级及以上名牌产品或驰名商标 1 项以上。企业产品生产执行标准达到国际或国内先进水平，或是产品通过发达国家和地区的产品认证（国际标准协会行业认证）。企业已建立规范化的顾客满意度评测机制或产品追溯体系。

通知还提出了"加强组织领导""完善支撑服务""注重示范引导"等相关工作要求。

数据统计篇

附录

附表1 2011~2019年中国纺织行业主要大类产品产量情况（规模以上）

名　称	单位	2011年	2012年	2013年	2014年	2015年	2016年	2017年	2018年	2019年
纱	万吨	2894	3333		3379	3538	3733	4050	2976	2892
布	万米	6198242	6597085	6834487	7036842	7031200	7144621	6955940	4989350	4569293
印染布	万米	5930260	5660197	5423572	5367357	5095290	5336963	5245912	4906868	5376266
毛机织物（呢绒）	万米	51836	60303	58443	60003	63326	59079	48096	41559	45858
亚麻布（含亚麻≥55%）	万米	25514	43351	37311	46081	30536	28112	20849	16458	35538
苎麻布（含苎麻≥55%）	万米	44217	52764	53612	50367	57857	54613	23397	37673	11366
蚕丝	吨	108032	125973	137090	167284	172114	158382	141827	86512	68590
无纺布（非织造布）	吨	1850423	2364724	2573333	3614000	4429375	5783502	4155565	3663489	5030338
帘子布	吨	567691	751390	874466	836572	784884	851958	803825	630869	622631
服装	万件	2542035	2672834	2710070	2992060	3082723	3145223	2878078	2227421	2447162
化学纤维	万吨	3362	3811	4122	4390	4832	4944	4920	5011	5953

注 自2011年起，规模以上企业划分标准调整为年主营业务收入2000万元及以上工业法人企业

数据来源：国家统计局

附表 2　2019 年中国纺织工业主要指标完成情况（规模以上）

序号	指标名称	单位	2019 年累计	2018 年累计	同比/%
1	企业单位数	户	34734	34734	
2	亏损企业数	户	5864	4643	26.30
3	亏损面	%	16.88	13.37	
4	营业收入	万元	494364484	501738746	−1.47
5	营业成本	万元	433725742	440378126	−1.51
6	销售费用	万元	11262132	11369648	−0.95
7	管理费用	万元	17598978	17649374	−0.29
8	财务费用	万元	5109636	5208711	−1.90
9	其中：利息费用	万元	4337955	4494314	−3.48
10	利润总额	万元	22514034	25481624	−11.65
11	亏损企业亏损额	万元	2987685	2056102	45.31
12	资产总计	万元	406724292	403481203	0.80
13	其中：流动资产合计	万元	222697361	218675092	1.84
14	其中：应收票据及应收账款	万元	56761473	58210367	−2.49
15	其中：存货	万元	59770808	60800187	−1.69
16	其中：产成品	万元	29051594	28966562	0.29
17	负债合计	万元	224237161	223243537	0.45
18	出口交货值	万元	70336069	72262714	−2.67
19	资产负债率	%	55.13	55.33	−0.20
20	利润率	%	4.55	5.08	−0.52

注　部分指标调整：1. 原主营业务收入、主营业务成本指标取消，提供营业收入、营业成本；

　　　　　　　　　2. 原利息支出取消，提供利息费用；

　　　　　　　　　3. 原应收账款取消，提供应收票据及应收账款。

数据来源：国家统计局

附表 3　2010~2020 年中国国民经济主要统计数据

年份	GDP增长率/%	第一产业增加值增长率/%	第二产业增加值增长率/%	第三产业增加值增长率/%	交通运输仓储邮政业增加值增长率/%	批发和零售业增加值增长率	全社会固定资产投资规模/亿元	全社会固定资产投资名义增长率/%	全社会固定资产投资实际增长率/%	工业出厂品价格指数上涨率/%	固定资产投资价格指数上涨率/%
2010年	10.4	4.3	12.3	9.8	9.8	14.3	278122	23.8	19.5	5.5	3.6
2011年	9.3	4.3	10.3	9.4	9.9	12.6	311485	23.9	15.6	6.0	6.5
2012年	7.7	4.3	7.9	8.1	6.8	9.8	374676	20.3	19.0	-1.7	1.1
2013年	7.7	3.8	7.8	8.3	7.2	10.1	447074	19.3	18.9	-1.9	0.3
2014年	7.3	4.1	7.3	7.8	6.9	9.1	512763	15.3	14.7	-1.9	0.5
2015年	6.9	3.9	6.0	8.3	6.8	9.2	553014	9.8	11.8	-5.2	-1.8
2016年	6.7	3.3	6.1	7.8	6.7	8.9	616106	8.1	6.3	-1.3	0.6
2017年	6.9	4.0	6.1	8.0	6.6	8.8	641238	7.3	1.4	6.3	5.8
2018年	6.6	3.5	5.8	7.6	8.1	6.2	645680	5.9	—	3.5	5.4
2019年	6.1	3.1	5.7	6.9	7.1	5.7	678610	5.1	—	-0.3	2.6
2020年	6.0	3.2	5.4	6.9	—	—	715930	5.5	—	-0.5	—

续表

年份	居民消费价格指数上涨率/%	城镇居民人均实际可支配收入增长率/%	农村居民人均实际纯收入增长率/%	新增货币发行/亿元	社会消费品零售总额/亿元	社会消费品零售总额名义增长率/%	社会消费品零售总额实际增长率/%	贷款余额/亿元	新增贷款/亿元	财政收入/亿元	财政收入增长率/%	财政支出/亿元
2007 年	4.8	12.2	9.5	3303	93572	18.2	13.9	261691	36344	51322	32.4	49781
2008 年	5.9	8.4	8.0	3844	114830	22.7	15.9	303395	41704	61330	19.5	62593
2009 年	-0.7	9.8	8.5	4028	132678	15.5	16.9	399685	96290	68518	11.7	76300
2010 年	3.3	7.8	10.9	6381	156998	18.3	14.8	473247	79511	83101	21.3	89874
2011 年	5.4	8.4	11.4	6120	183919	17.1	11.7	547947	74700	103874	25.0	109248
2012 年	2.6	9.7	10.7	3911	210307	14.3	12.1	629910	81963	117210	12.8	125712
2013 年	2.6	7.0	9.3	3915	237810	13.1	11.5	719000	89090	129210	10.1	140212
2014 年	2.0	6.8	9.2	1726	262394	12.0	10.9	816800	97800	140350	8.6	151662
2015 年	1.4	6.6	7.5	2975	300931	10.7	10.6	939513	122713	152217	8.4	175768
2016 年	2.0	5.6	6.4	4045	332316	10.4	9.6	1066040	126500	159552	4.8	187841
2017 年	1.6	6.5	7.6	2342	366260	10.2	9.0	1201320	135230	172570	8.2	203330
2018 年	2.1	5.6	6.6	—	380990	9.0	—	1362970	161650	183350	6.2	220900
2019 年	2.9	5.0	6.2	—	411850	8.0	—	1586021	223051	190382	3.8	238874
2020 年	3.4	5.1	6.2	—	444050	7.8	—	1711660	180940	195910	3.2	259860

续表

年份	财政支出增长率/%	财政收支差额/亿元	城乡储蓄款余额/亿元	城乡储蓄款余额增长率/%	货币和准货币(M2)/亿元	货币和准货币(M2)增长率/%	社会融资总额/亿元	进口总额/亿美元	进口总额增长率/%	出口总额/亿美元	出口总额增长率/%	货物贸易顺差/亿美元
2007年	23.2	1540.4	172534	6.8	403442	16.7	59664	9561.2	20.8	12205	26.0	2643
2008年	25.7	-1262.3	217885	26.3	475167	17.8	69804	11325.7	18.5	14307	17.2	2981
2009年	21.9	-7781.6	260772	19.7	606225	27.6	139105	10059.2	-11.2	12016	-16.0	1957
2010年	17.8	-6772.7	303302	16.3	725852	19.7	140191	13962.4	38.8	15778	31.3	1815
2011年	21.6	-5373.4	343636	13.3	851591	17.3	128286	17435	24.9	18939	20.3	1549
2012年	15.1	-8000.0	391970	14.1	974149	14.4	157605	18178	4.3	20489	7.9	2303
2013年	10.9	-11002	447602	12.0	1106525	13.6	172900	19504	7.3	22096	7.9	2592
2014年	8.2	-11312	497742	11.2	1228400	12.2	165000	19582	0.4	23443	6.1	3861
2015年	15.8	-23551	546078	9.7	1392269	13.3	154162	16842	-14.0	22787	-2.8	5945
2016年	6.9	-28258	597751	9.5	1550067	11.3	178023	15882	-5.5	20976	-7.7	5094
2017年	5.2	-30760	643770	7.7	1677000	8.2	194000	18438	16.0	22634	7.9	4210
2018年	8.7	-37550	—	—	1826740	8.1	192580	21360	15.8	24870	9.9	3510
2019年	8.1	-48452	—	—	198.6万	8.7	256000	20752	1.6	24983	5.0	4229
2020年	7.9	-63950	—	—	2142570	8.3	230350	20760	2.7	25140	1.5	4380

资料来源：国家统计局，《2020年中国经济形势分析与预测》

注　表中2020年数据为预测数。

附表 4　世界经济增长简况回顾及展望（2018—2021 年）

类别	估计值		预测	
	2018 年	2019 年	2020 年	2021 年
世界实际 GDP 增长率	3.6	2.9	3.3	3.4
发达经济体	2.2	1.7	1.6	1.6
美国	2.9	2.3	2.0	1.7
欧元区	1.9	1.2	1.3	1.4
德国	1.5	0.5	1.1	1.4
法国	1.7	1.3	1.3	1.3
意大利	0.8	0.2	0.5	0.7
西班牙	2.4	2.0	1.6	1.6
日本	0.3	1.0	0.7	0.5
英国	1.3	1.3	1.4	1.5
加拿大	1.9	1.5	1.8	1.8
其他发达经济体①	2.6	1.5	1.9	2.4
新兴市场和发展中经济体	4.5	3.7	4.4	4.6
亚洲新兴和发展中经济体	6.4	5.6	5.8	5.9
中国	6.6	6.1	6.0	5.8
印度②	6.8	4.8	5.8	6.5
东盟五国③	5.2	4.7	4.8	5.1
欧洲新兴和发展中经济体	3.1	1.8	2.6	2.5
俄罗斯	2.3	1.1	1.9	2.0
拉丁美洲和加勒比地区	1.1	0.1	1.6	2.3
巴西	1.3	1.2	2.2	2.3
墨西哥	2.1	0.0	1.0	1.6
中东和中亚	1.9	0.8	2.8	3.2
沙特阿拉伯	2.4	0.2	1.9	2.2
撒哈拉以南非洲	3.2	3.3	3.5	3.5
尼日利亚	1.9	2.3	2.5	2.5
南非	0.8	0.4	0.8	1.0
世界贸易量（货物和服务)④	3.7	1.0	2.9	3.7
发达经济体	3.2	1.3	2.2	3.1
新兴市场和发展中经济体	4.6	0.4	4.2	4.7

①这里的"其他发达经济体"不包括七国集团（加拿大、法国、德国、意大利、日本、英国、美国）和欧元区国家。

②对于印度，数据和预测是按财政年度列示，2011 年及以后年份的 GDP 基于市场价格计算的 GDP，2011/2012 财年作为基年。

③印度尼西亚、马来西亚、菲律宾、泰国、越南。

④出口和进口量增速的简单平均（商品和服务）。

数据来源：IMF，世界经济展望，2020 年 1 月

附表5 2012~2019年中国化纤工业主要产品产量

品种	单位	2012年	2013年	2014年	2015年	2016年	2017年	2018年	2019年
化学纤维	万吨	3792.16	4160.91	4389.75	4831.71	4943.74	4919.55	5011.09	5952.79
黏胶纤维	万吨	273.27	334.52	333.76	336.03	358.05	381.79	397.18	406.35
其中:黏胶纤维长丝	万吨					16.73	17.99	20.09	21.19
合成纤维	万吨	344.12	3782.92	4017.46	4446.37	4536.33	4480.75	4562.66	5432.75
其中:锦纶	万吨	181.46	235.16	259.16	287.28	333.16	332.92	330.37	392.84
涤纶	万吨	3057.03	3348.79	3565.8	3917.98	3959	3934.26	4014.87	4751.17
其中:涤纶长丝	万吨					2837.74	3009	3125.6	3731
腈纶	万吨	69.35	69.44	67.57	72	71.99	71.91	61.45	66.71
维纶	万吨	8.71	10.09	11.07	10	10.89	8.4	10.08	9.24
丙纶	万吨	36.86	26.93	26.7	25.94	25.85	29.41	34.78	38.47
氨纶	万吨	30.75	45.02	49.3	51.21	53.29	55.11	68.32	81.69

数据来源:国家统计局

参考文献

［1］中国长丝织造协会 . 2018/2019 中国长丝织造产业发展研究［M］. 北京：中国纺织出版社有限公司，2019.

［2］中国长丝织造协会 . 2016 中国长丝织造产业发展研究［M］. 北京：中国纺织出版社，2017.

［3］吴立 . 染整工艺设备［M］. 北京：中国纺织出版社，2009.

［4］陈革 . 织造机械［M］. 北京：中国纺织出版社，2009.

［5］朱苏康 . 机织学［M］. 北京：中国纺织出版社，2015.

［6］裘愉发，吕波 . 喷水织机原理与使用［M］. 北京：中国纺织出版社，2007.

［7］郭兴峰 . 现代准备与织造工艺［M］. 北京：中国纺织出版社，2007.

［8］高卫东，王鸿博，牛建设 . 机织工程（上册）［M］. 北京：中国纺织出版社，2014.

［9］于伟东 . 纺织材料学［M］. 北京：中国纺织出版社，2006.

［10］中国化学纤维工业协会 . 2019 年中国化纤经济形势分析与预测［M］. 北京：中国纺织出版社，2019.

［11］中国纺织工业联合会 . 2018/2019 中国纺织工业发展报告［M］. 北京：中国纺织出版社，2019.

［12］范雪荣 . 纺织品染整工艺学［M］. 3 版 . 北京：中国纺织出版社，2017.

［13］顾振亚，田俊莹，牛家嵘，等 . 仿真与仿生纺织品［M］. 北京：中国纺织出版社，2007.